Chancen einer Transatlantischen Union?

ATLANTISCHE TEXTE

Herausgegeben von der
Atlantischen Akademie Rheinland-Pfalz e.V.

Band 17

Peter H. Mettler, Werner Kremp (Hg.)

Chancen einer Transatlantischen Union?

wvt Wissenschaftlicher Verlag Trier

Die Deutsche Bibliothek - CIP-Einheitsaufnahme

Chancen einer Transatlantischen Union? /
Peter H. Mettler, Werner Kremp (Hg.)
[Atlantische Akademie Rheinland-Pfalz e.V.] -
Trier : WVT Wissenschaftlicher Verlag Trier, 2002
(Atlantische Texte; Bd. 17)
ISBN 3-88476-558-2

Atlantische Akademie Rheinland-Pfalz e.V.
Steinstraße 48   D-67657 Kaiserslautern
Tel.: 0631 - 36 61 00
Fax: 0631 - 89 15 01

© WVT Wissenschaftlicher Verlag Trier, 2002
Atlantische Akademie Rheinland-Pfalz e.V.
ISBN 3-88476-558-2
ISSN 1430-9440

Textbearbeitung und -gestaltung:
Jens Ossadnik

Alle Rechte vorbehalten
Nachdruck oder Vervielfältigung nur mit
ausdrücklicher Genehmigung des Verlags
Printed in Germany

WVT Wissenschaftlicher Verlag Trier
Postfach 4005, 54230 Trier
Bergstraße 27, 54295 Trier
Tel. 0651-41503, Fax 41504
Internet: http://www.wvttrier.de
eMail: wvt@wvttrier.de

INHALT

Vorwort

Peter Mertens
Begrüßung 1

Edward O'Donnell
Opening Remarks 3

Peter H. Mettler
Chancen einer Transatlantischen Union? 6

Werner Kremp
Vom transatlantischen Trauma zur transatlantischen Union?
Überlegungen zu Tod und Trauer in transatlantischer Perspektive 14

John Ryan
The Implications of the Euro For the Transatlantic Relations 53

Ingo Juchler
Bürgerschaftliche Kompetenzen und Demokratie
im transatlantischen Vergleich 66

Edgar Göll
Werden wir eine gemeinsame Zukunft haben – oder nicht?
„Sustainable Development"
und die zukünftigen transatlantischen Beziehungen 79

David T. Fisher
Das USA-Interns-Programm – Ein studentisches Netzwerk
für die transatlantischen Beziehungen 94

Martin Strübing
Chancen einer transatlantischen Wirtschafts- und Währungsunion 103

Gisela Müller-Brandeck-Bocquet
Die Zukunft der transatlantischen Beziehungen – Eine gleichberechtigte
Partnerschaft zwischen der Europäischen Union und den USA 110

Anhang

Peter H. Mettler
Drei Szenarios zur Superpower-Struktur im Jahre 2070
mit drei intermediären (2040) Szenarios „Auf dem Weg nach 2070" 127

Peter H. Mettler
The Future of the Transatlantic Union 140

Die Autorinnen, Autoren und Herausgeber 145

Vorwort

Nach dem 11. September 2001 konnte man den Eindruck haben, die transatlantischen Beziehungen würden nunmehr so eng werden wie kaum je zuvor. Nicht nur das Entsetzen und die Trauer über das furchtbare Geschehen schien die Nationen beiderseits des Atlantiks zu verbinden, sondern insbesondere auch die gemeinsame Entschlossenheit, dem Terrorismus mit vereinten Kräften und allen zur Verfügung stehenden Mitteln in engster Kooperation entgegen zu treten.

Wir wissen inzwischen, dass dieser Eindruck getrogen hat; die Entfremdung zwischen Europa und den USA ist so groß wie schon lange nicht mehr; die alleinige Weltmacht USA lässt, jedenfalls zur Zeit, die Europäer spüren, dass sie ihre Probleme im Großen und Ganzen allein lösen will und nur von Fall zu Fall, je nach Bedarf, die europäischen Hilfstruppen zu rufen gedenkt; und das Reden über ein Ende *der* transatlantischen Klammer, der NATO, will nicht verstummen.

So scheint es im Rückblick einigermaßen verwegen und utopisch gewesen zu sein, zu einer Tagung über die Chancen einer transatlantischen Union einzuladen; jedoch hat sich deren Hintergrund mittlerweile mindestens dreimal verschieden gestaltet: als die Einladung hinausging, konnte man noch nichts von dem Geschehen in New York ahnen und davon ausgehen, dass es gelte, die verschiedensten bereits bestehenden Denk- und Politikansätze fortzuspinnen und in die Zukunft zu verlängern; zum Zeitpunkt der Tagung selbst standen dann die Teilnehmer und Referenten noch unter dem doch recht frischen Eindruck der Ereignisse und dem eingangs erwähnten Gefühl eines Näherrückens der Kontinente beiderseits des Atlantiks; und nun, zum Zeitpunkt der Endredaktion dieser Dokumentation, mag vielen Lesern wiederum das Projekt als allzu sehr im Wolkenkuckucksheim angesiedelt scheinen.

Hier aber dürfen wir doch daran erinnern, dass auch das Projekt einer *europäischen* Union altehrwürdig ist, und dass die Entwürfe zu einem vereinten Europa, die in den vergangenen Jahrhunderten niedergeschrieben worden sind, einerseits ganze Bände füllen – und andererseits doch bei weitem nicht mehr nur Utopie sind.

Uns ging es mit dieser Tagung darum, jenseits unmittelbarer Tagesaktualität, aber doch mit beiden Beinen so fest wie möglich auf dem Boden der Wirklichkeit stehend, Chancen einer transatlantischen Union auszuloten und ausloten zu lassen. Ja, unser Ziel ist es sogar, diese Diskussion durch ein „Weiter-in-die-Zukunft-hinein-Denken" neu zu beleben; deshalb wollen wir möglichst bald sowohl zu einer im wahrsten Sinne europäischen Konferenz über mögliche Zukünfte der transatlantischen Beziehungen auch zu einer transatlantischen (also mit Teilnehmern aus allen Amerikas und aus ganz Europa) einladen.

Wir hoffen, damit „über den Tag hinaus" zum Fortgang einer Diskussion, aber auch einer Entwicklung beizutragen, die sicherlich ihre Zeit braucht, aber gerade angesichts sich derzeit zeigender Entfremdungstendenzen weniger denn je vernachlässigt werden darf.

Die Tagung wurde gemeinsam veranstaltet von
der Fachhochschule Wiesbaden
der Atlantischen Akademie Rheinland Pfalz e.V.
dem Amerika Haus Frankfurt
und der Hessischen Landeszentrale für Politische Bildung

Wir danken allen Partnern sehr herzlich für die organisatorische und finanzielle Unterstützung.

Wiesbaden und Kaiserslautern, im Herbst 2002   Die Herausgeber

Peter Mertens

Begrüßung

Leider haben Wissenschaft und Forschung sowie Unterricht und Lehre sowohl in Deutschland als auch in Europa ihren früher hohen Stellenwert und ihre Reputation eingebüßt. Es spricht jedoch für unsere Studenten, dass sie sich deswegen noch lange nicht entmutigen lassen. Ich möchte ihnen für ihre freiwillige und unentgeltliche Mitarbeit an den Vorbereitungen zu diesem Workshop danken, die sie wirklich rein aus Interesse an der Sache leisteten, und ich möchte sie aufrufen, ruhig noch lautstarker ihr gutes Recht auf die beste aller möglichen Ausbildungen einzufordern.

Unser Workshop ist zeitlich zufällig in die Ereignisse des 11. September hineingeraten. Zwar können und wollen wir diese nicht übergehen, dennoch sollten sich unsere Diskussionen eher in Zeitdimensionen von Jahrzehnten bewegen, wozu ich nur zwei Beispiele geben möchte:

1. Die historischen Beziehungen zwischen „den" Amerikas und EurAfrika sind Jahrhunderte alt, und wir wollen hier nicht nur über die Beziehungen zwischen der NAFTA und der EU oder über die deutsch-amerikanischen Beziehungen sprechen, sondern über „alle möglichen" *transatlantischen* Beziehungen, also z.B. auch die, die zwischen Brasilien und Kongo bestehen, bestehen könnten oder morgen vielleicht bestehen.

Wir müssen auch an Zukünfte dieser Beziehungen (also die in 50 oder mehr Jahren) sprechen; hier denke ich z.B. an die eher wahrscheinliche Zukunft einer Zweisprachigkeit (Spanisch und Englisch) in den USA.

2. Die geographische Dimension: denken Sie beispielsweise an Rußland. Diese „europäische" Macht hatte mit den USA auch früher schon Beziehungen, und zwar solche, die sich geographisch auf Gebiete am anderen Ende der Welt bezogen, ich meine Alaska oder den Nachschub, den die Amerikaner der russischen Westfront über die Transsibirische Eisenbahn zukommen ließen.

Unsere Fachhochschule ist viel mehr als gemeinhin bekannt in transatlantische Beziehungen eingebunden, von denen ich hier nur drei erwähnen möchte: unser Fachbereich Maschinenbau tauscht mit der Kettering University, besser bekannt als das ehemalige General Motors Institute, Studenten und Dozenten aus; unser Fachbereich Weinbau bzw. unsere Forschungsanstalt Geisenheim liefert Rebstöcke z.B. nach Kalifornien und anderswohin in der Welt; und Prof. Mettler hat jetzt schon zum wiederholten Male als Gastprofessor an der mexikanischen Zentraluniversität gewirkt und ist Mitherausgeber der größten lateinamerikanischen Wirtschafts-Fachzeitschrift.

Die USA sind, auch wenn es nicht wenige gibt, die die USA-Hegemonie (zumindest auf dem amerikanischen Kontinent) nicht mögen, Europas engster Handels- und Wirtschaftspartner sowie Sicherheitsverbündeter. Und schon immer wurde der, der vorne dran steht, bezichtigt, seine Position ungerechtfertigterweise auszunutzen. Aber an solche Vorwürfe haben sich die USA schon seit längerem gewöhnt.

Damit möchte ich schließen und Herrn O'Donnell, den Generalkonsul der Vereinigten Staaten in Frankfurt am Main, bitten, den Workshop mit mir gemeinsam zu eröffnen.

Edward O'Donnell

Opening Remarks

The terrorist attacks of September 11 were the greatest outbreak of violence on American soil since the Civil War. Whoever dreamed that the United States was safely removed from the dangers and risks of the rest of the world was harshly awakened. Any debate about America, being able to exist happily in isolation from the problems around it or about America being able to pursue her interests in a unilateral fashion, has ended. That debate collapsed along with the million tons of steel and glass of the World Trade Center.

More than a decade after the end of the Cold War, we are facing a new global threat unlike what we have known in the past. There are some who say that terrorism is nothing new. Indeed, terrorist acts have occurred many times at many places in history. However, the origins, motives, aims, methods, weapons, targets, support structures, and number of casualties of the September 11 attacks constitute a new dimension. As a result, the struggle against this type of terrorism must take on a new dimension as well. It requires a coalition of open societies, bound together by common interests and shared values of freedom, peace, and tolerance.

Transatlantic relations have emerged from the aftermath of the September 11 attacks even stronger than before. The Atlantic has become much smaller. We have seen a renewed commitment to the traditional core values of our partnership and a deepening of our mutual trust and friendship. We at the U.S. Consulate in Frankfurt witnessed this in the form of countless flowers, candles, condolences, and checks for the benefit of the victims of the attacks. The solidarity and sympathy shown by the German people were paralleled by the strong and decisive position taken by the German government. These acts were received by my government and the American public with deep appreciation and gratitude.

Transatlantic relations, naturally, have not been free of friction on a number of issues, but "no disagreement about details will again obscure the heart and spirit of our friendship", and "no particular policy dispute is strong enough to cloud the core truth. We do have a common purpose and share common values, among which are respect for all human life, ensuring the safety and security of our people, upholding the rule of law, advancing the cause of freedom and democracy. Those values will continue to provide the organizing principle for our common activities. We will again, together, overcome obstacles and, together make this new century one of hope, progress, and benefit for mankind".[1]

Many analysts have interpreted the September 11 events as a hostile reaction to globalization. The historical irony lies in the fact that the terrorists will not stop but, instead, will accelerate globalization. Countries throughout the world have pushed aside old quarrels and animosities to form a coalition against terrorism implementing

---

[1] as Ambassador Coats said on October 14, 2001 at the Atlantikbrücke in Frankfurt am Main

joint strategies to wipe out training camps, combat the proliferation of weapons of mass destruction, prevent money laundering, confiscate financial assets, exchange intelligence, and coordinate criminal prosecution.

The globalization of terror has created a global response against it.

We should move beyond a defensive role for this new global coalition and be proactive in promoting a better understanding of the many positive aspects of globalization, without ignoring its negative side effects. Globalization is not a decision by any government or institution to be opposed or supported: it is simply a fact. It is millions of decisions each day by private citizens, companies, and businesses around the world. In the worldwide debate, the opponents of globalization have spread many myths about the negative effects of globalization, ranging from the destruction of the environment to the impoverishment of developing countries. These myths do not stand up to empirical analyses. Globalization's benefits have not yet been systematically studied well enough, are not widely understood by the public, and have not been sufficiently trumpeted by governments or private industry. If one key aspect of globalization, global trade, is so harmful to those involved, why has China struggled for 15 years to become a member of the World Trade Organization?

Mentioning the WTO raises the issue of institution and institution building. It is powerful, international institutions based on democratic participation and procedures, based on legitimacy and transparency, that are our hope to minimize the negative effects and maximize the positive effects of globalization. We are fortunate that such institutions are already in place. On this continent, the European Union will reach a new level of integration with the introduction of the EURO. The United States has been a promoter of the EURO as well as of the expansion of the EU. This and the enlargement of NATO will bring new countries from Eastern Europe into the transatlantic partnership and will strengthen it, if done wisely.

Our workshop will explore the chances for a transatlantic union. I believe that the terrorist attacks of September 11 will give the visions of a transatlantic union a new urgency and a greater potential for realization. The immediate reactions have already brought about a harmonization of legislation and practical strategies to a degree and at a speed unthinkable before. If we are capable of maintaining this momentum, a much closer and more powerful transatlantic union might emerge, a union with the potential of becoming the focal point of a global institutional framework supporting or supplementing the United Nations and its many suborganizations. It is important to start a discussion about what forms such a transatlantic union could assume beyond the existing institutional framework. This is the purpose of our workshop. Politicians and diplomats need to be able to draw on the ideas and visions that scholars and analysts like you generate and feed into the public discourse.

One cannot be too daring in imagining the future.

Institutions, measures, and procedures that seem to be indispensable and are taken for granted today are based on ideas deemed unrealistic in the past. I wish all of you success in exploring the chances and possible forms of a transatlantic union and I commend Prof. Mettler for having initiated this workshop. I look forward to reading the published results. I hope that making the results available to a wider audience constitutes the beginning of a wider debate, making the flames of September 11 spark an intellectual, political, and diplomatic movement toward building a new global commitment to peace, freedom, and tolerance, based on broader and stronger institutional foundations.

Peter H. Mettler

Chancen einer Transatlantischen Union?

Parallel zu unserem Workshop findet in Berlin eine Tagung zum Thema „Global Environmental Change and the Nation State" statt, also genau zu einem der Themen, von denen wir annehmen, dass sie eben nicht mehr nationalstaatlich angehbar sind. Gleichzeitig veranstalten z.b. das Bildungszentrum des DGB, das Institut für Kirche und Gesellschaft in Iserlohn sowie 15 andere Institutionen Tagungen zu Themen aus dem Umkreis des unsrigen. Vielfach wird danach gefragt, ob wir es mit einer Epochenschwelle oder einem neuen (Welt-)Konflikt-Typus zu tun haben, oder ob wir ein neues Verhältnis „Industriestaaten zum Rest der Welt" bräuchten.

Des weiteren hat die Freie Universität Berlin eine Ringvorlesung mit elf Sitzungen zum Thema „Nach dem 11. September" eingerichtet, und die Deutsche Atlantische Gesellschaft veranstaltete, zusammen mit dem Hessischen Landtag, eine Tagung zum Thema „Das Nordatlantische Bündnis vor neuen Herausforderungen".

Einleitung

I.

In Deutschland hätte man früher mit dem wesentlich angelsächsischen Begriff „westlich" den Begriff des Abendlandes verbunden, während es in Frankreich wohl eher der des „Occident" war. Was aber sollte „westlich" heißen? Was ist das Abendland oder der Okzident und wo hören sie auf? Die attische Freiheit war „westlich" im Gegensatz zur persischen Despotie, ebenso wie der römische Katholizismus im Gegensatz zur byzantinischen Orthodoxie stand, die europäische Christenheit im Gegensatz zum Islam, die demokratische Allianz im Gegensatz zu den Achsenmächten und die atlantische Wertegemeinschaft im Gegensatz zum Kommunismus.

„Westlich" könne man auch (fast) alle geschichtsteleologischen Modelle nennen, die, wie etwa die Behauptung, dass Modernisierung letztlich nur mit Demokratisierung möglich sei und an der Modernisierung kein Weg vorbei führe, von einem fixen Ablaufmodell ausgehen bzw. sich die Zukunft (fast) nur noch nach einem Modell vorstellen können.

Hier liegt die eigentliche Differenz: Während sich in mittelalterlich-alteuropäischen ebenso wie etwa im chinesischen Geschichtsmodellen letztlich nichts verändert und man Geschichte deswegen schreiben soll, um aus ihr zu lernen, behaupten „westliche" Neuzeitdenker, dass die Geschichte aller Gesellschaften sich nach dem „westlichen" Entwicklungsmodell richte und richten solle. Als Begründung werden „Grenzen kultureller Authentizität" angenommen, die in den interkulturell gleichen technisch-naturwissenschaftlichen Voraussetzungen z.B. für das Fliegen eines Flugzeugs oder das Funktionieren eines Atomkraftwerks, etc. lägen. Medizin, Naturwissenschaft und

Technik erwiesen sich meistens als indifferent gegen Glaubens- und Heilsfragen, seien multireligiös verträglich und demütigten keine Religion.

II.

Wir können diese spannenden Themen hier nicht weiter vertiefen. Und ebenso geht es uns mit möglichen neuen Weltordnungen und ihren Teilen. Wir können auch nicht darüber sprechen, wie eine mögliche TAU von außerhalb bewertet werden könnte (etwa von einem wie immer gearteten politischen Gebilde um radikale Muslime), etc..

Weltweit gibt es viele Risse und Brüche und wir fragen hier eigentlich nur, ob ein besserer institutioneller Rahmen zwischen den beiden transatlantischen Pfeilern diese besser überbrücken könnte.

Da gibt es die Differenzen innerhalb der Pfeiler selbst, des Weiteren zwischen Industrie- und Entwicklungsländern, zwischen technologiebasierten und rein landwirtschaftlichen bzw. rohstoffliefernden Ländern sowie die zwischen kapitalexportierenden und kapitalimportierenden Ländern.

Was war das Ergebnis der zahlreichen (Welt-)Konferenzen des letzten Jahrzehnts? Weltweite Armut und Ungleichverteilung, Umweltzerstörung und Krankheiten etc. stiegen weiter an. Und die vorgeschlagenen bzw. eingesetzten Gegenmittel gegen diese Probleme erwiesen sich fast durchweg als erfolglos.

Wie wichtig dieser Punkt ist, lässt sich an der gegenwärtigen europäischen Debatte zeigen: Ohne wohldurchdachte Institutionen bleibt jeder Fortschritt höchst unsicher. Aber natürlich darf man auch nicht annehmen, dass mit Institutionen schon alles erledigt wäre; auch der europäische Verfassungskonvent, der die nächste Vertragsrunde 2004 vorbereiten soll, hat eine ähnliche Aufgabe: die zunehmende Selbstparalyse zu überwinden, die in Entscheidungsgremien erstens immer dann einsetzt, wenn die Mitgliederzahl zu groß wird, und zweitens dann, wenn Ziele fehlen, wenn kein „Projekt" verfolgt wird oder keine „Mission" gegeben ist.

Um Europa wieder „wachzurütteln", könnte man z.B. eine weitgehende Abschaffung des Vetorechts im Ministerrat (also Aufhebung des Einstimmigkeitsprinzips, das stets nur zum kleinsten gemeinsamen Nenner tendiert) und eine Stärkung der Zuständigkeit des europäischen Parlaments empfehlen.

III.

An dieser Stelle muss ein bisschen Geschichts-Metaphysik sein, die wir hier aber auch nicht vertiefen wollen: ein Theorem der nicht mehr aktuellen Diskussion darüber, ob Geschichte ein Ziel (Telos – Teleologie) habe, war das immer wieder feststellbare Phänomen der Konterfinalität. Es besagt zunächst nur, dass man beobachtete, dass Akteure Ziele verfolgten und die Geschichte deren Gegenteil verwirklichte (auch Vorhersagen wie die für den Feldherrn, der bei Überschreiten des Rubikons ein großes sagen wie die für den Feldherrn, der bei Überschreiten des Rubikons ein großes Reich zerstören würde, deuten in diese Richtung).

Wir wollen auf diesem Workshop darüber sprechen, welche für die Bildung einer Union unabdingbaren Faktoren in welchen Konstellation(en)
- eine Union befördern
- eine Union behindern
- eine Union unmöglich machen.

Vielleicht haben die Urheber des Terroranschlags vom 11.9. genau das Gegenteil der jetzigen Anti-Terror-Koalition erwartet (deren Haltbarkeit ungewiss ist); vielleicht zielten sie wirklich auf den Zugang zu pakistanischen Atomwaffen, den Fall des saudischen Systems oder gar den des Kapitalismus. Wer traut sich heute schon zu sagen, ob nicht gerade just letzterer sich erneut als lernfähig erweist, dass er erkennt, dass die Globalisierung reformbedürftig ist, und entsprechende Reformen (wie etwa einen Welt-Marshall-Plan) einleitet und sich dadurch meta-stabilisiert?

IV.

Ein Worst-Case-Szenario (als gute Zukunftsforschung) soll diese Einleitung beschließen:

Die US-Militärtechnologie entwickelt sich so ungleich viel schneller als die europäische, dass keine Kompatibilität mehr gegeben ist; auf dem Globus kommt es zu vielen gleichzeitigen und schweren militärischen Auseinandersetzungen. Gleichzeitig sind beide Atlantikrainer nicht mehr in der Lage, ihre wirtschaftlichen Differenzen zu überbrücken und es kommt in den USA zu einigen ökologischen doomsdays: also mehr oder weniger alle/alles gegen den einen...

Teil 1

Was sind die beiden Pfeiler der Transatlantischen Union, wie unterscheiden sie sich, und welche Möglichkeiten wie auch Hindernisse auf dem Weg zu einer solchen Union leiten sich daraus ab?

Die beiden grundlegenden Fragestellungen

Die ungeheure Vielfalt der Beziehungen zwischen den USA/Nordamerika und Europa kann kaum adäquat dargestellt werden und soll zunächst durch eine Zufallsauswahl ein wenig beleuchtet werden:

Da gibt es viele europäische Chauvinismen, obwohl man den USA häufig „Isolationismus"-Tendenzen nachsagt. Beispiele: in der Zeitschrift „Vereinte Nationen" der Deutschen Gesellschaft für die Vereinten Nationen (Nr.3/2001) wird in dem Artikel „Gestalt und Gestaltung Europas" an keiner Stelle Europas Verhältnis zu den USA oder zur NAFTA erwähnt. Oder: Weder bei den Diskussionen über eine European Research

Area noch über eine Europäische Aktiengesellschaft wurde viel über die intensiven europäischen Verflechtungen mit den USA (oder anderen Ländern) gesprochen. Und schließlich: Patentrecht und gewerblicher Rechtsschutz sind sehr unterschiedlich, eine Neuheitsschonfrist etwa gibt es in Europa nicht.

Doch sollen, der Objektivität halber, gleich 5 Gegenbeispiele angeführt werden:

1. Die Fraunhofergesellschaft veranstaltete eine Tagung über Transatlantische Wissenschafts- und Technologie Kooperation am 21/22. 06. 2001 in Berlin;

2. die Zeitschrift „Das Parlament" (05. 10. 2001) schreibt über die angeblich „zweifelsfreie ‚Amerikanisierung' der politischen Kommunikation in Europa";

3. Die Friedrich-Ebert Stiftung richtete einen Transatlantischen Dialog ein, in dem bislang über die Zukunft der Arbeitsgesellschaft (auf zwei Tagungen) sowie über den Ausbau der Forschungskooperation zwischen Deutschland/Europa und den USA diskutiert wurde;

4. Die neuen Beteiligungsmöglichkeiten der USA an Leitprojekten im 6. F&E-Rahmenprogramm der EU sind eine interessante mittelfristige Perspektive für die transatlantische Zusammenarbeit;

5. BA- und MA-Abschlüsse in Deutschland/Europa verbessern die Vergleichbarkeit und Anerkennbarkeit von Abschlüssen. Auch die ersten deutsch-amerikanischen Graduiertenkollegs sind sehr zu begrüßen.

Diese Vielfalt der Beziehungen muss nach oben, zum Rest der industriellen Welt, insbesondere zu Japan, kontrastiert werden. Hier sei etwa auf die Trilaterale Kommission verwiesen, deren Position heute wesentlich schwächer als zu Zeiten von Henry Kissinger oder Zbigniew Brezinski ist, aber auch auf Davos und ähnliche Treffen, wie etwa die Bilderberg Konferenzen. Und sie muss mit den vielen Konflikten (insbesondere seit dem Ende des Kalten Krieges und der Rückkehr von Kriegen nach Europa – siehe Balkan) zwischen der EU und den USA bzw. NAFTA auch nach unten kontrastiert werden.

Welchem Hegemon in der Geschichte wurde nicht Arroganz vorgeworfen? Kleinere Staaten bzw. Gesellschaften werden sich immer sowohl gegen Große wenden als bei Gefahr nach ihnen rufen. Und was berichtet die Geschichte? Trotz des endlosen und fürchterlichen Kriegs der USA gegen Vietnam sind die USA dort heute wieder „in", ja sogar ein Idol der Jugend. Oder: wer wollte heute in Jugoslawien noch Milosevics Regime zurück haben?

Die nicht Wenigen hierzulande, die jahrzehntelang all jene verhöhnten, die sich mit Weltpolitik auseinander setzten, oder sie immer einfach in Links oder Rechts einteilten, sind plötzlich selbst zu (selbsternannten) Experten dafür geworden und teilen mit ihrer Schwarz-Weiß-Methode alle Welt in USA-Hörige = Böse und Andere = Gute ein, als ob die Taliban so weit von Pol Pot weg wären und Saddam Hussein nicht schon mehrere Kriege begonnen hätte.

Wir Europäer müssen uns fragen, wer wir sind (das ist die Frage nach der europäischen Identität). Natürlich können wir auch unsere Meinung über die Nordamerikaner haben (obwohl wir dort zwischen Kanadiern, US-Amerikanern und Mexikanern unterscheiden sollten); jedoch sollten wir uns vielleicht eher mit deren Eigen-Identität(en) vertraut machen (und umgekehrt). Auch hierzu zwei Beispiele:

1. Warum gibt es in den USA einen für Europäer immer wieder verblüffenden Zukunftsmut (ohne hier in Antwortmöglichkeiten einsteigen zu können/wollen)? Europa leidet bis zum Zukunftspessimismus darunter, dass seine Abhängigkeit von Öl und Gas nur durch Geopolitik gesichert werden kann; und die kann Europa nicht alleine (aus „innenpolitischen" Gründen), sondern nur gemeinsam nur mit den USA (und diese wiederum nur mit Russland) machen.

2. Europäer lieben es, den US-Amerikanern Prinzipienlosigkeit vorzuwerfen. Diese wiederum ziehen es vor, von Pragmatismus zu sprechen. Dafür zwei Beispiele:

    - In der Auseinandersetzung der großen Pharma-Multis (auch aller europäischen) mit der Regierung der Südafrikanischen Republik waren diese alle gegen Billigimporte von Anti-AIDS-Präparaten, obwohl die Mehrzahl der Kranken arm ist und sich keine Medikamente zu Marktpreisen kaufen kann; sie willigten dann aber doch, unter dem Druck der Weltpresse, ein, Präparate zum Selbstkostenpreis abzugeben. Andererseits fiel es nach dem 11.9. der US-Regierung gar nicht schwer, sich mit den Herstellern auf billige Pillen gegen Anthrax zu einigen.

    - Ein anderes Beispiel: sowohl eine mögliche TAFTA – TransAtlantic Free Trade Agreement – als auch einen möglichen NTM – New Transatlantic Market – sehen die US-Amerikaner eher als eine utilitaristische denn als eine prinzipielle Frage an.

Europa muss nicht gleich ein Staat oder eine Union sein, d.h. ein „klassisches" politisches Gebilde, aber Vertragsähnlichkeit, Bindungswirkung, Berechenbarkeit, etc. wären nicht schlecht. Europa denkt heute, allerdings in sich sehr widersprüchlich und damit unsere nordamerikanischen Freunde stets verwirrend, über eine europäische Verfassung sowie über eine atlantische Charta nach.

Teil 2

Die Transatlantische Union als „natürliche" Entwicklung
Die Transatlantische Union als „Projekt"
Die Transatlantische Union als „Mission"

Obwohl Beispiele für solch unterschiedlich verfolgungsstarke „Ziele" immer sowohl einen gewissen Grad an Beliebigkeit als auch einen gewissen Mangel an Stringenz haben (zumal in einer Einleitung), sind die folgenden doch weder unrealistisch noch unmöglich, sondern „Ziele", die sich nicht ohne Voraussetzungen angehen lassen. Die hier wichtigsten sind: dass die transatlantische Struktur eine kritische Größe erreicht (etwa eine Milliarde Menschen), dass diese Struktur sowohl religions- und kulturunabhängig ist, als auch, dass die Beziehungen mit unerfreulichen anderen Erdenbewohnern für sie ggf. minimierbar sind (wegen der sonst möglicherweise zu großen Ressourcenbindung). Die Beispiele (und Ziele) unterscheiden sich in etwa wie folgt (und selbstverständlich sind die Beispiele, wie alle Beispiele, defizitär):

- „Natürliche" Entwicklungen ereignen sich einfach so, sind quasi der Trend. Viele Menschen arbeiten normal und doch eigentlich im Trend, doch haben sie kein (volles) Bewusstsein, wozu sie eigentlich beitragen (bzw., dass sie „im Trend liegen")
- „Projekte" müssen viel bewusster entschieden und geplant (finanziert, mit dafür trainierten Experten ausgestattet, etc.) werden. „Langfrist-Projekte" bergen mit Menschen mit höheren Lebenserwartungen (wahrscheinlich) sogar höhere Erfolgswahrscheinlichkeiten;
- „Missionen", schließlich, sind voll bewusste (gesellschaftliche) Großanstrengungen mit Vorrang vor allen anderen Aufgaben oder Zielen (von denen man in Zeiten des Nationalismus noch gesagt hätte, dass zu ihnen jeweils „die ganze Nation" bereit sein muss zu stehen).

a. Die Gesellschaft mit Lebenserwartung „150";
b. Die autonom/autarke Gesellschaft (mit Weltraumorientierung);
c. Die Gesellschaft genmanipulierter Hyper-Erfahrener und -Intelligenzler;

ebenso wie mögliche Kombinationen zwischen ihnen.

a. Die Lebenserwartung in den Industrieländern steigt und eine durchschnittliche von bis zu 150 Jahren ist bis in einigen Jahrzehnten (oder mehr) abzusehen; die Geburtenrate sinkt weiter.

Um den Lebensstandard unter solchen Umständen zu erhalten, sieht man derzeit prinzipiell zwei Mittel (samt vielen Kombinationsmöglichkeiten):
- Steigerung der Produktivität (mittels **F**orschung **&** **E**ntwicklung) und
- Zuwanderung.

Wenn immer mehr ältere Menschen, mit immer mehr akkumuliertem Wissen und immer besserem Zugang sowohl zu Datenbanken und Dokumentationszentren als auch zu Ergebnissen von Think Tanks etc. leben, sollte sich dies sowohl auf die Kreativität und damit Innovationsrate als auch auf die Produktivität, aber eben auch auf die Umwelt- und Sozialverträglichkeit auswirken (längere historische Gedächtnisse, insbesondere, wie etwas „nicht" geht).

Die TAU wäre somit die erste „moderne" Gesellschaft.

Bei der Zuwanderung gibt es viele Unterschiede zwischen Europa und Amerika, doch auch Europa wird immer mehr zu einem Einwanderungskontinent – mit allen Gefahren. Eine der hier entscheidenden Fragen ist die, wie Migration gesteuert bzw. unerwünschte Migration unterbunden werden könnte. Sie hängt u.a. am Begriff des kapitalistischen Systems: wenn es dem System, wie bisher, eigen ist (auch in Zukunft sein wird?), immer über sich hinaustreiben zu müssen, d.h. z.B. neue Märkte suchen zu müssen, dann ist die Idee, etwa alle Muslime sich selbst zu überlassen (da sie in den Augen mancher unverträglich mit anderen Religionen oder Kulturen sind), nicht haltbar. In einem einfachen Gedankenexperiment geht man davon aus, dass die Weltbevölkerung „x minus die Anzahl der Muslime" wäre. Dann würde sich der Kapitalismus auf die immer weitere Durchdringung (Kapitalisierung) dieser nur kleineren Zahl einrichten (müssen!), ganz ebenso wie wenn eben weniger Menschen weltweit geboren würden (denn es ist ja kein Gesetz, dass die Zahl der Menschen stets weiter wächst. Sie könnte ja auch mal wieder abnehmen).

Für manche führt aus diesen Gefahren nur die Autarkie / Autonomie heraus, womit wir beim Punkt b. wären:

b. Öko-Effizienz gehört hier ebenso dazu (Faktor 4 bis 10) wie Recyclierfähigkeit und Langlebigkeit von Gütern etc., also ein wesentlicher Umbau des kapitalistischen Systems, ohne dieses fundamental aufheben zu müssen/können/wollen (qualitatives statt quantitatives Wachstum).

Paradigmatisch für die Möglichkeit, dass sich entweder die TAU oder die ganze Industriegesellschaft vom Rest der Welt „entdifferenziert", kann die Problematik der EU Ost-Erweiterung genommen werden (ebenso wie die Süd-Erweiterung). Denn in der EU der 15 gibt es nicht wenige, die Erweiterungen als sinnlos, störend oder gar unverkraftbar empfinden: „solange ein gewaltiges Wohlstandsgefälle besteht, das langfristig doch überwunden werden soll, überfordert man die Beitrittsländer (ähnlich wie die Entwicklungsländer im Bereich des Welthandels) trotz aller Ausnahmeregelungen und Übergangsfristen. ... Es könnte sein, daß diese Mischung aus Besitzstandchauvinismus und Regulierungswut den Erweiterungsprozeß noch schneller in die Sackgasse treibt als die Unfähigkeit zur Reform der Institutionen".

Könnte eine TAU für Europa bzw. für ihren europäischen Pfeiler eine politisch mobilisierende und identitätsstiftende Kraft sein?

Es gibt z.Z. kaum eine europäische Identität; und eine amerikanische auch nur in dem Sinne, als der Pragmatismus, das „Let's do it" und der Glaube an „Liberty and Human Rights", schon ganz nett viel ist, bzw. die Identität des „Erfolg des Tüchtigen".

c. Auf der Basis von a. und b., also einer von öko-autarker Effizienz getragenen hochinnovativen transatlantisch strukturierten Gesellschaft von bis zu 150-Jährigen mit erheblichen Weltraumaktivitäten, erlauben die Ressourcen dieser Union ab 2070 eine auf lange Zeit hin angelegte (d.h. weit mehr als ein Kondratieff-Zyklus = 50 Jahre[2]) Mission der „Konstruktion" eines neuen „Homo Sapiens", der auf Grund von Genmanipulationen und mit Hilfe von künstlicher Intelligenz sowohl hyper-erfahren als auch hyper-intelligent/intellektuell ist und dessen Humanität sich wesentlich grundlegender und breiter ausprägt als bisher bekannt.

---

2 Ökonomische Theorie nach dem russischen Ökonomen Kondratieff, nach der „Basistechnologien", wie z.B. die Dampfmaschine oder die Mikroelektronik, die Ursache von jeweils rund 50-jährigen Konjunkturzyklen bilden.

Was wäre nun also, nach diesen kursorischen Ausflügen über Ziele, zu antworten, wenn gefragt würde:

„Welche Ziele welcher TAU haben welche Chancen?"

Die Antwort kann nur relativistisch sein: *die* Chancen, die die Menschen und die Gesamtheit ihrer Institutionen (kurz: die Gesellschaften) beiderseits des Atlantik der von ihr entwickelten Struktur (oder aber eben auch „keiner") geben wollen oder werden. Wir sind Teil sowohl eines historischen Prozesses als eines großen sowie groß- und einzigartigen Sozial- bis Gesellschafts-Experiments. Nur dass das entsprechende „bewusste Sein" noch nicht sehr weit verbreitet ist.

Und ganz zum Schluss dieser „tour d'horizon" soll noch folgende Frage gestellt werden:

Sollen wir unsere Hoffnungen auf eine transatlantische und anti-globalisierende Zivilgesellschaft und deren Netze bzw. auf „regime" und auf „governance" setzen? Denn diese war mit ihren „Codes of Conduct", Internet-Wahrheiten, Aufrufen zu Handlungen und Boykotten, wie sie beispielsweise im Umweltbereich wirkungsvoll waren, oder gegen McDonald und Shell, und auch gegen das Multilateral Agreement on Investment (MAI) bislang erstaunlich erfolgreich. Doch noch immer bestimmt in Europa kein Gremium mehr (mit) als das (vollkommen unlegitimierte) European Round Table of Industrialists (ERT), selbst wenn die Erfolge z.B. von ATTAC oder Greenpeace spektakulär sind. Es sollte uns zu denken geben, dass EU Kommissar Lamy bislang noch nicht auf einen offenen (Gemeinschafts-)Brief von 20 Gruppen aus 11 Ländern (des so genannten „Seattle to Brussels" Netzwerks) geantwortet hat, in dem sie ihn bitten, nicht mehr am „Transatlantic Business Dialogue" (TABD) teilzunehmen.

Werner Kremp

Vom transatlantischen Trauma zur transatlantischen Union? Überlegungen zu Tod und Trauer in transatlantischer Perspektive

Vorbemerkung

Der folgende Beitrag war in einer Erstfassung Mitte November 2001 fertiggestellt und auf der Jahrestagung der Sektion Politikwissenschaft der Deutschen Gesellschaft für Amerikastudien vorgetragen worden. Diese Fassung wurde dann für die in diesem Band dokumentierte Tagung überarbeitet und im Sommer 2002 für die Drucklegung eingerichtet.

Ich erwähne diese Vorgeschichte, da ich den Eindruck habe, dass mir in einem gewissen Sinn das Thema – „Wie wirkt ein so gewaltiges traumatisches Ereignis auf die transatlantischen Beziehungen?" – mit zunehmendem Abstand vom 11. September 2001 mehr und mehr wie Sand zwischen den Fingern zu zerrinnen schien. Unter dem unmittelbaren Eindruck des Ereignisses mit der Abfassung beginnend, hatte ich den Wunsch, über seine Wirkung diesseits und jenseits des Atlantiks nachzudenken. Doch ich musste sehen, dass nicht nur die Erinnerung verblasst, sondern die alten Strukturen, Konflikte, Interessen sich durchzusetzen scheinen. Manches zwar ist nicht mehr so wie vorher; z.B. erscheinen die USA mächtiger, einsamer und angefeindeter denn je; aber vieles eben ist doch gleich geblieben: der transatlantische Alltag hat uns wieder, und nur mühsam kratzen wir gelegentlich die Reste der Erinnerung an den Massenmord zusammen.

Macht dies die nachfolgenden Überlegungen überflüssig? Ich glaube nicht; im Gegenteil: sie selbst sind Teil des Prozesses der Erinnerung. Und Erinnerung stellt sich nie von allein ein, sondern nur, wenn sie gewollt und gestaltet wird.

Ich werde am Ende darauf zurück kommen.

Einleitung

Als die Twin Towers von Manhattan in einer apokalyptisch anmutenden Rauch- und Staubwolke buchstäblich in sich selbst zusammensanken (und selbst im Untergang noch aufrechte Würde bewiesen), zeigten sich auch die Zwillingstürme der transatlantischen Gemeinschaft, Amerika und Europa, bzw. deren Bürgerinnen und Bürger bis ins Mark erschüttert[3]. Wir wurden Zeugen eindrucksvoller Gesten des Mitgefühls und der Trauer auf beiden Kontinenten. Nicht nur gab es die offiziellen, von einfühl-

---

3 Die Wirkung insbesondere auf *Europa* wäre gewiss nicht so stark gewesen, wenn die Terroristen „nur" das Pentagon getroffen hätten; denn nicht nur war die Zahl der Opfer weitaus geringer; vielmehr mochten Sie, da mit militärischen Fragen beschäftigt, doch vielen weit eher als „natürliche" Opfer eines kriegerischen Angriffs erscheinen als die vieltausendfach friedlich in die Höhe getürmte Zivilgesellschaft des WTC.

samen Kanzlei-Schreibern entworfenen Trauerbekundungen; vielmehr erfolgten, teils spontan, teils organisiert, auf vielen Ebenen der atlantischen Gesellschaften nationale, kontinentweite und insbesondere auch Kontinente übergreifende Trauer- und Sympathiebekundungen unterschiedlichster Art. Erwähnt seien beispielhaft u.a.: die spontanen Demonstrationen und Blumenniederlegungen vor amerikanischen Einrichtungen in vielen Städten; die deutschlandweiten, von Arbeitgebern und Arbeitnehmern initiierten Gedenkminuten am 13. und die europaweiten Gedenk- und Schweigeminuten am 14. September, die Sondersitzung des Bundestags am 12. September, auf der der Vorsitzende der Fraktion der SPD (!) sagte, an diesem Tag seien „wir alle Amerikaner"; vier Wochen später in der Carnegie Hall das Konzert der Berliner Philharmoniker, die im Programmheft erklärten: „Wir sind alle New Yorker"[4]; und schließlich und nicht zu vergessen die unzähligen Kondolenz-Briefe und -E-Mails, die in diesen Tagen abgesandt wurden. Die Jugendzeitschrift BRAVO bekundete auf ihrer Titelseite unter der ganzseitigen Abbildung einer amerikanischen Flagge „Wir trauern mit AMERIKA"[5], und die montägliche Jugendbeilage *jetzt* der Süddeutschen Zeitung vom 24.9. war ausnahmslos der Auseinandersetzung junger Leute aus aller Welt mit dem Geschehen gewidmet.

Die Bekundungen der Anteilnahme waren allein in Deutschland so gewaltig, dass der kurz nach dem Terroranschlag sozusagen „notakkreditierte" amerikanische Botschafter sich veranlasst sah, am 25.9. in allen großen deutschen Tageszeitungen, inklusive der Bildzeitung, sich „zutiefst berührt von dieser Reaktion unserer deutschen Freunde" zu zeigen (und dies um so mehr, als er noch kurz zuvor im Nominierungsverfahren vor dem US-Senat sich als großer Skeptiker deutscher Zuverlässigkeit, zumindest hinsichtlich der militärischen Fähigkeiten, gezeigt hatte). Erwähnt sei nicht zuletzt auch das (für Europa: nächtliche) Benefizkonzert „America. A Tribute to Heroes", in dem Pop-Künstler aus Amerika und Europa sich elektronisch aus verschiedensten Orten diesseits und jenseits des Atlantiks zusammenschalten ließen, um Zuschauern in 156 Ländern ihre Verbundenheit mit Amerika zu demonstrieren[6] – in einer Veranstaltung, von der ein Journalist zu Recht sagte, dass sie „über weite Strecken einer nationalen Andacht glich."[7] Auch die von der ARD live übertragene interreligiöse Trauerfeier im New Yorker Yankee-Stadion am 23.9. dürfte (auch via CNN und anderer Sender) in vielen deutschen Wohnzimmern einen nachhaltigen Eindruck von der amerikanischen Art, mit Tod und Trauer umzugehen, vermittelt haben – und auch von amerikanischer Multiethnizität und Religionsvielfalt. Zu Recht hat Jürgen Habermas in seiner Friedenspreis-Dankrede diese Versammlung als „zivilreligiöse Trauergemeinde" bezeichnet.[8]

---

4 Wir sind alle New Yorker, FAZ 10.10.01
5 Heft 39 vom 19.9.01
6 Das Konzert ist mittlerweile auf CD, DVD und Video erhältlich.
7 Robert Jacobi, Ein Land, eine Sendung, Südd. Ztg., 24.9.01. – Die Aufzeichnung der Veranstaltung ist mittlerweile als CD, Video und DVD erhältlich.
8 Dankrede von Jürgen Habermas, 14.10.2001; Süddeutsche Ztg., 15.10.2001

So konnte man für Tage, wenn nicht Wochen, den Eindruck haben, der Terrorakt in Amerika habe, nicht zuletzt durch Vermittlung des Fernsehens, eine Art transatlantische Trauergemeinde entstehen lassen, und diese gemeinschaftliche Trauer habe zugleich die Grundlage für die Bestätigung, Erneuerung und Vertiefung der transatlantischen Gemeinschaft geschaffen.

Im Folgenden sollen dazu einige Fragen gestellt und einige Antworten versucht werden.

Die „Leistung der Einstellung des Todes in die Reihe der sinnvollen und geweihten Geschehnisse" liegt, so schrieb Max Weber im Jahre 1916, „letztlich allen Versuchen, die Eigenwürde des politischen Gewaltsamkeitsverbandes zu stützen, zugrunde."[9] Von dieser These ausgehend ist zunächst einmal ganz allgemein zu fragen, ob gemeinsame traumatische Erfahrungen von Tod und Vernichtung bei den Bürgern und Repräsentanten von einzelnen Politien *innerhalb* dieser ein *web of traumatic experiences* schaffen können, das tragfähig genug ist für die Vertiefung der Bindungen der Bürger untereinander und mit ihren Repräsentanten. Oder um auf den Titel meines Vortrags Bezug zu nehmen: können die gemeinsamen Tränen angesichts einer desaströsen Erfahrung, können kollektive Traumata den Zusammenhalt und die Identität einer Nation stärken? Sind also zum Beispiel die USA nach dem 11. September so etwas wie die „reunited states of America" geworden, wie der Rabbi der New Yorker Feuerwehr, Joseph Potasnik, auf der Trauerfeier am Ground Zero am 28. Oktober meinte?[10]

Des Weiteren wäre zu fragen, ob kollektive Traumata und deren Verarbeitung die Identität nicht nur von *Nationen*, sondern von *Gemeinschaften von Nationen* beeinflussen können – und zwar positiv, im Sinne einer Verstärkung des Zusammengehörigkeits-Gefühls. Ja, fast etwas frivol und pietätlos gefragt: „brauchen" Nationen und Zusammen-Schlüsse von Nationen von Fall zu Fall solche traumatischen Ereignisse, um sich ihrer Identität jeweils von neuem vergewissern zu können?[11]

(Wie bedeutsam auch in politischer Hinsicht die Frage nach der Relevanz von Todeserfahrungen und deren jeweilige Auslegung sein könnte, hat kürzlich der Philosoph Hans-Georg Gadamer angedeutet, als er in einem Interview zu Protokoll gab, er beschäftige sich schon lange damit, „wie man eine vernünftige Zukunft bauen kann, und damit, dass es mit allem geht, nur nicht mit der arabischen Religion. Denn da wird die

---

9 Max Weber, Richtungen und Stufen religiöser Weltablehnung, in: ders., Soziologie, Weltgeschichtliche Analysen, Politik, hrsg. von Eduard Baumgarten, Stuttgart (Kröner) 1964, S. 441-486; hier S. 455
10 CNN.com, 28.10.2001
11 Hinsichtlich der USA könnte man auch fragen, ob sie von Fall zu Fall den Dämon, das verkörperte Böse brauchen, um sich ihrer selbst und ihrer Rolle in der Welt zu vergewissern. Und man erinnert sich natürlich auch an Thomas Jeffersons berühmtes Diktum „The tree of liberty must be refreshed from time to time with the blood of patriots & tyrants." (Brief aus Paris an William Smith, 13. November 1787; zitiert nach The Atlantic Online, www.theatlantic.com)

Grundlage, was der Tod bedeutet, anders interpretiert."[12] Auch wenn man Gadamers Schlussfolgerung hinsichtlich der Möglichkeit einer Übereinkunft mit der „arabischen Religion" (er meint den Islam) nicht teilt, ist doch die Frage überlegenswert, ob grundlegend unterschiedliche Haltungen zum Tod Kulturen so stark trennen können, dass sie zwar miteinander koexistieren, aber keine engere Gemeinschaft eingehen können; umgekehrt könnte sein, dass gewisse Gemeinsamkeiten im Umgang mit Tod und Todeserfahrung gemeinschaftsbestärkend, wenn nicht gemeinschaftsbildend sind – auch transnational.)

Speziell mit Blick auf die deutsch-amerikanischen und europäisch-amerikanischen Beziehungen wäre demzufolge zu fragen: wie stark divergieren oder konvergieren die Modi der Auslegung und Bewältigung von traumatischen, von Todes- und Vernichtungserfahrungen in den einzelnen Ländern diesseits und jenseits des Atlantiks? Ist es im letzten halben Jahrhundert (oder seit noch längerer Zeit) aufgrund einer Reihe kollektiver, gemeinsam erfahrener und ähnlich empfundener Traumata über den Atlantik hinweg zu einer transnationalen historisch-politischen Selbstdeutung, Selbstvergewisserung und kollektiven Identitätsfindung gekommen, hat sich ein kollektives transatlantisches Gedächtnis herausgebildet, auf das die Erfahrung und Deutung des Terrorakts vom 11. September in den USA nur aufbauen würde, sie fortsetzend und verstärkend? Welche Ereignisse sind als solche gemeinschaftlichen Traumata zu identifizieren? In welchem Maße teilten und teilen die Mitglieder der Gemeinschaft diese historischen Traumata, wie bewältigten sie sie? Wie unterschiedlich nahmen und nehmen die gleichzeitigen und die einander nachfolgenden Generationen diese traumatischen Ereignisse (noch) wahr und welche Strategien der Sicherung dieser kollektiven Erinnerung haben die einzelnen Nationen und die Gemeinschaft dieser Nationen? Und schließlich auch: auf welchem Wege – d.h. insbesondere: durch welche Medien – wurden und werden diese traumatischen Ereignisse in die einzelnen Nationen hinein transportiert?

Konkret auf den 11. September bezogen müsste dann gefragt werden: haben die Tränen („Tränen" natürlich vor allem, aber keineswegs allein, im übertragenen Sinne gemeint), die auf beiden Seiten des Atlantiks angesichts der Katastrophe vom 11. September 2001 geweint wurden, diesen noch mehr zu einem *mare nostrum*, zu einem atlantischen Binnenmeer gemacht, dessen Anlieger sich mehr und mehr als Gemeinschaft empfinden? Oder waren die Tränen zu unterschiedlicher Art, als dass man sie als gemeinsame bezeichnen kann? Waren es Tränen echter Trauer (so es das überhaupt gibt) und Betroffenheit? Tränen der Wut und der Ohnmacht? Tränen der Transzendenzerfahrung angesichts der Übermacht von Tod, Zerstörung und unbeantworteten Sinnfragen? Waren es „schöne", die Seele labende Tränen angesichts anrührender Trauerfeiern? Tränen des Selbstmitleids? Und wie groß war der Strom der Krokodilstränen, der Pflichttränen, ja sogar der Tränen der Freude über das Unglück, das, endlich, auch den anderen, den Ungeliebten, den Hochmütigen, der superben Supermacht, zugestoßen ist?

---

12 DIE WELT, 25.9.01

Welche Individuen und gesellschaftlichen Gruppen in den einzelnen Nationen haben also wie auf das Ereignis reagiert, und, uns besonders interessierend: gab und gibt es eine politische und Sozialdominanz jener Individuen, Gruppen und insbesondere auch Repräsentanten, für die die traumatische Erfahrung zur Grundlage einer erneuerten und/oder erweiterten transatlantischen Gemeinsamkeit geworden ist oder werden kann?

Auch wenn, und gerade weil, wie in der Vorbemerkung erwähnt, die Erinnerung verblassen will, mag es nützlich sein, die erwähnten Fragen weiter zu verfolgen, mögliche Antworten zu eruieren und damit, wenn man so will, die Grundlinien eines Programms zur Erforschung der möglichen Wirkungen der Ereignisse vom 11. September in transatlantischer Perspektive zu umreißen. Und diese Erforschung ist selbst schon wieder Teil des Erinnerungsprozesses – eines Prozesses, der im Übrigen nie abgeschlossen sein kann und wird.

Nationales Trauma und kollektive Erinnerung

Ich möchte zunächst die eingangs angeführte These von Max Weber hinsichtlich der Rolle des Todes in der nationalen Identitäts-Bildung bzw. -Bestärkung noch etwas weiter ausführen, und stütze mich dabei auf das Buch „National Trauma & Collective Memory" von Arthur G. Neal[13], in dem dieser die Wirkung und Verarbeitung von kollektiven Traumata in den USA herauszuarbeiten versucht. Traumata, so Neil, sind zunächst einmal in individualpsychologischer Hinsicht „extraordinary experiences in the personal lives of individuals." Im Wesentlichen bedeuten sie, dass „an ongoing activity has been interrupted by an adverse happening that is unexpected, painful, extraordinary, and shocking." Ein Trauma „has an explosive quality about it because of the radical change that occurs within a short period of time."[14] Traumata erwachsen aus abrupten Veränderungen in der Qualität der sozialen Beziehungen. „Previous feelings of safety and security are replaced by perceptions of danger, chaos, and a crisis of meaning."[15]; und es entstehen Brüche in dem Leben, das die Menschen sich bis dato aufgebaut haben.

Dieses Konzept des Traumas kann, so Neil, auf ganze Gesellschaften übertragen werden. In diesen entstehen traumatische Umstände „out of an injury, a wound, or an assault on social life as it is known and understood. Something terrible, deplorable, or abnormal has happened, and social life lost its predictability."[16] Von einem persönlichen Trauma unterscheidet sich ein nationales Trauma dadurch, dass es mit anderen geteilt wird und „frequently has a cohesive effect as individuals gather in small and intimate groups to reflect on the tragedy and its consequences."[17]

---

13 Arthur G. Neal, National Trauma & Collective Memory. Major Events in the American Century, Armonk, NY und London (M.E. Sharpe), 1998
14 Neil, S. 3
15 Neil, S. 3
16 Neil, S. 4
17 Neil, S. 4

Die Fortwirkung des Traumas in den Erinnerungen eines Individuums ähnelt, so Neil weiter, der Fortwirkung eines nationalen Traumas im kollektiven Gedächtnis. Die traumatische Erfahrung zu ignorieren ist keine vernünftige Alternative; besser ist es, die Umstände des Traumas immer wieder zu vergegenwärtigen in dem Versuch, einer sinnlosen Erfahrung ein Gefühl von Zusammenhang abzugewinnen.

Die Reaktionen auf ein nationales Trauma beinhalten Furcht und ein Gefühl der Verwundbarkeit. „Under conditions of national trauma, the borders and boundaries between order and chaos, between the sacred and the profane, between good and evil, between life and death become fragile. People both individually and collectively see themselves as moving into uncharted territory. The central hopes and aspirations of personal lives are temporarily put on hold and replaced by the darkest of fears and anxieties. Symbolically, ordinary time has stopped: the sun does not shine[18], the birds do not sing, and the flowers do not bloom."[19]

Zu den Ängsten und Befürchtungen kommt die Wut (anger); man sucht Schuldige (wie z.B. nach Pearl Harbor die Japaner), und die Menschen haben das Gefühl, dass irgendetwas als Antwort auf die Empörung getan werden müsse.

Eine der zentralen Reaktionen auf ein nationales Trauma ist die „elaboration of myths and legends for defining the moral boundaries of society. Stories are told about extraordinary events, noteworthy accomplishments, and unusual tragedies. Such accounts provide ingredients for the creation of a sense of moral unity among any given group of people and permit linking personal lives with historical circumstances."[20] Dies alles wird eingebettet in die Erinnerung an andere erfolgreich überstandene schwere Zeiten. Und ganz besonders wichtig für den Zusammenhalt der Nation ist der Rekurs auf den Topos des *sacrifice*, des Opfers, das Bürger und ihre Repräsentanten gebracht haben, seien sie in der Katastrophe umgekommen, sei es, dass sie während der Katastrophe sich für die Rettung und Bergung einsetzten, oder sei es, dass sie sich danach bei der Bewältigung der Folgen einsetzten.

Neil weist auch, und zu Recht, darauf hin, dass ein nationales Trauma nicht von allen Mitgliedern der Gemeinschaft in gleicher Weise erfahren wird; das Spektrum reicht von denjenigen, die primär von ihm betroffen sind, wie z.B. Soldaten, oder die Opfer einer Katastrophe, bis zu den Zynikern: „National traumas enter into the personal sphere of individual lives in a selective process."[21]

---

18 Wir erinnern uns daran, dass am 11. September die Sonne aus einem blauen Himmel auf Manhattan strahlte – was viele an diesem Tag als sehr unwirklich, ja geradezu unpassend empfanden.
19 Neil, S. 5
20 Neil, S. 21
21 Neil, S. xi

Kollektives, öffentliches Trauern in Amerika

Wenn wir uns nun als erstes zu vergegenwärtigen versuchen, wie die Amerikaner das Trauma vom 11. September verarbeitet haben bzw. noch verarbeiten, werden wir einige grundlegende Elemente solcher Bewältigung finden, wie sie in den USA in allen solchen traumatischen Situationen regelmäßig auftauchen.

Dabei möchte ich ausdrücklich betonen, dass mir klar ist, dass die Reaktionen mit dem Wachsen des zeitlichen Abstandes mehr und mehr differenziert werden, dass also, wie nach jedem Trauerfall, sich bald wieder der Alltag mit seinen politischen, gesellschaftlichen und intellektuellen Differenzierungen zeigt. Gleichwohl gab und gibt es immer noch die Reaktionen, über die ich im Folgenden kurz berichten will.[22]

Was als erstes auffällt, ist die Tatsache, dass offensichtlich die Nationalflagge, die Stars and Stripes, eine alles überragende Rolle als tröstendes Tuch, um nicht zu sagen als Schweißtuch der Nation einnimmt, in das jeder einzelne seinen ganz persönlichen Kummer eindrücken, in das jeder sich in einem übertragenen Sinne einwickeln und somit das Gefühl bekommen kann, im Ganzen aufgehoben zu sein.

Gerade wir Deutschen, denen schon die „normale" Beflaggung Amerikas in Friedenszeiten übersteigert erscheint, können uns kaum noch eine Steigerung dieser Flaggen-Demonstration vorstellen; und doch war genau diese Steigerung nach dem Anschlag unübersehbar – mit der Folge, dass die Fahnenhersteller zumindest zeitweise *out of stock* waren. Zu Recht beantwortete die Süddeutsche Zeitung die selbstgestellte Frage, „warum die Amerikaner ... in den Tagen nach dem Terror in New York keine schwarzen Bändchen brauchen" damit, dass „sie Trost, Trauer und Trotz zugleich in diese Fähnchen projizieren können".[23]

Gerade auch in dieser angesichts der Trauer erfolgenden optischen Prachtentfaltung zeigt sich im Übrigen wieder das, was ich in anderem Zusammenhang als den „Katholizismus im Amerikanismus" bezeichnet habe[24], als die in vielem „katholisch" anmutenden Züge der amerikanischen Zivilreligion.

Damit sind wir bei einem weiteren, umfassenderen Element der Traumabewältigung: die Amerikaner haben für Fälle kollektiver Trauer zivilreligiöse, alle Mitglieder der

---

22 Ich übergehe dabei die eher individuellen, privaten, psychischen Reaktionen auf das Trauma. So wurde im New England Journal of Medicine, Bd. 345/2001, S. 1507, über eine Umfrage berichtet, der zufolge ungefähr die Hälfte der Befragten – und diese waren nicht direkt betroffen – nach dem Anschlag unter erheblichen Stresssymptomen litten. Freilich hat die individuelle Stressbewältigung dann doch auch eine gesellschaftliche Dimension, insofern fast alle Befragten sagten, dass sie zur Kompensation ihrer Ängste mit anderen sprachen, zur Religion Zuflucht nahmen oder an Gruppenaktivitäten teilnahmen (Süddeutsche Zeitung, 27.11.2001)
23 Streiflicht, SZ 25.9.01
24 Werner Kremp, Ist der Amerikanismus ein Katholizismus? In: Stimmen der Zeit, Heft 5 – Mai 2001, S. 333-344

Gesellschaft umfassende Formen entwickelt, zu denen sie jederzeit Zuflucht nehmen können. Vielleicht wird dies am besten im Gegensatz zu Deutschland sichtbar: Wenn bei uns nationale Trauerfeiern, z.B. für Opfer von Katastrophen, aber auch für verstorbene Repräsentanten, auszurichten sind, sind wir entweder auf die üblichen tiefschwarzen sterilen Staats-Akte mit Streichquartett und Trauerreden, oder aber auf die Staats-Kirchen angewiesen. Sieht man dann die politische und sonstige Elite der Republik bei konfessionellen oder überkonfessionellen Gottesdiensten in einer Kirche, einem Dom, einer Kathedrale in den vordersten Bankreihen sitzen, kann man sich nicht des Gefühls erwehren, dass zumindest ein Teil von ihnen, nämlich die nicht praktizierenden Christen, die Agnostiker oder sonstigen Kirchenfremden sich mehr oder weniger unbehaglich fühlen. Und dies nicht unbedingt deshalb, weil sie etwa nicht *religiös* wären oder nicht aufrichtig mittrauern wollten, sondern weil sie Ritualen unterworfen werden, die nicht die ihrigen sind. Man ist zu Gast bei einer Trauerfeier „der Anderen", die sich redlich bemühen, es allen recht zu machen und keinen zu überfordern, aber nicht bei einer *gemeinsamen* Feier, deren Rituale, Worte, Symbole alle Mitglieder der Trauergemeinde teilen.

Eben dies ist bei amerikanischen nationalen Trauerfeiern, aber auch in den Reden von Präsidenten bei nationalen Katastrophen der Fall: die amerikanische Nation verfügt über ein Set von öffentlichen Symbolen, zivilreligiösen Ritualen und rhetorischen Wendungen, in denen sich die Bürger, egal aus welchen Glaubensrichtungen und Weltanschauungen sie kommen, wieder finden; und man braucht nicht mühselig überkonfessionelle Gottesdienste mit einem (in der Regel protestantisierten, wortlastigen) Riten-Mix zu arrangieren, um möglichst jeder religiösen Glaubensrichtung gerecht zu werden. Die Trauerfeier im Yankee-Stadion war ein schönes Beispiel für die erstere Variante: es traten an *einem*[25] Ort Vertreter jeder bedeutenden religiösen Richtung auf, alle waren gleichberechtigt, es gab keine Dominanz etwa der „großen" Kirchen gegenüber den kleineren Glaubensgemeinschaften; und sie alle wurden verbunden durch eine übergreifende nationale Rhetorik und Symbolik, die es selbst Nichtgläubigen einfach machte, sich als dazugehörig zu empfinden.

Was die erwähnten Sprachsymbole anbelangt, die in den USA bei nationalen Katastrophen bemüht werden, muss zunächst einmal daran erinnert werden, dass generell in Amerika das öffentliche Sprechen über individuelle Leid- und Todeserfahrungen weit weniger tabuisiert ist als in Europa; auch Politiker scheuen sich nicht, in ihre Reden, selbst in die Wahlreden, Erinnerungen an überstandene persönliche Katastrophen und Verletzungen einzuflechten. Man muss diesen Usus im Übrigen gar nicht idealisieren; denn er entspringt mit Sicherheit nicht immer nur der Tradition, der religiösen Überzeugung oder dem Wunsch nach Offenheit, sondern auch dem Wunsch nach Instrumentalisierung dieser Erfahrung für politische Zwecke. Aber es ist eben ein Fak-

---

25 Dies ist zu betonen, da es z.B. dem Papst nicht gelungen war, die im Januar in Assisi zusammengekommenen Vertreter der Weltreligionen zu bewegen, an *einem* Ort, statt an getrennten Plätzen, zu Gott um Frieden zu beten.

tum, das dazu beiträgt, dass die rhetorische Bewältigung nationaler Traumata anders verläuft als bei uns.[26]

Eines der wichtigsten Sprachsymbole in der Traumabewältigung der Amerikaner ist sicherlich das des *sacrifice*, des Opfers, das die ums Leben Gekommenen (und diejenigen, die sie zu retten oder zu bergen sich bemühten) gebracht haben. So wurde nach dem 11. September insbesondere das Opfer und das Heldentum der New Yorker Feuerwehrleute gewürdigt sowie das der Flugzeugpassagiere, die über Pennsylvania vergeblich versucht hatten, die Terroristen zu überwältigen. Daneben gerieten zunächst die anderen, der Zahl nach weitaus mehr Toten fast ein wenig in den Hintergrund, die nicht so offensichtlich ein bewusstes heroisches Opfer gebracht hatten. Allerdings werden sie à la longue doch ebenfalls in die Reihe dieser Helden eingereiht werden, als nun mehr und mehr Geschichten erzählt werden, wie Einzelne heldenhaft versucht haben, sich und andere zu retten. Sehr anschaulich wird das an einem Heft, das ein ansonsten für Comics wie *Spiderman, X-Men* u.a. zuständiger Verlag herausgegeben hat. Es heißt kurz „Heroes" und setzt den Helden des 11. September mit der comichaften Darstellung heldenhafter Situationen während der Katastrophen ein Denkmal, das genuiner Ausdruck der amerikanischen *popular* culture ist. (In einem Folgeheft von *Spiderman* sollte auch der Superheld von New York, Bürgermeister Giuliani, von Time zur Person des Jahres ernannt, in einer Nebenrolle auftreten.)

Und selbst diejenigen, über die keine solchen Geschichten erzählt werden können, gehen nicht in der Anonymität des massenhaften Mordens auf, sondern werden als Einzelne, als Individuen, im kollektiven Gedächtnis aufbewahrt. Es ist insbesondere ein Verdienst der New York Times, dass jedem einzelnen Toten des 11. September ein Gesicht gegeben wurde. Unter dem Titel „Portraits of Grief" hatte sie bis zum Dezember auf der letzten Seite und auf ihrer Homepage, für jedermann weltweit zugänglich[27], eine Galerie fast aller Toten ins Netz gestellt, in der einem jedes einzelne Opfer mit einem Bild und einem 250 Worte umfassenden, oftmals humorvoll-anekdotisch gehaltenen Porträt gegenüber trat.

Auch CNN hatte auf seiner Homepage den Toten des 11. September eine eigene Gedenkseite gewidmet (*September 11 – A Memorial*), zu der jedermann seine eigenen Beileidsbekundungen beisteuern konnte.

Neben den *toten* Helden gibt es aber auch lebende bzw. überlebende Helden. Der Fernsehsender ABC hatte 16 Frauen, die am 11. September schwanger waren und inzwischen ihre Kinder geboren haben, zu einem Gruppenphoto eingeladen, auf dem 16 Witwen und 17 Halbwaisen zu sehen waren. Ich denke, dieses Foto ist ein eindrucksvoller Beleg für *einen* Aspekt amerikanischer Traumabewältigung, nämlich den unerschütterlichen Glauben daran, dass es weitergeht.

Dieser Glaube drückt sich auch in den erstaunlichen Ergebnissen einer Umfrage aus, die Washington Post-ABC News Poll im Dezember 2001 durchgeführt hatten. Danach

---

26 Siehe dazu: Werner Kremp, Politik und Tod. Von der Endlichkeit und vom politischen Handeln, Opladen (Leske und Budrich) 2001, S. 30-48
27 http.www.nytimes.com/pages/national/portraits

zeigten sich 8 von 10 Befragten „more hopeful than fearful about what 2002 holds for them personally"; 6 von 10 „expressed confidence about the new year will bring for the world in general", und rund zwei Drittel der Befragten – Alte und Junge, Männer und Frauen, Republikaner und Demokraten – sagten, dass die Veränderungen im Gefolge des 11. September „have been for the better".[28]

Dieser Optimismus wird noch deutlicher, wenn man ihn mit der Stimmung der Deutschen am Jahresende 2001 vergleicht; eine Allensbach-Erhebung zeigte, dass fast gleichzeitig nur 42 Prozent der Deutschen Hoffnungen mit dem Jahr 2002 verbanden, 19 Prozent Befürchtungen und 28 Prozent Skepsis.[29]

Doch zurück zu den Opfern des 11. September: sie alle, ob die Toten, ob die Helfer und Überlebenden, werden letztlich in die kollektive Erinnerung Amerikas als Opfer und Helden eingehen, in eine Deutung der eigenen Geschichte, die diese als eine immer wieder durch nationale Traumata, Opfergänge und Heldentum sich erneuernde ansieht. Diese Geschichts-Erzählung – um nur einige besonders dramatische Stationen zu nennen – beginnt wenn nicht mit den Pionieren, so doch spätestens mit den opferbereiten Freiheitskämpfern der Unabhängigkeitsbewegung und findet einen absoluten Höhe- und zentralen Bezugspunkt mit dem Bürgerkrieg und insbesondere dem repräsentativen Opfer Abraham Lincolns. Im 20. Jahrhundert wird sie fortgesetzt mit dem gerade in diesen Tagen so häufig erinnerten Trauma von Pearl Harbor, mit der Ermordung Kennedys, die fast genau ein Jahrhundert nach derjenigen Lincolns dessen Opfer zu wiederholen schien[30], und schließlich mit dem Vietnamkrieg, der der Nation jene noch immer nicht ganz verheilte Verwundung zufügt, wie sie durch das Vietnamkriegsdenkmal so eindrucksvoll symbolisiert wird. Nicht zu vergessen ist aber auch das Attentat von Oklahoma City, von dem wir heute wissen, dass es, gemeinsam mit dem ersten Attentat auf das World Trade Center, möglicherweise den Anfang einer ganz neuen Epoche für Amerika, und wahrscheinlich nicht nur für Amerika, bedeutet.

Im ersten Jahr des neuen Jahrtausends, zu Beginn des möglicherweise zweiten amerikanischen Jahrhunderts, ist wiederum ein Opfer, ein vieltausendfaches Opfer, um nicht zu sagen ein Brandopfer, gebracht worden, das in die nationale historische Sinngebung, in, um nochmals Max Weber zu zitieren, „die Reihe der sinnvollen und geweihten Geschehnisse" eingereiht werden will. Präsident Bush hat diesen Erinnerungsprozess in einer Trauerzeremonie im Weißen Haus drei Monate nach dem Anschlag in folgenden Worten umrissen: „This republic is young, but its memory is long. Now, we have inscribed a new memory alongside those others. It's a memory of

---

28 International Herald Tribune, 2.1.2002
29 Allensbacher Berichte Nr. 28/2001
30 Es soll an dieser Stelle nicht vergessen werden anzumerken, dass der amerikanische Opfermythos gerade am Beispiel von Lincoln und Kennedy auch auf einen deutschen Politiker ausstrahlte, nämlich auf Willy Brandt. Dieser hatte auf seinem Schreibtisch eine Büste Lincolns stehen und sinnierte in seinen (gar nicht seltenen) düsteren Stunden, insbesondere aber in seinem Buch über Kennedy, über das Schicksal von Visionären nach – so dass man durchaus den Eindruck gewinnen kann, ihm wäre eine Opfer-Trias Lincoln-Kennedy-Brandt als mit der historischen Logik vereinbar erschienen.

tragedy and shock, of loss and mourning. But not only of loss and mourning. It's also a memory of bravery and self-sacrifice, and the love that lays down its life for a friend – even a friend whose name it never knew.[31]

Dieser Einbau des 11. September in die kollektive Erinnerung wird nicht in wenigen Tagen und Wochen, auch nicht in Monaten und wenigen Jahren, sondern in einem langandauernden Prozess der nationalen Selbstverständigung geschehen. Dabei wird die Sakralisierung, die Weihung von bestimmten Zeiten und Räumen eine wichtige Rolle spielen. Was die Heiligung eines *Zeit*-Raums, eines bestimmten Tages im Jahr anbelangt, ist die Ausrufung des 11. September zum *Patriot Day* durch Präsident und Kongress[32] eine erste wichtige Station dieser Selbstverständigung. Und als geheiligter, geweihter *Raum*[33] gilt schon jetzt der Ort, an dem einst das World Trade Center stand. „Dies ist das Gettysburgh des 21. Jahrhunderts", sagte Richard Sheirer, Direktor des New Yorker Katastrophendezernats[34], und begründete damit die Errichtung von Aussichtsplattformen für das Publikum.

Mit der Errichtung eines Denkmals an diesem Ort wird die Erinnerung einen festen optisch-emotionalen Ankerpunkt haben, einen Höhepunkt, aber kein Ende, sondern einen neuen Anfang.

Und vermutlich wird den Opfern und der Erinnerung an sie nicht nur eine nationale, sondern eine übernationale Deutung und Bedeutung zugemessen werden; denn da am 11. September Angehörige von ungefähr 90 Nationen im World Trade Center ermordet wurden, also eine Weltgesellschaft im kleinen, hat ihr Tod auch eine global-universale, und mit Sicherheit auch eine spezifisch atlantische, Bedeutung.

Bevor wir uns aber mit diesen möglichen atlantischen Dimensionen befassen, wollen wir einen Blick auf die politische Trauerkultur Deutschlands und Europas werfen. Dahinter steht die Frage, ob es nicht eine gewisse Verwandtschaft der Trauer- und Traumabewältigungskulturen diesseits und jenseits des Atlantiks geben muss, bevor und damit eine gemeinsame, atlantikübergreifende Trauerkultur entstehen kann.

---

31 Washington File, 11.12.2001
32 Durch joint resolution des Kongresses vom 18.12.2001; sie verpflichtet den Präsidenten, jedes Jahr eine Proklamation zu erlassen, und die Bevölkerung, Halbmast zu flaggen und eine Gedenkminute einzulegen.
33 Zum Begriff „sacred space" vgl. David Chidester/Edward T. Linenthal (eds.), American Sacred Space, Bloomington und Indianaapolis: Indiana University Press, 1995. Ein *sacred space* ist ein „ritual space, a location for formalized, repeatable symbolic performances" (S. 9); des Weiteren ein „significant space, a site, orientation, or set of relations subject to interpretation because it focuses crucial questions about what it means to be a human being in a meaningful world" (12); und drittens ist ein *sacred space* „inevitably contested space, a site of negotiated contests over the legitimate ownership of sacred symbols." (15)
34 Time, 31.12.2001, S. 66

Kollektives, öffentliches Trauern in Deutschland

Während wir für die USA eine relativ ungebrochene, kontinuierliche Geschichte der Traumabewältigung konstatieren können, eine relative Kontinuität der historischen Sinngebung und Trauma-Erzählung[35], scheint es, als ob wir es in Europa und insbesondere in Deutschland mit einer ziemlich fragmentierten, diskontinuierlichen Geschichte der Traumata und des kollektiv-öffentlichen Trauerns zu tun haben.

Ich versuche, zunächst einige Elemente eines möglichen Defizits in der deutschen Trauerkultur stichwortartig zu benennen:

Während die Amerikaner, wie wir gesehen haben, im Falle eines öffentlichen Trauerfalles über ein „Set" von allgemein bekannten und anerkannten öffentlichen Trauerritualen, rhetorischen Wendungen und Gesten verfügen, also an zivilreligiöse Gebräuche, an die man im ganzen Land anknüpfen kann, fehlen uns diese fast vollständig. Wenn bei uns öffentliche Trauer angesagt ist, flüchten wir uns in den Schoß der Staatskirchen (die uns ansonsten, ob zu Recht oder zu Unrecht sei dahingestellt, herzlich wenig interessieren) oder unterwerfen uns den Protokollabteilungen der Staatskanzleien und ihren immergleichen Staatsakten mit Streichquartett und überlebensgroßem, schwarz drapiertem Passfoto des Verstorbenen (wobei wir in der Regel für unser Passfoto immer schon vorsorglich ein Gesicht aufsetzen, das sich auch für unsere Trauerfeier eignet). Eine eigenartige Sterilität macht sich bei solchen Staatsakten breit, finden sie nun in Kirchen oder Plenarsälen statt. Und vor allem: kaum ein Funke tröstender, zuversichtlicher Heiterkeit glimmt irgendwo. Kein Schimmer des Goldes in unserer Nationalflagge darf sein helles Licht auf die Trauergemeinde werfen; dem Rot ist verboten, sein Hoffnung gebendes Signal auszustrahlen; nur dem Schwarz ist erlaubt, sich in all seiner Schwere über die Versammelten zu legen, gleichsam als ob es nur darauf gewartet hätte, über die ungeliebten helleren Nachbarfarben zu triumphieren.

Dieser Mangel an heiterer Zuversicht in allem Leid liegt nicht nur an der Farblosigkeit oder Düsterkeit der Trauerarrangements und der Vorherrschaft rhetorischer Dürftigkeit; vielmehr hängt das Nicht-nach-vorwärts-blicken-Können auch am Mangel an geeigneten Bezugspunkten in der Vergangenheit – und an dem Versäumnis, geeignete Bezugspunkte angemessen in die Erinnerungstradition zu stellen (z.B. den Gründungsakt der Bundesrepublik Deutschland). Es gibt keine kollektive Trauergeschichte, die man ohne Einschränkung erzählen kann, keine Opfer, an die ohne ein gewisses historisches Zögern erinnert werden kann, darf oder will. Und dies wiederum ist in erster Linie dem Umstand zuzuführen, dass die deutsche Geschichte so gut wie keine, zumindest keine geschichtsmächtigen Helden und Opfer eines Kampfes *für die Freiheit*

---

35 Wobei hinzuzufügen ist, dass diese große historische Trauma-Erzählung nicht nur nach vorne, sondern auch nach rückwärts nie abgeschlossen ist; denn zum einen muss sich jede Generation von neuem dieser Erzählung vergewissern, und zum anderen werden speziell von Minderheiten mehr und mehr Erinnerungslücken im kollektiven Gedächtnis aufgespürt, benannt und durch die je eigene Erinnerungsgeschichte gefüllt. Dies gilt insbesondere für die Wunden, die Sklaverei und Rassismus geschlagen haben.

vorweisen kann. Wo und wenn Deutsche – insbesondere Soldaten und ihre Führer – *massenhaft* in den Kampf gegangen und im Kampf gefallen sind, diente ihr Opfer nicht der Freiheit, sondern im besten Fall der Durchsetzung oder Verteidigung von Großmachtinteressen, im schlechtesten Fall der Vernichtung ganzer Völker. Der eine oder andere nationale Gedenktag oder besser: der ihn begründende Anlass musste zum Teil wieder aus der „Reihe sinnvoller Ereignisse" gestrichen werden (z.B. Sedantag), oder aber verkümmerte zu einem eigenartig morbiden Ritual, wie der Volkstrauertag, den meine Eltern noch als Heldengedenktag in Erinnerung behielten. Auch die Denkmäler für die Gefallenen der von uns geführten Kriege vermögen außer einer stillen Wut über die Dummheit, von der sie zeugen (und über ihre Hässlichkeit) keine vorwärtsweisenden glücklichen Erinnerungen zu erzeugen. Der Tag von Bitburg hat in aller, nicht einmal wünschbaren Klarheit gezeigt, wie schwierig es ist, historische Ereignisse und die, die an ihnen beteiligt waren, in ein sinnvolles Trauergedächtnis einzureihen, wenn dem Tod der Toten kein akzeptabler Sinn beigemessen werden kann.

In diesem Zusammenhang gehört auch, dass die ungeheure Ansammlung von Traueranlässen, die aus den erwähnten Gründen kein „Ventil" finden, d.h. nicht in allgemein anerkannten öffentlichen Trauerritualien erinnert werden können, durchaus für die Nachfahren der Opfer ein individuell-persönliches Problem darstellen können; als Indiz nenne ich nur die Todesanzeigen, die Hinterbliebene von im letzten Weltkrieg Gefallenen immer wieder vor allem in die FAZ setzen, wenn sich deren Todestag jährt. Zu dieser Kategorie des „verbotenen Trauerns", also eines Trauerns, dem (aus guten, bzw. schlechten Gründen) kein öffentliches Ritual zur Verfügung steht und das deshalb radikal individualisiert wurde, gehört auch das mit Vertreibung und Bombenkrieg zusammenhängende. Rund 600.000 zivile Opfer hat allein die Bombardierung der deutschen Städte durch die Alliierten gefordert; doch scheint diese, wie W.G. Sebald schreibt, „kaum eine Schmerzensspur hinterlassen zu haben im kollektiven Bewusstsein", ist sie „aus der retrospektiven Selbsterfahrung der Betroffenen weitgehend ausgeschlossen geblieben, hat in den sich entwickelnden Diskussionen um die innere Verfassung unseres Landes nie eine nennenswerte Rolle gespielt, ist nie, wie Alexander Kluge konstatierte, „zu einer öffentlich lesbaren Chiffre geworden."[36]

Um nicht missverstanden zu werden: es ist mehr als nachvollziehbar – und wir haben mit unseren Eltern deshalb heftigst gestritten –, dass in der Nachkriegszeit der ungeheure, bis dahin in der Weltgeschichte nicht vorgekommene Vernichtungsfeldzug, also das millionenfache Morden, jegliches Trauern über die Toten von Vertreibung und Bombenkrieg, und auch jegliches Klagen über die Gefallenen, zunächst einmal als ab-

---

36 W.G. Sebald, Luftkrieg und Literatur, Frankfurt am Main (Fischer Taschenbuch; zuerst München u.a., 1999), S. 12.
In der Diskussion um Günther Grass' Roman „Im Krebsgang", der den Untergang der „Wilhelm Gustloff" zum Thema hat, ist daran erinnert worden, dass es durchaus einige Autoren wie Arno Schmidt, Alexander Kluge, Walter Kempowski u.a. gegeben hat, die in ihren Schriften an die Leiden der Zivilbevölkerung erinnerten; jedoch gab es ein insbesondere linkes, nicht restlos unbegründetes Tabu, dieses Erinnern ernst zu nehmen. Es könnte aber durchaus sein, dass in einigen Jahrzehnten diese Erinnerung Teil unserer öffentlich anerkannten Erinnerungskultur ist.

surd und weinerlich, ja als illegitim erscheinen ließ. Aber es ist ein Faktum, dass es sich auch hier um eine unübersehbare Zahl von Toten handelt, die, weil nicht Subjekte, sondern Objekte eines Freiheitskampfes, nicht in eine helle öffentliche Erinnerungskultur aufgenommen und deshalb nur individuell-privat betrauert und erinnert werden können.

Es ist fast unnötig zu sagen, dass natürlich insbesondere der Mord an den Juden und sonstige Vernichtungsaktionen nicht Teil einer heroisch-vorwärtsblickenden Erinnerungskultur werden können. Und die natürlich auch in unserer Geschichte zu findenden und zu würdigenden einzelnen Helden und/oder Opfer für Freiheit und Bürgermut sind *relativ* zu der Zahl der geschichtsmächtig gewordenen nichtheldischen Toten gesehen zu wenige, um eine kohärente, plausible nationale Erzählung daraus zu machen.

Es gibt nun aber nicht nur beklagenswerte, in der Vorgeschichte der Bundesrepublik liegende Gründe dafür, dass sich in ihr keine öffentliche Trauerkultur entwickeln konnte, sondern auch einen erfreulichen Grund, nämlich das Fehlen von bedeutenden[37] Anlässen zu großer nationaler Trauer seit Bestehen der Bundesrepublik – ein Glücksumstand, der natürlich maßgeblich dazu beiträgt, dass (noch) keine neue, demokratisch-republikanische Trauerkultur entstehen konnte. Freilich ist nicht ausgeschlossen, dass sich dies angesichts der neuen weltpolitischen Situation und nicht zuletzt angesichts des sich seit der Jugoslawienkrise und insbesondere in diesen Tagen abzeichnenden „Erwachsenwerdens" unserer Republik schneller ändert, als uns lieb sein kann. Ob wir allerdings darauf vorbereitet sind, Soldaten der Bundeswehr, die Opfer des Einsatzes für Demokratie und Freiheit in Afghanistan oder sonstwo werden, angemessen zu „feiern", mag bezweifelt werden.

Wie ist nun unsere, der Deutschen, Anteilnahme an dem Unglück, das Amerika traf, einzuschätzen? Wir haben eingangs schon gesehen, dass der amerikanische Botschafter mehr als erstaunt war über den hohen Grad der Anteilnahme, die ihm und seinen Landsleuten zuteil wurde.

Aber: wie groß war die Anteilnahme, der Schmerz wirklich? War das Selbstmitleid, war die Süße des Trauerns, die schon der Hl. Augustinus beim Tod seines engsten Freundes schonungslos bei sich selbst festgestellt hat[38], waren diese größer als normal? In wie hohem Maße erinnerten die Trauerkundgebungen an reflexartige – fast hätte ich gesagt: allzu protestantische – Griffe zu Kerzen und Lichterketten? Wir sollten unseren amerikanischen Freunden und Partnern von Herzen den Trost und die politische Ermutigung gönnen, die sie aus den deutschen Trauerkundgebungen gewonnen haben; jedoch ist unübersehbar, dass manche Demonstration und mancher Demonstrant mehr

---

37 Natürlich gab es große Katastrophen mit sehr vielen Toten, wie die Hamburger Flutkatastrophe, das Bergwerksunglück von Luisenthal oder das ICE-Unglück von Eschede; es sind dies aber keine „politischen" Katastrophen; ihre Toten sind nicht Opfer politisch-militärischen Handelns gewesen und insofern nicht Teil der nationalen Geschichte.

38 „Einzig das Weinen war mir süß, und es war an meines Freundes Statt gefolgt als die Wonne meines Herzens." (Augustinus, Confessiones – Bekenntnisse, München: Kösel, 1955, 4. Buch, 153.

an den Bonner Hofgarten als an eine Trauerbekundung erinnert hat. Christoph Schwennicke hat zu recht über die zweihunderttausend Teilnehmer der Kundgebung am Brandenburger Tor am 14. 9. gesagt, dass ihr Beistand „durchwegs konditioniert" erschienen sei; symbolisch dafür hätten die vier Worte „Trauer, aber kein Krieg" auf dem von einem Mädchen gehaltenen Transparent gestanden.[39]

Gewiss, die weit überwiegende Mehrheit der Deutschen stand und steht hinter ihrem führenden Repräsentanten, der seinerseits uneingeschränkte Solidarität gegenüber der schwer getroffenen Bündnisvormacht gelobt hatte, und fast die Hälfte konnte sich (jedenfalls unmittelbar nach dem Attentat) mit Peter Strucks „Jetzt sind wir alle Amerikaner" identifizieren.[40] Aber nicht zuletzt die jüngste Entwicklung der Stimmungslage der Nation angesichts des Beschlusses vom 15.11. zeigt, wie flüchtig das Solidaritätselement in den Trauerbekundungen war.

Und ein großer Teil des Disputs über die Fortsetzung des Anti-Terrorkriegs durch die USA ist, was die deutsche (und europäische) Seite betrifft, der Unfähigkeit zuzuschreiben, zu verstehen, wie sehr die Amerikaner durch den Terrorakt traumatisiert wurden.

Kollektives, öffentliches Trauern in Europa

Wie aber steht es nun mit der Trauerkultur in Europa, in der Europäischen Union?

Nun, zunächst einmal ist klar: Europa *als Ganzes* kann noch nicht trauern, weil es noch keine Nation ist (und, so steht zu befürchten, auch nicht so schnell wird – es sei denn, der in Laeken einberufene Konvent ist so mutig wie der von Philadelphia im Jahre 1787, der in staatsstreichartiger Manier eine ganz neue Verfassung für die 13 Staaten schrieb, anstatt an der umständlichen geltenden Verfassung herumzudoktern). Stellen wir uns vor, Mohammed Atta und seine Terrorfreunde wären in den Frankfurter Messeturm, in den Louvre, in den Vatikan, oder in sonst ein symbolisch wichtiges Gebäude Europas, gerast und es hätte dabei ebenfalls eine in die Hunderte oder Tausende gehende Zahl von Opfern gegeben: in welchem Stadion hätten wir uns zur Trauerfeier versammelt? Hätten wir uns als Europäer versammelt? Oder allein als Deutsche, Franzosen, Italiener (oder Katholiken, oder Kunstfreunde)? Und vor allem: in welche Flagge hätten wir uns (symbolisch) gehüllt, um in ihr Trost zu finden?

Mir scheint, es wird noch sehr lange dauern, bis die (im übrigen auf religiöser Symbolik beruhende) blaue Flagge mit dem Sternenkranz auch als Trost- und Trauertuch dienen kann; vielleicht muss sie vorher erst einmal Objekt aller anderen denkbaren Emotionen geworden sein, vom Hass bis zur Zuneigung. Erst wenn eine Flagge ebenso leidenschaftlich verehrt wie gehasst, ebenso gehisst wie verbrannt wird, kann sie auch trösten. Noch ist Europa trostlos. Und es ist trostlos, weil es keine *gemeinsame* Zivilreligion hat, keinen Satz von gemeinsamen öffentlichen Ritualen, Symbolen, Schriften

---

39 Kanzlerrunde bei gedämpfter Stimmung, Süddeutsche Zeitung 17.9.01
40 Allensbacher Berichte, Nr. 21/2001

und Mythen, weil es immer noch fast nur *nationale* Erinnerungen und noch keine *gemeinsame, gemeineuropäische* Erinnerung hat. Was diese anbelangt, könnte allerdings ein virtuelles Gemeinschaftsprojekt eine gute Grundlegung sein, das das Bonner Haus der Geschichte gemeinsam mit fünf anderen Museen und Forschungsinstituten erarbeitet. Unter dem Titel „Wegweiser der Erinnerung" sollen „Orte des Schreckens" in Deutschland, Frankreich, Italien, Belgien, Spanien und Großbritannien vernetzt werden. Eine erste internationale Koproduktion unter der Ägide des Bonner Hauses befasst sich unter dem Titel „Die Farbe der Tränen" mit 100 Gemälden, in denen Künstler der damals verfeindeten Lager die Erfahrungen des 1. Weltkriegs verarbeiten.[41] Man könnte sich denken, dass irgendeinmal auch die angesichts der Katastrophe vom 11. September geweinten Tränen Gegenstand einer internationalen, und dann sogar transatlantischen Erinnerung werden.

Was nun das Fehlen zivilreligiöser Rituale etc. anbelangt, so hängt diese wohl eng mit der Eklipse der Religion aus dem öffentlichen Raum und aus dem öffentlichen Reden zusammen. „In Deutschland, ja in der Mehrzahl der europäischen Länder", schrieb Hermann Lübbe, wäre eine Präsenz der Religion im öffentlichen Raum, wie in USA nach dem Terroranschlag, „kaum denkbar." Gedenk- und Fürbittgottesdienste hätten zwar in Berlin und anderswo stattgefunden. „Aber als Liturgen traten hier Bischöfe auf, nicht die Staats- und Regierungschefs."[42] Und diese werden wohl auch künftig nicht irgendwelche religiösen Formeln gebrauchen oder sich auf Gott berufen, wenn sie öffentliche Reden aus Anlass von Tod, Trauer oder lebenswichtigen Entscheidungen und Einsätzen zu halten haben.

So ist zu fragen: können Europäer überhaupt verstehen, wie Amerikaner ihre Verletzungen empfinden und insbesondere verarbeiten? Haben Sie aufgrund des Mangels an öffentlich gezeigter Religion und Zivilreligion überhaupt ein Sensorium und Instrumentarium, um amerikanisches Bewusstsein und amerikanische Bewältigungsmodi angesichts von nationalen Traumata nachzuvollziehen?

Meine vorläufige Antwort rät zur Vorsicht; denn erstens wäre nach einer Analyse jeder einzelnen nationalstaatlichen Trauerkultur in Europa zu untersuchen, was diese Trauerkulturen evtl. doch untereinander und mit derjenigen Amerikas verbindet; und zum anderen darf mit Fug und Recht angenommen werden, dass die Europäer nicht *so* säkularisiert sind, dass sie dramatisch weniger religiös wären als die Amerikaner. Vielmehr könnte es durchaus sein, dass sich eine vorhandene, aber eher „unsichtbare" Religiosität anders manifestiert und anders ausdrückt als jenseits des Atlantiks.[43]

---

41 Haus der Geschichte, Pressemitteilung vom 21.12.2001
42 Hermann Lübbe, Die Gebete des Präsidenten. Mit der Kraft der Religion die amerikanische Nation verteidigen, FAZ 2.10.01
43 Siehe dazu Thomas Luckmann, Die unsichtbare Religion, Frankfurt am Main: Suhrkamp, 1991; außerdem Rodney Stark, Die Religiosität der Deutschen und der Deutschamerikaner: Annäherungen an ein „Experimentum Crucis", in: Jürgen Gerhards (Hrsg.), Die Vermessung kultureller Unterschiede. USA und Deutschland im Vergleich, Wiesbaden: Westdeutscher Verlag, 2000, S. 111-126. Stark streitet in seinem Beitrag gegen die Annahme, die Säkularisierung sei die Ursache für

Insbesondere ist denkbar, dass die Erschütterung durch die mittelbare (per Fernsehen) und insbesondere die unmittelbare Augenzeugenschaft (am Ort des Geschehens) zur Quelle einer zugleich religiösen Erschütterung geworden ist, die, unbeschadet unterschiedlichen Ausdrucks dieser Erfahrung, verbindet. (Dazu weiter unten mehr.)

Gibt es eine atlantische Trauertradition?

Elemente eines *web of traumatic experiences*

Aber vielleicht brauchen wir gar nicht erst auf die Ausbildung einer eigenen, gemeineuropäischen Trauerkultur zu warten; vielleicht machen wir ja den Sprung von der nationalen zur transatlantischen Trauerkultur unter Umgehung einer eigenständigen europäischen.

Denn es ließe sich z.b. fragen, ob es im *atlantischen* Raum, und hier wieder speziell im atlantischen Bündnis, ein dem kollektiven Gedächtnis eingebranntes Set von Erinnerungen gibt, eine Akkumulation von traumatischen Erfahrungen im kollektiven Gedächtnis des Bündnisses (bzw. aller euroatlantischen Staaten), die von Generation zu Generation weiter gegeben werden (können) – wobei freilich gleichzeitig zu befürchten ist, dass die Generationen zu weit auseinander und die Bemühungen um ein gemeinsames historisches Gedächtnis zu schwach sind.

Trotzdem sollten wir fragen: was sind mögliche Elemente einer atlantischen Trauma- und Trauertradition, einer „Reihe von sinnvollen und geweihten Geschehnissen" innerhalb der atlantischen Gemeinschaft?

Sie können vorbehaltlich einer tieferen Analyse hier nur aufgezählt werden:

- Die Erfahrung des Naziterrors über Europa und der Welt als (mit Rücksicht auf die Deutschen) eher subtextuales Gründungstrauma des atlantischen Bündnisses („to keep the Germans down")
- Die Erfahrung des kommunistischen Terrors resp. die Furcht vor ihm als ausgesprochenes, im Vordergrund stehendes Gründungstrauma; insbesondere
- die fortdauernden Bedrohungen und kritischen Situationen des Kalten Kriegs: Berlin-Blockade, 17. Juni 1953, Ungarnaufstand 1956, Mauerbau 1961, Kuba-Krise 1962, Niederschlagung des Prager Frühlings 1968, Nachrüstungskrise in den 80ern
(Im Übrigen kommen einem angesichts der europäischen Besucher am Ground Zero <und angesichts der eigenen gezimmerten Besuchertribünen> durchaus Parallelen zu den amerikanischen Besuchern an der Mauer in den Sinn)

---

das geringe Niveau religiöser Beteiligung in den säkularisierten Ländern Europas; dies These könne zum einen deshalb nicht zutreffen, weil „das Ausmaß religiöser *Beteiligung* (i.O.) in den betreffenden Ländern nicht gesunken ist, da es *niemals hoch war* (i.O.); außerdem scheitere sie „aufgrund des hohen Niveaus subjektiver Religiosität, die in den gleichen Nationen zu finden ist" (S. 111); der durchschnittliche Deutsche sei „nur unkirchlich, nicht aber unreligiös" (112); an was es speziell in Deutschland fehle, sei religiöse Konkurrenz, wie in Amerika.

- Generell die Erfahrung der Möglichkeit kollektiver, umfassender Vernichtung durch einen Atomkrieg
- Die Ermordung Kennedys
- Die Challenger-Katastrophe

Noch aber hat niemand aus diesen und möglicherweise weiteren Ereignissen eine *Große Atlantische Erzählung* gemacht, die um die jüngsten Terrorerfahrungen erweitert werden könnte:

Der 11. September, ein Trauma, das die kollektive Identität der atlantischen Staaten befördert.

Kommen wir aber nun zu der Frage, ob und inwiefern die Erfahrung des 11. September (und die Reaktion darauf) die kollektive Identität der atlantischen Staaten zu befördern geeignet sind, ob sie die transatlantische Konvergenz befördert haben.

Dazu muss einleitend noch mal an das erinnert werden, was Neil gesagt hat: natürlich gibt es nicht die eine, gleiche und gleichartige Wirkung eines traumatischen Ereignisses; ebenso wie Individuen reagieren natürlicherweise auch Nationen und erst recht Nationen-Bündnisse unterschiedlich auf traumatische Erfahrungen. Wir haben uns ja eben schon angesehen, welch unterschiedliche öffentliche Trauerkulturen es in Deutschland bzw. Europa als Ganzem gibt; somit ist mehr als fraglich, ob es die *eine* gesamtatlantische Reaktion auf das traumatische Ereignis vom 11. September gab und gibt. Der Heidelberger Ägyptologe Jan Assmann schrieb kürzlich zu Recht, dass das „Wir" der traumatischen Erfahrung „vielfältig abgestuft" ist: „Überlebende, Angehörige, New Yorker, Amerikaner, die westliche Welt, die ‚zivilisierte' Welt (die den Islam einschließt) – je weiter vom Zentrum die Kreise der Betroffenheit, desto eher werden die ersten Phasen des lähmenden Entsetzens und der blinden Wut in Phasen einer besonneneren Verarbeitung übergehen, die dann auch die Erinnerung prägen." Und diese Erinnerung richte sich „nicht nach dem, was eigentlich passiert, und wie es eigentlich gewesen ist, sondern ausschließlich danach, warum wir die Geschichte davon erzählen werden, in Verfolgung welcher Ziele, welcher politischen Absichten."[44]

Gleichwohl kann gefragt werden, ob es doch eine Reihe von transatlantischen Gemeinsamkeiten in der Erfahrung und Bewältigung des Traumas vom 11. September (und der darauf folgenden bioterroristischen Attacken) gibt. Ohne über die Hilfsmittel einer transatlantisch arbeitenden, den ganzen atlantischen Raum als Feld betrachtenden empirischen Sozialforschung zu verfügen (es wäre schön, wenn es nicht nur ein Eurostat, sondern auch ein Atlantostat gäbe), will ich versuchen, einige plausible Vermutungen anzustellen; und ich tue dies, indem ich verschiedene Sektoren von Politik und Gesellschaft auf ihre Reaktionen hin untersuche. Die diesem Versuch zugrunde liegende Annahme ist, dass zur Bildung einer gemeinsamen Erinnerung nicht notwendigerweise in *allen* Gruppen einer Gesellschaft solche verbindenden Erinnerungen ent-

---

44 Jan Assmann, Das Geheimnis der Erinnerung, FAZ 1.10.2001. (Es ist anzumerken, dass Assmann dies noch vor Beginn des US-Kriegs gegen Afghanistan schrieb; Krieg aber lehnte er als nicht wünschenswerten Beginn der Geschichte der Erinnerung an den 11.9. ab. Trotzdem bleibt richtig, dass natürlich die auf den 11.9. folgenden Handlungen die Erinnerungen daran prägen werden.

stehen müssen, und schon gar nicht gleichartige. Wichtig ist nur, dass das Gesamt dieser Erinnerungen qualitativ und quantitativ repräsentativ und durchsetzungsfähig genug ist, um Teil der Erinnerungsgeschichte und kollektiven Identität von Nationen und Gemeinschaften von Nationen zu werden.

„Krieg im eigenen Land"

Eine der ersten Quellen einer neuen transatlantischen Gemeinsamkeit könnte darin zu suchen sein, dass nunmehr die Amerikaner nach sehr langer Zeit – genauer: 134 Jahre nach dem Ende des Bürgerkriegs – wieder einmal erfahren haben, was „Krieg im eigenen Land" bedeutet. Natürlich geht es hier nicht darum, wie es manchmal auch in der öffentlichen Diskussion herauszuhören war, dass man mit einer gewissen klammheimlichen Genugtuung feststellt, dass „die" nun endlich auch wüssten, was Krieg ist. Niemand, und sei das leidvoll erlebte Trauma aus Front- und Bombenkriegserfahrung noch so groß, kann sich legitimer Weise gewünscht haben, dass den Amerikanern wiederfuhr, was ihnen am 11. September widerfahren ist; und eine Aufrechnung im Stil „Manhattan vs. Dresden" ist schlicht irreführend und geschmacklos. Da aber diese Katastrophe nun einmal geschehen ist, sind „Amerikas erste Ruinen"[45] ein Faktor, der vielleicht tatsächlich zu einer Annäherung der europäischen und amerikanischen Erfahrungs- und Gefühlswelt führt. Freilich muss schon allein für Amerika gefragt werden, ob dieses Gefühl gleich übers Land verteilt ist, ob das Trauma, das der Stadt New York zugefügt wurde, im ganzen Land, wenn auch mit Abstufungen und Schattierungen, so doch im Kern gleich empfunden wurde und wird. Möglicherweise sieht das schon außerhalb Manhattans, in Queens oder Harlem, anders aus; und erst recht einige tausend Kilometer weiter im Mittleren Westen oder an der Pazifikküste.

Allerdings dürfte die Tatsache, dass wohl die meisten Amerikaner die Zufügung des Traumas via Fernsehen live miterlebt, wenngleich nicht direkt erfahren haben, doch eine gewisse Gemeinsamkeit der Gefühle erzeugt haben – und damit eine breite Basis dafür, die europäischen und sonstwo außerhalb Amerikas[46] zu findenden „Wir-wissen-nur-allzu-gut-was-Krieg-ist"-Gefühle zu verstehen, wenngleich diese weit eher bei jener Generation zu finden sein dürften, die in irgendwelcher Weise noch den II. Weltkrieg erfahren haben und somit aussterben. Freilich haben sie, wie nicht zuletzt die Friedensbewegung und ihr „Nie-wieder-Krieg"-Motto zeigt, diese Gefühle durchaus auf ihre Kinder und Enkel vererbt.

Massiv verstärkt wurde das Gefühl der Bedrohung in den USA durch die den Flugzeugattentaten folgenden Bioterrorattacken; der Direktor der neu geschaffenen Behörde für die Sicherheit Amerikas, Ridge, hat dies so auf den Punkt gebracht: „Es gibt ei-

---

45 So der Titel eines Artikels von Verena Lueken in der FAZ, 30.10.2001
46 Eine von der International Herald Tribune und dem Pew Research Center for the People and the Press durchgeführte Umfrage unter 275 *opinion leaders* in 24 Ländern hat ergeben, dass 2/3 der antwortenden Nicht-Amerikaner sagten, es sei „good, that Americans now know what it is like to be vulnerable." (IHT, 20.12.2001).

nen Krieg und ein Schlachtfeld jenseits der Grenzen dieses Landes, und es gibt einen Krieg und ein Schlachtfeld im Lande selbst."[47] Man könnte auch sagen, dass *angst* nicht länger ein Fremdwort im amerikanischen Wortschatz ist und damit, wenn man so will, Teil der transatlantischen Gefühlslage geworden ist.

Dieses neue Gefühl der Amerikaner ist nicht nur eines für die Möglichkeit des Kriegs im eigenen Land, sondern auch für den Verlust einer einzigartigen Stellung in der Welt, nämlich derjenigen, eine ganz andere, eine Neue Welt zu sein, die man aufgesucht hat, um der Alten, speziell europäischen Welt des permanenten Kriegführens zu entgehen. Andrew Sullivan hat diesen Wandel, der ja auch ein weiterer Impuls zur Dekonstruktion des Exzeptionalismus ist, in der New York Times vom 23.9. sehr eindringlich benannt: „To arrive from elsewhere onto American soil was always and everywhere a relief ... As any immigrant knows, this was the thrill of this country, its irresistable pull, its deepest promise. It was a symbol that the world need not always be the impenetrably dark place it has often been. It was a sign that someplace, somewhere, was always secure – as powerful an icon to those outside this continent as those within." Was Amerika angetan wurde „was also done to the collective consciousness of the world, to those future Americans not yet born in other parts of the globe, to those who have come to rely upon the United States as the last resort for a liberty long languishing in other somewheres."

Kurzum und bitter: „This was the new world. It is now only the world." Und wer im Hinblick auf die Aussichten auf eine dauerhaft friedliche Welt Zynismus vorzieht, könnte sagen: die USA sind auf dem Weg *back to normalcy*.

Jedoch: nicht mit einem höhnischen „Nun sind sie endlich auf dem Boden der Wirklichkeit angekommen" darf man diesen Wandel kommentieren; vielmehr muss man ihn nachdrücklichst bedauern. Gleichzeitig ist aber zu hoffen, dass das nunmehr gemeinsame Trauma vom Krieg im eigenen Land, und die Trauer über die Toten, zu einer neuen transatlantischen Gemeinsamkeit führen. Es täte den Europäern gut, sich immer wieder vor Augen zu führen, wie sehr die Amerikaner durch den 11. September traumatisiert worden sind – nicht, um nun alle Entscheidungen und möglicherweise weiteren Anti-Terror-Feldzüge der USA zu billigen, sondern um sie zumindest zu verstehen.

Der umgedrehte Bündnisfall: Konvergenz und Reziprozität?

Ein weiterer Faktor der transatlantischen Konvergenz mag die Erklärung des Bündnisfalls durch die NATO am 2. bzw. 4. Oktober 2001 sein; waren bisher prinzipiell, wenn auch sozusagen im Wartestand, die Europäer Objekte eines möglichen Beistandsfalls, so bedeutet diese Erklärung ein doppeltes Novum; denn nicht nur wurde zum ersten Mal in der über 50jährigen Geschichte des Bündnisses der Bündnisfall nach Artikel 5 des Washingtoner Vertrags ausgerufen, sondern zum ersten Mal musste man sich an das Faktum und den Gedanken gewöhnen, dass die Schutzmacht Europas zur zu

---

47 FAZ, 24.10.2001

schützenden Macht wurde. Und so wie einstens alle Amerikaner Berliner waren, wurden nun alle Europäer Amerikaner; d.h., dass eine gewisse zumindest subjektive Reziprozität der Bedrohungssituation eingetreten ist.

Freilich ist nicht zu übersehen, dass diese europäische Beistandserklärung einen ein wenig an die Geschichte von der Maus und dem Elefanten erinnert; so tapfer und entschlossen die europäische Maus – oder besser: die europäischen Mäuse – sich auch gebärdeten, ist doch zum einen jedermann klar, wie schwach gerüstet und uneinig diese Mäuse sind (weswegen sich insbesondere die deutsche Maus gern wieder auf die Idee der Zivilmacht Deutschland bzw. Europa beruft); und zum anderen hat der Elefant zumindest vorerst weitgehend auf die Mithilfe der Mäuse verzichtet, um sich eher auf die eigenen Kräfte zu verlassen. Nicht einmal die NATO als NATO kam ins Spiel; vielmehr bemühten sich die Amerikaner wenn überhaupt, dann um die Assistenz durch *einzelne* Mitglieder des Bündnisses, und diese ihrerseits wetteiferten darum, wer welche Rolle spielen dürfe oder müsse. Aber die software der Werte und Gefühle ist der hardware der Militärtechnik hoffnungslos unterlegen; denn es sieht leider so aus, dass das aus der Betroffenheit resultierende Zusammenrücken dem Auseinanderrücken aufgrund horrender Unterschiede in der Militärtechnik zum Opfer fällt.

Auch hinsichtlich der Frage einer generellen außenpolitischen Wende der USA muß gegenwärtig offen bleiben, ob der von Bush eingeleitete Multilateralismus einschließlich des Hofierens der Vereinten Nationen von Bestand ist; die aggressive, insbesondere vom Kongress ausgehende Anti-Haltung gegen den Internationalen Strafgerichtshof, verschärft durch Bushs Befürwortung von Militärtribunalen für die Terroristen, lässt befürchten, dass nach getaner Arbeit (sofern sie je getan sein kann) der alte Unilateralismus neu aufgewärmt wird, nach dem Motto ‚Euer Mitgefühl, eure Trauer waren für uns emotional und politisch ganz hilfreich – herzlichen Dank nochmals; aber jetzt haben wir uns aufgerappelt und schaffen's wieder allein (zumal wir die Haupt- und Dreckarbeit eh' allein leisten müssen)'.

Konvergenz der military community?

Als der in Kiel beheimatete deutsche Zerstörer „Lütjens" wenige Tage nach dem 11. September dem amerikanischen Zerstörer „USS Winston Churchill" begegnete, zog er die amerikanische Flagge auf Halbmast und brachte längsseits ein Transparent mit der Aufschrift „We stand by you" an; die gesamte Mannschaft des Schiffes stand in ihren blauen Uniformen auf Deck.
Ein Mitglied der Mannschaft des amerikanischen Schiffes schildert seine und seiner Kameraden Gefühle angesichts dieser Geste in einer (von der Navy am 26.9. ins Internet gestellten) E-Mail an einen Verwandten so:
„Needless to say there was not one dry eye on the bridge as they stayed alongside us for a few minutes and we cut our salutes. It was probably the most powerful thing I have seen in my entire life and more than a few of us fought to retain our com-posure ... The German Navy did an incredible thing for this crew, and it has truly been the highest point in the days after the attack. It's amazing to think that only a half-century

ago things were quite different, and to see the unity that is being demonstrated throughout Europe and the world makes us all feel proud to be out here doing our job."[48]

Der Matrose zieht in seinem Brief sehr anschaulich den Bogen von dem Trauma, das, wie oben erwähnt, essentiell Mitursache der Gründung des Atlantischen Bündnisses war – dem Naziterror – und der möglichen Neugründung des Bündnisses durch das Trauma des Amerika widerfahrenen Terrors.

Natürlich ist diese anrührende Episode nicht notwendiger Weise repräsentativ[49], was das Bewusstsein der transatlantischen militärischen Eliten – und nicht nur der Eliten – nach der Terrorerfahrung anbelangt. Um so wichtiger wäre, näher zu untersuchen, ob und inwiefern gerade in der transatlantischen militärischen Gemeinschaft die Ereignisse vom 11. September zur Erneuerung des Gemeinschaftsgefühls führten und noch führen.

Christian Tuschhoff hat vor einigen Jahren herausgearbeitet, dass sich bis dato – 1995 – durchaus schon Elemente einer übergreifend-atlantischen militärischen Kultur herausgebildet hatten; zu nennen sei hier insbesondere das aus der Bedrohung durch den Warschauer Pakt erwachsene Gemeinschaftsgefühl, im positiven Sinn aber die Herausbildung institutioneller und organisatorischer Strukturen der transatlantischen Zusammenarbeit. Zu erwähnen seien in diesem Zusammenhang auch all jene US-Soldaten, die in Deutschland gedient und ihrem Gastland gegenüber eine Art Heimatgefühl entwickelt hätten. Und schließlich sei mit der Zeit auch „ein Gemeinschaftsverständnis vom verantwortungsbewussten Umgang mit Kernwaffen entstanden."[50]

Es ist sicher momentan zu früh, zu entscheiden, inwiefern diese atlantische militärische Kultur durch den 11. September gestärkt und erneuert wurde; zu wenig wissen

---

48 Der Brief findet sich teilweise übersetzt in der FAZ vom 20.10.2001 (Ein Feind für alle Fälle (4)): „Es war wohl das Bewegendste, was ich bisher in meinem Leben erlebt habe, und nicht wenige von uns haben damit gekämpft, die Haltung zu bewahren ... Die deutsche Marine hat etwas Unglaubliches für unser Schiff und die Besatzung getan, es war jedenfalls der Höhepunkt in diesen Tagen seit den Anschlägen. Es ist unglaublich, wenn man daran denkt, dass noch vor einem halben Jahrhundert die Dinge anders waren und es jetzt überall in Europa einen Zusammenhalt gibt und die Welt uns das Gefühl gibt, dass wir stolz darauf sein können, auszulaufen und unseren Job zu tun."

49 Freilich scheint diese Begegnung in ihrer Symbolik zumindest für die Amerikaner gar nicht so unbedeutend für die deutsch-amerikanischen Beziehungen zu sein; denn nicht umsonst wurde der Kommandant des Zerstörers als einer der Ehrengäste zur *State-of-the-Union-message* des Präsidenten im Januar 2002 eingeladen; und auf der Münchener Konferenz zur Sicherheitspolitik Anfang Februar hob der stellvertretende Verteidigungsminister Wolfowitz wiederum diese Episode hervor.

50 Christian Tuschhoff, Das Zusammenwirken atlantischer Eliten im Militärbereich oder: Gibt es eine atlantische militärische Kultur?, in: Werner Kremp (Hrsg.), Gibt es eine atlantische politische Kultur?, Trier (WVT) 1996, S. 103-120

wir zumindest jetzt noch – ob später, muss offen bleiben – über die gemeinschafts- und evtl. korpsgeistbildenden Prozesse in den internationalen militärischen Stäben. Und angesichts der Tatsache, dass die USA die Zustimmung der Europäer zur Ausrufung des Bündnisfalls am 4. Oktober eher zur Kenntnis genommen als ihre materielle Implementierung angefordert haben, mag Skepsis angebracht sein lassen, ob der 11. September zu einer Stärkung des atlantischen Bündnisses und der Gemeinschaft ihrer militärischen Eliten geführt hat. Die NATO trat ja bisher kaum als NATO in Erscheinung; vielmehr sind es einzelne ihrer Mitglieder, die in mehr oder weniger großem Umfang sich an der Militäraktion in Afghanistan beteiligen.

Eine andere Annäherung aber hat das Bündnis im Gefolge des 11. September zu verzeichnen, nämlich diejenige Rußlands. Deshalb sei an dieser Stelle ein Exkurs über dessen neue Rolle im Angesicht des Traumas eingefügt.

Exkurs: Rußland und der 11. September

Ein Spezialfall der Reaktion auf den Anschlag in Amerika, aber auch bedeutsam für die Entwicklung des atlantischen Bündnisses ist möglicherweise die Reaktion der russischen Bevölkerung und ihres höchsten Repräsentanten, und zwar gerade deshalb, weil diese Reaktion fast noch „europäischer" als die der Europäer westlich von Rußland gewesen zu sein scheint. Präsident Putin war der erste ausländische Staatsmann, der nach dem Anschlag Präsident Bush anrief, um ihm sein Mitgefühl auszudrücken; und als er in Dresden am 26.9. vom endgültigen Ende des Kalten Kriegs sprach, da hat er, so die Korrespondentin der Süddeutschen Zeitung[51], eine Stimmung aufgegriffen, „die in Rußland in den letzten Wochen mit den Händen zu greifen war: Die Bilder des brennenden World Trade Centers haben bei vielen endgültig das alte Feindbild zerschmelzen lassen. Die Welle der Anteilnahme war so groß, dass sie selbst russische Beobachter überraschte. Achtzig Prozent der Russen bekundeten in einer Umfrage Sympathie mit den Amerikanern, tagelang türmten sich die Blumen vor der amerikanischen Botschaft." Da mag sich, wie auch sonst in Europa und speziell in Deutschland, viel Angst davor mit eingemischt haben, selbst Opfer weiterer terroristischer Anschläge zu werden, wie man sie ja in Rußland selbst schon leidvoll erlebt hatte; trotzdem scheint diese Sympathie auch einen grundlegenden Wandel im Selbstverständnis der russischen Gesellschaft zu signalisieren. Die Zeitschrift *Argumenty i Fakty* bemerkte zufrieden: „Die russische Gesellschaft reagierte auf die Tragödie europäisch – und das ist wichtig." Und ein politischer Berater meinte, die Welle des Mitgefühls sei zwar nicht politisch, aber könne „durchaus zu einem politischen Faktor werden."[52]

Diese Einschätzung wird von einem Kommentator der Süddeutschen Zeitung geteilt, wenn er unter der Überschrift „Putins Westschwenk" schreibt: „Putin nutzte geschickt die Gunst der Stunde, überrumpelte Hardliner im Machtapparat und gewann die Be-

---

51 Sonja Zekri, Neue Freunde. Hinter Putins Rede verbirgt sich eine russische Debatte, SZ 27.9.2001
52 Zitate nach Zekri, a.a.O.

völkerung für den Westschwenk", den er schon vor dem 11. September eingeleitet habe.[53]

Allerdings muss an dieser Stelle ergänzt werden, dass die Korrespondentin der FAZ einige Tage nach ihrer Kollegin von der SZ zu einer geradezu entgegengesetzten Einschätzung gekommen war. Insbesondere beim männlichen Teil der Bevölkerung äußere sich das Gefühl des Zukurzgekommenseins und der „imperiale Neidkomplex" in „nur dürftig verhohlener Schadenfreude über den schweren Schlag, den die Supermacht Amerika hinnehmen mußte."[54]

Mangels auskunftsfreudigerer und präziserer Daten, z.B. aus Umfragen, müssen wir es bei diesen sich widersprechenden journalistischen Eindrücken hinsichtlich der Haltung der russischen Bevölkerung belassen.

Allerdings scheint die Hoffnung der ersteren Korrespondentin nicht abwegig, dass die Katastrophe in Manhattan „für Rußland eine historische Chance darstellen"[55] könnte. Und wenn es so wäre, kann man sagen, dass daran das Trauma vom 11. September und seine weit in die Welt wirkende Erschütterung in nicht geringem Maße beteiligt war. Denn mit einigem Staunen erlebten wir in den letzten Wochen eine starke Annäherung zwischen Rußland und der NATO wie auch zwischen Rußland und den USA, eine Annäherung, die den amerikanischen Botschafter in Moskau nach dem Putin-Bush-Gipfel (13.-15.11.2001) zu folgenden fast euphorischen Schlussfolgerungen und Perspektiven verführte: „In the future, we will act as genuine partners – indeed, as allies. Moreover, unlike our alliance in World War II, *we are united not just by a common enemy, but by common values of democracy, liberty and the rule of law*" (Hervorh. WK).[56]

Wenn die Berichte über die Stimmung der russischen Bevölkerung angesichts des 11.9. zutreffen, und wenn Vershbow hinsichtlich der Perspektiven der russisch-westlichen Annäherung Recht behält, dann wäre tatsächlich aus der Trauer um die Toten des Terrors eine gewaltige transatlantische Annäherung erwachsen. Ob sie freilich die Aussichten einer transatlantischen Union erhöht oder erschwert, lasse ich offen – denn eine Union von San Francisco bis Wladiwostok ist wohl noch schwerer zu erreichen als eine, die nur bis Warschau reicht. Immerhin aber ist die Kluft zwischen NATO und Rußland erheblich kleiner geworden.

Konvergenz der Bevölkerung?

Da wir es mit Demokratien zu tun haben, muss sich unser Blick natürlich vor allem und nicht zuletzt auf die Bevölkerung richten: wie stark, so wäre die Frage, ist das „atlantische" Element in den Gesellschaften auf beiden Kontinenten, und ist es durch die Ereignisse im September gestärkt oder geschwächt worden.

---

53 Daniel Brösler, Putins Westschwenk, SZ 2.11.01
54 Kerstin Holm, Bär, lach, FAZ 29.10.01
55 Zekri, a.a.O.
56 Washington File, EUR 110 11/26/2001

Vielleicht ist es sinnvoll, auf der Suche nach einer Antwort den Blick zunächst auf die, wie ich sie nennen möchte, „habituellen Atlantiker" in Europa zu richten, und zwar sowohl auf die einfachen Menschen, die, aus welchen Gründen auch immer, transatlantisch orientiert sind (zu denken ist z.b. an Austauschschüler, an Studenten, aber insbesondere auch an die Touristen) wie auf die Elite. Zu letzterer wären all jene zu zählen, die z.b. politisch, wissenschaftlich, geschäftlich und, wie eben erwähnt, militärisch mit Amerika zu tun haben.

Insgesamt zwischen 10 und 11 Millionen Menschen kommen allein aus Westeuropa jedes Jahr in die USA[57]. Angesichts solcher doch sehr großer Besucherzahlen liegt die Annahme nahe, dass der größte Teil von ihnen eine positive emotionale Grundstimmung gegenüber den USA entweder schon mit auf die Reise nimmt oder sie dort bekommt und sie alles in allem, unbeschadet politischen, wissenschaftlichen oder geschäftlichen Dissenses, in Grundzügen beibehält.

Unter den Touristen und sonstigen USA-Fahrern interessieren in unserem Fall im Hinblick auf Gefühle persönlichen Betroffenseins insbesondere die New York-Touristen. Insgesamt rund 37 Millionen Menschen besuchen laut Auskunft des New Yorker Tourismusbüros jährlich New York, und unter den *top producing countries for international visitors to NYC* rangierten die Deutschen im Jahre 2000 mit 0.461 Mio. immerhin an 3. Stelle hinter Großbritannien (1.1) und Kanada (0.92) und vor Japan (0.41) Frankreich (0.341) und Italien (0.244)[58]. Die Einschätzung, dass der weit überwiegende Teil zumindest vor den Zwillingstürmen, zumeist aber auf der Aussichtsplattform gestanden hat, ist wohl mehr als berechtigt. Und so darf gefragt werden, ob diese Zwillingstürme für sie (wie für viele andere Amerikaner und Europäer) nicht etwas Ähnliches bedeuteten wie, sagen wir, für die Münchner die Doppeltürme der Frauenkirche, und ob dementsprechend der Angriff auf sie nicht dem Angriff auf eine Kirche gleichzusetzen ist.[59] Haben all diese Menschen nicht ein, wenn auch unbewusstes oder nur teilbewusstes, Gefühl dafür, dass mit den Twin Towers *die* Kirchtürme Amerikas, in politikwissenschaftlicher Sprache: der amerikanischen Zivilreligion, des Amerikanismus, attackiert wurden und eingestürzt sind – und nicht nur die, wie manche meinten, phallischen Symbole eines ungezügelten Kapitalismus?

Ein wichtiges Indiz auch transatlantischer kollektiver Erinnerung könnte einmal die Antwort auf die Frage sein, ob die Menschen auf beiden Ufern sich noch erinnern, wo sie waren und womit sie gerade beschäftigt waren, als sie von der Attacke auf die Twin Towers erfuhren, bzw. wo sie sie zum ersten Mal im Fernsehen brennen und schließlich zusammenstürzen sahen (was ja angesichts des Zeitpunkts – in Europa war

---

57 Genau: 10,27 Mio. 1998 und 10,85 Mio. 1999. Quelle: US Dept. of Commerce, ITA, Tourism Industries, April 2000
58 www.nycvisit.com, 26.10.2001
59 Der Vergleich mag dem einen oder anderen etwas gewagt erscheinen; aber wenn man einerseits die Twin Towers als eines der wichtigsten Symbole der Zivilreligion des Amerikanismus, und die Türme der Frauenkirche als doch weit in die säkulare und zivilreligiöse Sphäre hineinreichenden Symbole des Bavarismus ansieht (nicht umsonst spielen sie eine große Rolle in der Werbung aller Art), dann liegt die Bedeutung beider Symbole gar nicht so weit aus einander.

es Nachmittag – nicht nur im heimischen Wohnzimmer, sondern vielfach am Arbeitsplatz gewesen sein muss). Es wäre schön, wenn ein „Atlantobarometer" solche Fragen transatlantisch, und über einen längeren Zeitraum, untersuchen könnte, um den Prozess der Erinnerungsbildung zu begleiten.

Natürlich müsste dann auch ein wenig in die Tiefe gefragt werden, was denn dieser in seiner *Wirkung* äußerst symbolische Terrorakt an bewussten und halbbewussten Gefühlen aufgewühlt, auf welche Gedanken er die Menschen, die seine Augenzeugen wurden, buchstäblich gestoßen hat. Kann er nicht auch ein tiefes Erschrecken über die Verletzlichkeit der menschlichen Existenz, über den jederzeit möglichen Einbruch des Todes in einen friedlichen Alltag geweckt haben? Kann er nicht viele, sehr viele Menschen daran erinnert haben, dass im Grunde Vernichtung überall und tagtäglich über Einzelne hereinbricht und hereinbrechen kann? Kurzum: kann dieses Geschehen als ein *memento mori* oder als ein erschütternder religiöser Augenblick, oder als beides, angesehen werden – und, für uns Politikwissenschaftler wichtig: wenn dem so wäre: wie verbreitet ist eine solche Wirkung auf Gefühl und Denken der Bürger, und was bedeutet diese Erfahrung für ihr politisches Verhalten und Handeln?

Die bisher vorliegenden empirischen Erhebungen geben diesbezüglich noch wenig her; sie sind weder tief im Sinne des eben Gefragten noch breit, im Sinne einer europaweiten Erhebung (vielleicht wird ja das Eurobarometer einmal darüber Auskunft geben können).

Aufgrund dieses Datenmangels müssen wir uns im Folgenden auf die Reaktion der Deutschen konzentrieren:

„Solide solidarisch" – so übertitelte der SPIEGEL am 8. Oktober eine Graphik, die die Ergebnisse einer vom 1.-4. Oktober geführten Umfrage zeigte, der gemäß 71 % der Deutschen (81 % der SPD-, 75 % der CDU- und 30 % der Grünen-Anhänger) „ja" sagten, als sie gefragt wurden, ob sie die uneingeschränkte Solidarität mit den USA befürworteten, wie sie Bundeskanzler Schröder ausgerufen habe.

Es war von Anfang an klar, dass diese Übereinstimmung mit den USA weder hinsichtlich Tiefe noch Dauer überschätzt werden darf. Das zeitweise dramatische Abbröckeln der Unterstützung für den Kurs des Bundeskanzlers zeigt uns, dass das Erschrecken und die Trauer nicht sehr lange angehalten haben, und dass gerade in Deutschland die Tränen offensichtlich aus so unterschiedlichen Quellen und in so unterschiedliche Flussbette flossen, dass sie sich nur schwer zu einem gemeinsamen Strom mischen wollten.

Je mehr sich die Gewichte von der spontanen Reaktion auf die (allerdings auch nur medial vermittelte) Augenzeugenschaft der massenhaften Ermordung von Menschen auf die Vorstellung einer Gefahr verlegen, die einem selbst genau so drohen kann wie den Opfern des stattgefundenen Anschlags, und je stärker sich die Frage nach dem adäquaten Handeln stellte, wurde und wird die Trauer mehr und mehr von Befürchtung, Furcht und Angst abgelöst, und es bleibt zu fragen, wie viel an emotionalem Kitt im atlantischen Raum übrigbleibt, wenn die Gefahr des Terrorismus einigermaßen gebannt ist.

Es gibt nun allerdings *einen* Deutschen, einen repräsentativen Deutschen, der den Schrecken unmittelbarer erfahren hat und das Erfahrene nicht zuletzt deshalb länger bewahren wird und bewahren will als seine Mitbürger, nämlich den Bundeskanzler.

Deshalb müssen wir uns später, gegen Ende unserer Überlegungen fragen, wie repräsentativ für die von ihm vertretene Bevölkerung dessen Erfahrung und Erfahrungsauslegung ist, und ob ihm aus der Konvergenz mit den USA nicht eine Divergenz zu den von ihm Repräsentierten erwächst.

Doch zuvor wollen wir uns mit einem besonderen Segment der Bevölkerung befassen, mit der Jugend und ihrer Reaktion auf das Ereignis.

Konvergenz der Jugend?
Die Generationen 11/1, 11/22 und 9/11

„Durch ein außerordentliches Weltereignis wurde ... die Gemütsruhe des Knaben zum ersten Mal im tiefsten erschüttert. Am 1. November 1755 ereignete sich das Erdbeben von Lissabon und verbreitete über die in Frieden und Ruhe schon eingewohnte Welt einen ungeheuren Schrecken. Eine große prächtige Residenz, zugleich Handels- und Hafenstadt, wird ungewarnt von dem furchtbarsten Unglück betroffen ... Vielleicht hat der Dämon des Schreckens zu keiner Zeit so schnell und so mächtig seine Schauer über die Erde verbreitet.

Der Knabe ... war nicht wenig betroffen. Gott, der Schöpfer und Erhalter Himmels und der Erden ... hatte sich, indem er die Gerechten mit den Ungerechten gleichem Verderben preisgab, keineswegs väterlich bewiesen."

Durch Goethes Zeugnis[60] wissen wir, wie ein jäher katastrophaler Einbruch aus einem buchstäblich und im übertragenen Sinn heiteren Himmel in eine mehr oder weniger friedliche, zivilisierte Welt auf einen wachen Sechsjährigen in der Mitte des 18. Jahrhunderts wirkte – und eventuell auf die ganze „Generation 11/1".

Wie ein traumatisches Ereignis jenseits des Atlantiks, in Amerika, auf einen 18-jährigen Jugendlichen in Deutschland gewirkt hat, mag die Anfangsstrophe eines Gedichts zeigen, das dieser am 22. November 1963 unter dem Eindruck der Ermordung Kennedys schrieb:

Ermordet
Haben sie ihn
Und sie schossen
Mit gehässigem Blei
Gewesen und Werden entzwei.

Ohne den Autor dieser Verse – er ist identisch mit dem Verfasser dieses Aufsatzes – mit dem Mann vergleichen zu wollen, der aus dem oben zitierten Sechsjährigen wurde, ist doch bemerkenswert, dass auch in diesem Fall ein traumatisches Ereignis als Wel-

---

60 Insel Goethe Werkausgabe, Band 5, Dichtung und Wahrheit, Frankfurt am Main, 1970, S. 28f.

ten-Wende empfunden wurde: „Gewesen und Werden entzwei" – oder in den Worten des Jahres 2001: Nichts ist mehr so wie bisher. Die Frage ist: war dies das Gefühl seiner Generation überhaupt, der „Generation 11/22"? Die spontanen, Zehntausende von Teilnehmern zählenden Demonstrationen am Abend des 22.11.1963, unter denen ausnehmend viele Jugendliche waren, weisen darauf hin, dass es doch so etwas wie die Generation 11/22 gegeben hat (wenngleich sie schon bald von der Antivietnamkriegsgeneration abgelöst wurde).

Wir Heutigen wissen zur Zeit noch recht wenig darüber, wie der Terrorakt vom 11. September auf die Kinder und Jugendlichen unserer Welt bzw. Europas und Deutschlands gewirkt hat, der ja nicht durch bilderloses Hörensagen an sie herangetragen wurde, wie ein Geschehen aus fernster Ferne, sondern wieder und wieder „live" (ein seltsames Wort, wo es doch um massenhaftes Sterben ging) in die Wohn-, Kinder- und Jugendzimmer übertragen wurde.

Noch hat diese Augenzeugenschaft unserer Kinder nichts, die der Jugendlichen nur zum Teil mit Politik zu tun, mit transatlantischen Beziehungen (es sei denn, wir denken an die „jungen Transatlantiker" unter ihnen, z.B. Austauschschüler oder besonders an den USA Interessierte, und an die bereits Wahlberechtigten). Die Frage ist aber, ob und wie diese Erfahrung auf die jungen Seelen wirkte und was sie später einmal, wenn sie sedimentiert ist, zum Humus politischen Denkens und Bewusstseins beiträgt; kurzum, wir haben es mit Fragen der politischen Sozialisation von Kindern und Jugendlichen unter dem Eindruck des 11. September (und dessen *aftermath*, inklusive des Bioterrors und des Afghanistan-Kriegs) zu tun – Fragen, auf die die Kinder- und Jugendsoziologie hoffentlich einmal ein paar Hinweise geben kann.

„Newsweek" vom 12. November 2001 hat dem Begriff der „Generation 9/11" seine Titelseite gewidmet – ich habe, wie ersichtlich, diese Begrifflichkeit nach hinten verlängert, habe sie mutatis mutandis auf vorangegangene Jugendgenerationen, die Zeugen großer Katastrophen wurden, angewendet. Newsweek meinte, aufgrund einer Erkundung an den Universitäten des Landes einen fundamentalen Wandel der amerikanischen Jugend ausgemacht zu haben, weg von Apathie und Egoismus, hin zu politischem Interesse, Gemeinschaftsorientierung, etc.. Ich denke, diese Diagnosen kommen zu früh, zumal die Jugendsoziologie eben erst beginnt, die 70er Jahre aufzuarbeiten. Deshalb können wir momentan nur einige Vermutungen anstellen. So waren unter den Teilnehmern der Trauerbekundungen in Deutschland unmittelbar nach dem Attentat sehr viele junge Leute, und es wäre sicher ungerecht, ihnen echte Betroffenheit und Anteilnahme abzusprechen; wie aber nicht zuletzt der hohe Stimmenanteil der Jungwähler unter den PDS-Wählern in der Berlin-Wahl nahe legt, resultierte dieses Betroffensein nicht notwendigerweise in vermehrter Hinwendung zu den USA und ihrer Politik.

Eine signifikante Veränderung freilich will Allensbach gefunden haben; immer wieder, so heißt es in einer Analyse, gewinne man „den Eindruck, als ob der Angriff auf das World Trade Center zum prägenden Erlebnis der jungen Generation[61] werden

---

61 Gemeint sind die unter 30-Jährigen

könnte." So stieg das Interesse an Innenpolitik nach dem Anschlag von 59% auf 73%, das für Außenpolitik von 56% auf 70%; und die Frage, ob sie die Amerikaner mögen, wurde vor dem 11.9. von 47%, danach von 57% mit „Ja" beantwortet.[62] Es erübrigt sich, anzumerken, dass sich diese Einstellungen mit dem Verblassen der Erinnerung natürlich ebenfalls verändern können.

Allerdings dürfen wir auch Folgendes nicht vergessen: zum einen ist mit einiger Sicherheit die Reaktion junger Leute auf die Augenzeugenschaft des Terrrorakts nicht nur eine des Entsetzens und Erschreckens gewesen, sondern, wenn auch in unterschiedlichem Grade, eine der Faszination. Und das darf zunächst einmal keineswegs moralisierend gesagt werden; denn wer nur auch ein wenig ehrlich zu sich selbst ist, muss sich und anderen eingestehen, dass die Bilder faszinierend waren und zum wiederholten Anschauen verleiteten. Ich bin sicher, und weiß es z.B. aus Berichten von Lehrern, dass viele junge Leute den Akt „echt cool" fanden. Und als zweites, damit vielleicht zusammenhängend, muss man sehen, dass es sich bei den Attentätern ja fast überwiegend ebenfalls um junge Leute, um *twens* gehandelt hatte; da ist die Versuchung nahe, sie als Helden anzusehen ob ihres, wie es scheint, unerschrockenen Todesmuts. Ja, passen sie denn nicht auch ganz hervorragend in die Galerie jener Helden, die wir oben im Comic-Sonderheft zum 11. September kennen gelernt haben, und hat sich nicht mancher junge Augenzeuge an die Helden seiner Action-Filme, seiner Comics erinnert? Dass im Januar 2002 ein 15jähriger amerikanischer Junge mit einem Sportflugzeug die Attacke gewissermaßen nachgeahmt hat, kann eigentlich kaum erstaunen; erstaunlicher wäre eher, wenn sie keine Nachahmer gefunden hätte.

Genauere Antworten auf die Frage nach dem Anteil der unterschiedlichen Reaktionen in den Seelen junger Leute kann vielleicht einmal eine empirische Jugendstudie geben. Diese müsste dann allerdings auch fragen, ob der Terrorakt jenseits des engeren politischen Bereichs doch eine vermehrte Hinwendung zu, eine Intensivierung der Verbundenheit mit den USA ausgelöst hat, nämlich im Bereich der populären Kultur und des Internet. Man denke hier z.B. an die offensichtlich sehr umfangreiche Kommunikation bzw. die Beileidsbekundungen im Internet, die freilich quantitativ nur schwer zu erfassen sein dürften; ein Indiz für die Intensität des diesbezüglichen Austausches mag die erwähnte Ausgabe der Jugendbeilage der Süddeutschen Zeitung sein, die eine Fülle von ausgetauschten Emails wiedergibt. Auch mag die Ausstrahlung z.B. des Konzerts „America: A Tribute to Heroes" am 23. September und von Benefizkonzerten wie die am 20. und 21. Oktober mit Stars der Pop-Szene mehr als alle direkten Betroffenheitsbekundungen Anteilnahme am amerikanischen Trauma – und am amerikanischen Traum – ausgelöst haben. So wie sicherlich schon immer jungen Leuten[63] Tränen über (früh) verstorbene Idole der Popkultur viel eher entströmen als solche über ermordete Politiker, mag vermittels der Popkonzerte mehr transatlantisches Zusammengehörig-

---

62 Elisabeth Noelle-Neumann, Nach der Zeitenwende, FAZ 14.11.2001
63 ... und nicht nur ihr: vielleicht ist manchem der 68er die Ermordung von John Lennon und der Krebstod von George Harrison doch noch näher gegangen als der Terrorakt von Manhattan!

keitsgefühl transportiert worden sein als über politisch-offiziöse Beistandsbekundungen.

In diesen Zusammenhang – also in die Suche nach Spuren einer transatlantischen Trauerkultur – gehört möglicherweise auch das Phänomen, dass in den letzten vier, fünf Jahren bei der Jugend das Halloween-Feiern immer mehr in Mode gekommen ist. Sabine Doering-Manteuffel hat die Essenz von Halloween kürzlich[64] so zusammengefasst: „Indem es ein bisschen amerikanisch, ein bisschen alteuropäisch daherkommt, ein bisschen Morgen und ein bisschen Gestern in sich aufnimmt, mit dem Mysterium des Todes, aber auch mit dem Karneval des Lebens spielt, chiffriert es in bunten Farben die offene Frage nach dem Wohin." Dass der Brauch sich auf Europa übertragen habe, hänge nicht zuletzt damit zusammen, dass dort Sorgen, Leid und Tod in der Öffentlichkeit kaum noch vorkämen.

Ich will mich der in dieser Analyse enthaltenen weiteren Variante der beliebten Todesverdrängungsthese so nicht anschließen, würde ihr aber insofern zustimmen, als ich glaube, dass es in Europa an *öffentlichen Todesbewältigungsritualen* fehlt; und darin mag zum einen der Grund liegen, warum Halloween bei den jungen Leuten so beliebt wird; zum anderen aber könnte dies der Grund dafür sein, dass möglicherweise die vom Fernsehen übertragenen amerikanischen Todesbewältigungsrituale junge Leute in Europa beeindrucken.

Wie ersichtlich, eröffnet sich hier ein interessantes und sicher auch politisch relevantes Feld transatlantischer vergleichender Jugendforschung.

Konvergenz durch Medienrituale?

Die eben gestellte Frage, ob und inwiefern junge Leute vermittels des Fernsehens an der amerikanischen Art zu trauern teilhatten und ob die amerikanischen Rituale via Fernsehen evtl. nach Europa diffundieren, kann im Grunde auf alle Fernsehzuschauer, egal welchen Alters, übertragen werden. Der amerikanische Medienwissenschaftler Michael R. Real ist anlässlich des Todes und der Trauerfeiern für Lady Di den, wie er sie nennt, „religiösen Funktionen von Medienritualen" nachgegangen[65]. Er geht von einer Überschrift in der New York Times aus, wo es hieß: „Wieder einmal vereinte das Fernsehen die Welt im Schmerz."[66] Allein dieser Satz regt schon zum Nachdenken darüber an, ob nicht durch die Vermittlung des Fernsehens Trauerrituale internationalisiert oder, wenn man so will, atlantisiert werden, ob nicht das Fernsehen geeignet ist, aus nationalen Trauergemeinden internationale Trauergemeinschaften zu machen. „In säkularen, medienvermittelten Kulturen", schreibt Real, „übernehmen die Kanäle der

---

64 Willkommen im „scream team". Kürbisse im Garten des Trocadéro: Warum Europa Halloween feiert, Süddeutsche Zeitung, 31.10.2001
65 Michael R. Real, Trauern um Diana. Die religiösen Funktionen von Medienritualen, in: Günter Thomas (Hrsg.), Religiöse Funktionen des Fernsehens? Medien-, kultur- und religionswissenschaftliche Perspektiven, Wiesbaden: Westdeutscher Verlag, 2000, S. 145-160
66 Zitiert bei Real, a.a.O., S. 145

öffentlichen Kommunikation viele von den Rollen, die in der theokratischen Gesellschaft von den Institutionen der organisierten Religion ... ausgefüllt werden. Die Sinnbindungen, die dem Leben Kohärenz verleihen, werden hier nicht durch Vermittlung der Kirche zum Gemeingut, sondern mittels der Kommunikationsmedien"[67] – wobei freilich Real dahingehend ergänzt bzw. korrigiert werden muss, dass gerade in seinem Land die medial kommunizierten Rituale (man denke insbesondere an die schon erwähnte Trauerfeier im Yankee-Stadion) in hohem Maße von kirchlichen und zivilreligiösen Ritualen bestimmt waren. Aber Real hat vielleicht trotzdem recht, wenn er betont, dass das Medium Fernsehen auch als eigenständige Kraft „die Rituale zur Verfügung [stellt], durch die die Menschen ihr Sinnerleben interpretieren und ausdrücken."[68] Der Teilnehmer eines Rituals fühlt sich „in Einheit mit der Ritualerzählung und ihrer Bedeutung, mit anderen, die am Ritual partizipieren, sowie mit Ursprung und Zweck des menschlichen Lebens und Sterbens, und er gibt dieser Einheit Ausdruck.".

Ich lasse an dieser Stelle offen, wie nachhaltig die Übertragung der Trauerfeier für Diana auf die weltweit ca. 1,2 Milliarden (!) Menschen gewirkt hat; worauf ich unter Berufung auf Reals schon vor dem 11. September aufgestellte These nur hinweisen wollte, ist die Möglichkeit, dass es im September 2001 aufgrund der massiven medialen Vermittlung sowohl des traumatischen Geschehens selbst wie auch der ihm folgenden Trauerbekundungen eine transatlantische Konvergenz der Gefühle und deren Ausdrucksmöglichkeiten gegeben hat und gibt.

Freilich wäre, angenommen dies ist der Fall, immer noch die Frage nach der politischen Relevanz dieser Konvergenz zu beantworten.

Konvergenz der Repräsentanten und Repräsentierten?

In einer repräsentativen Demokratie ist es wichtig, dass es eine zumindest ungefähre Übereinstimmung zwischen Repräsentanten und Repräsentierten gibt; dies gilt sowohl für die Gefühle und Stimmungen wie für das Handeln. Nachdem wir uns nun verschiedene gesellschaftliche Sektoren und Gruppen im Hinblick auf den Grad der bei ihnen zu findenden Betroffenheit und Trauer angesehen haben, wäre also nun zu fragen: in welcher Weise haben die führenden Repräsentanten insbesondere der europäischen Staaten auf die direkte oder indirekte Erfahrung der Katastrophe reagiert? Inwiefern waren ihre Gefühle und ihre Reaktionen repräsentativ für die von ihnen repräsentierte Bevölkerung? Und schließlich: entstand zwischen den Repräsentanten der atlantischen Nationen und zwischen ihren Völkern eine Gemeinsamkeit der Empfindungen und Reaktionen? Schuf die Summe unmittelbarer, ungefilterter und, ich stehe nicht an zu sagen: religiösen Erfahrungen des Todesschreckens (in Verbund mit den medial vermittelten Erfahrungen von der Katastrophe) eine Art *web of traumatic experiences* unter den politischen Führern, die dieser Erfahrung ausgesetzt waren, eine emotionale und politische Konvergenz der führenden Repräsentanten Europas und Amerikas? Wir

---

67 Real, a.a.O., S. 150
68 Real, a.a.O., S. 150

können in diesem Beitrag nun keine Analyse des Verhaltens der Repräsentanten aller atlantischen Nationen leisten; dies wäre zu umfangreich, und außerdem fehlen die Daten. So wollen wir uns beispielhaft vor allem auf die Frage konzentrieren, wie repräsentativ im Herbst 2001 die Repräsentanten der Deutschen in ihrem Fühlen und Handeln waren, ob und inwiefern sich das Trauern der Deutschen einigend oder trennend ausgewirkt hat, evtl. sogar über den Atlantik hinweg, in den deutsch-amerikanischen Beziehungen.

Schon sehr bald nach dem Anschlag hatten sich ja eine Reihe europäischer Spitzenpolitiker nach Washington und New York, an den „Eingang zur Hölle"[69] im Süden Manhattans begeben, um gegenüber dem amerikanischen Volk und seinem Präsidenten ihre Anteilnahme am Geschehen auszudrücken und um ihre Solidarität zu beweisen, aber auch, um einen unmittelbaren Eindruck von der Wucht des Anschlags zu erhalten. Der erste europäische Staatsmann, der sich schon acht Tage nach dem Geschehen zu einem Kondolenz- und Solidaritätsbesuch in die USA begab, war Jacques Chirac; ihm folgte nach zwei Tagen Tony Blair; allerdings war, worauf oben schon hingewiesen wurde, Präsident Putin der erste europäische Staatsmann, der Bush gegenüber – per Telefon – seine Anteilnahme ausgedrückt hat.

Es gab nun bekanntlich einige publizistische und politische Kritik am deutschen Bundeskanzler, weil er sich nicht wie seine europäischen Kollegen *unverzüglich* in die Reihe der Kondolierenden und Beistand Gelobenden eingereiht, bzw. weil er dies nur verbal, aber nicht durch körperliche Anwesenheit getan hatte, wie Chirac und Blair. Doch ganz ohne sichtbare, körperliche Vertretung im vom Terror getroffenen Land war die Bundesrepublik nicht. So reiste Außenminister Fischer am 20. und 21. September nach USA, natürlich nicht ohne sich auch nach Südmanhattan zu begeben, wo er u.a. einer Vermisstenmeldestelle einen Besuch abstattete und mit Feuerwehrleuten sprach; die Tränen, so berichtet ein Korrespondent, standen dem Minister und dem Feuerwehrmann in den Augen, der sich bei ihm für einen Hunderttausenddollarscheck bedankte.[70]

Tränen drängten, für alle Deutschen in den Fernsehnachrichten sichtbar, auch Bundeskanzler Schröder in die Augen, als er vier Wochen nach dem Anschlag vor den Trümmer des World Trade Centers stand. Derselbe Korrespondent, den wir schon als Begleiter des Außenministers zitiert haben, beschreibt die Gefühle, die ihn, und ganz offensichtlich auch den Kanzler, beim Anblick der Verwüstung überkamen, so:

---

69 Kurt Kister, Blitztrip an den Eingang zur Hölle, SZ 11.10.2001
70 SZ, 22.9.2001
Einige Wochen später, am 13.11., war Fischer wieder in New York, und zwar genau an dem Tag, an dem die American Airlines-Maschine über der Stadt abstürzte und er selbst auf dem Weg zu seiner Rede in der UN-Generalversammlung war. Er spüre jetzt hautnah, was dieser Stadt zugefügt worden sei, habe er sich einem Mitarbeiter gegenüber geäußert (FAZ 14.11.2001) – in jedem Falle ist wohl Fischers Trauma vom ersten Besuch durch diesen zweiten und seine Begleitumstände noch vertieft worden.

„Man steht da, hilflos, und plötzlich steigt einem Wasser in die Augen. Resignation, Entsetzen, und Wut. Doch, es gibt die Hölle. Sie kann von Menschen geschaffen werden, und das muß einer ihrer Eingänge sein. Hier ist Ground Zero, die Heimstatt des gestaltlosen Todes, der Boden des Nichts".[71]

Zu Recht, wenn auch mit ein wenig schlechtem Gewissen, erinnerte der Journalist daran, dass ein Jahr später auch Bundestagswahl sein würde, das heißt, dass die Bilder, die von diesem Ort nach Deutschland kamen, auch wahlrelevant sein würden: „Der Kanzler in schweren, ja in Kriegszeiten beim US-Präsidenten; der Kanzler bei den UN und am Ort des Schreckens im Angesicht der Trümmer – das ist Gerhard Schröder, der Staatsmann, dem sein Land vertrauen soll."[72]

Der Journalist hätte sich für diese Beobachtung nicht zu entschuldigen brauchen: in einer Demokratie ist es nicht nur normal, sondern richtig und notwendig, dass, zum einen, die Repräsentanten die Gefühle der Repräsentierten auch und gerade angesichts von Tod, Trauer und Trauma aufnehmen und spiegeln; zum anderen aber ist es ihr Recht und ihre Pflicht, ihre eigenen Gefühle angesichts solcher Erfahrungen zu artikulieren und an die Repräsentierten zu vermitteln.

Letzteres tat Schröder nicht nur visuell, durch die Bilder von ihm, die aus Manhattan nach Deutschland gesandt wurden, sondern auch verbal. In einem Gespräch mit der ZEIT[73] sagte er, unter Berufung auf seine Frau, die zwei Jahre lang in New York gelebt hatte, diese Stadt sei „das Symbol für Millionen von Emigranten auf Schutz vor Verfolgung an Leib und Leben. Das Symbol für eine Fluchtburg und damit die Chance, das Leben zu erhalten und einen Neuanfang machen zu können." Gerade dies sei es, „was man spüren kann, wenn man an Ground Zero steht und nicht Fernsehbilder, sondern die Zerstörung selber sieht."

Knapp drei Wochen nach dem Kanzler steht auch der deutsche Innenminister vor den WTC-Trümmern und sagt nach seiner Rückkehr, dass dieser Eindruck „mich mein Leben nicht wieder verlassen" wird – und ihn in seiner Absicht bekräftigt habe, dem Terrorismus „mit der gebotenen Konsequenz und Entschiedenheit entgegenzutreten."[74] Und mit Bundespräsident Rau zeigt sich Mitte November dann auch der höchste Repräsentant Deutschlands tief erschüttert an dem Ort, wo er inmitten Tausender von Teddybären einen Kranz niederlegt.

Es war nur folgerichtig, dass der Bundeskanzler in der Pressekonferenz am 6. November, in der er die Bereitstellung von 3900 Soldaten ankündigte, auf die Frage eines Journalisten, wie er diesen Einsatz den Soldaten und deren Angehörigen vermitteln wolle, Folgendes antwortete (was er dann in seiner Regierungserklärung vom 8.11., abweichend vom Redemanuskript, in nicht mehr ganz so emotionaler Form wiederholte) – und dieser Satz ist in unserem Zusammenhang so bedeutend, dass ich ihn voll-

---

71 Kurt Kister, Blitztrip an den Eingang zur Hölle, SZ 11.10.2001
72 Kister, a.a.O.
73 DIE ZEIT, 18.10.2001
74 SZ, 23.10.2001

ständig zitiere, und zwar gerade deshalb, weil er grammatikalisch-syntaktisch aus dem Takt geraten und gerade deshalb um so authentischer erscheint:

„Es ist so, dass die Bilder vom 11. September von dem einen oder anderen vielleicht verdrängt worden sein mögen. Das ist menschlich nur allzu verständlich. Die deutsche Außenpolitik, die staatspolitischen Notwendigkeiten, die es da gibt, dürfen diese Bilder nicht verdrängen. So sehr also verständlich ist – da liegen, das muss man wieder einmal betonen, mehr als 5000 tote, unschuldige Menschen aus aller Herren Länder –, dass sich der Einzelne die Bilder nicht immer wieder vor Augen führen will – das kann man nachvollziehen –, darf man nicht zulassen, dass diese Bilder und das, was sich damit an Bedrohung für die freiheitliche Welt verbindet, von der Politik der freiheitlichen Welt verdrängt werden. Genau das würde ich den Menschen, um die es dabei geht und um die man sich in der Tat kümmern und Sorgen machen muss, erklären."[75]

Es scheint mir unzweifelhaft, dass der Kanzler, als er dies sagte, immer noch unter dem Eindruck seines Besuches „am Eingang der Hölle" stand; und er scheute sich nicht, seine Erfahrung zum *defining moment* für seine Landsleute und für die Außenpolitik der Bundesrepublik zu erklären – und das heißt letzten Endes: zu einer entscheidenden Station der Erzählung der Geschichte dieser Republik, als ein, um wiederum Max Weber zu bemühen, wenn nicht geweihtes, so doch sinnvolles Geschehnis in unserer Geschichte und derjenigen der atlantischen Gemeinschaft.

Nun ist ganz offensichtlich, dass es für den Kanzler nicht ganz leicht war und ist, seine Erfahrung und deren Verarbeitung zu einer repräsentativen, und repräsentativ heißt: mit einer mehr oder weniger großen Mehrheit der Bevölkerung geteilten Erfahrung zu machen. Zwar zeigten Umfragen nach dem Terrorangriff, aber noch vor dem 8. November, als der Krieg gegen Afghanistan begann, dass zunächst er und seine Minister offensichtlich in ihren Gefühlen und Handlungen durchaus für eine solide Mehrheit der Bevölkerung repräsentativ waren. Diese Unterstützung verringerte sich dann aber in dem Maße, in dem deutliche Konsequenzen aus dieser Gemeinschaft des Trauerns gefordert wurden. Andererseits zeigte z.B. die Beliebtheitsskala von Infratest vom 19.11.2001, dass die Deutschen dem, so darf man sagen, mutigen Verteidiger einer auch militärisch stärkeren Rolle Deutschlands in der Welt, nämlich Joschka Fischer, mit 80 Prozent eine wichtige politische Rolle wünschten und ihn damit an die erste Stelle der Beliebtheitsskala stellten, dicht gefolgt von seinem Kanzler mit 75 Prozent.

---

75 Quelle: bpa-pk, 6.11.2001, Dok. Nr. 2001-118a, unkorr. MS.
In der Regierungserklärung lautete die Passage so: „Rufen wir uns in Erinnerung: Am 11. September 2001 haben skrupellose, kaltblütige Terroristen mit entführten Flugzeugen Anschläge in New York und Washington verübt. Diesen barbarischen Attentaten sind Tausende unschuldiger Menschen zum Opfer gefallen. Ich kann verstehen, wenn Einzelne, sogar viele Einzelne angesichts des Grauens die Bilder, die man nicht täglich ertragen kann, zur Verdrängung dessen neigen, was geschehen ist. Das ist menschlich nachvollziehbar. Aber dies kann und darf nicht die Leitlinie politischer Entscheidungen sein; denn diejenigen, die politische Entscheidungen dieser Tragweite zu treffen haben, können und dürfen nicht, so sehr sie das individuell bedauern mögen, nicht verdrängen, sondern sie müssen immer wieder den Gegebenheiten ins Auge schauen und die – gelegentlich leider – notwendigen Konsequenzen ziehen." (Bulletin der Bundesregierung Nr. 80-1 vom 8.11.2001)

Dies deutet doch auf eine hohe Übereinstimmung zwischen diesen Repräsentanten und den von ihnen Repräsentierten hin – und auf ein Problem der publizistischen sowie eines Teils der anderen politischen Eliten hinsichtlich der Repräsentativität ihrer Haltung. Denn Schröder tat wohl recht daran, seine „Repräsentativität" nicht an den Eliten, sondern an der Gesamtbevölkerung fest zu machen. Ein Interview, das er der *Süddeutschen Zeitung* an Weihnachten 2001 gab, ist diesbezüglich sehr aufschlussreich und sei nicht zuletzt als politikwissenschaftliches Lehrstück zum Thema „Repräsentant und Repräsentierte" ausführlich zitiert:

> SZ: Herr Bundeskanzler, wenn vor drei Jahren jemand gesagt hätte, Gerhard Schröder wird mit Zustimmung von SPD und Grünen die Bundeswehr an den Hindukusch schicken, hätte man diesem Mann wahrscheinlich psychiatrische Behandlung empfohlen.
>
> Schröder: Sie hätten das gesagt. Andere wären etwas freundlicher gewesen.
>
> SZ: Offenbar hat die deutsche Bevölkerung, die Gesellschaft generell, sich nicht so verändert.
>
> Schröder: Das weiß ich nicht. Ich glaube, dass das eher eine Frage der politischen und publizistischen Eliten ist als der Bevölkerung. Über 70 Prozent sagen, Deutschland solle sich an einer Schutztruppe in Afghanistan beteiligen. Ich bin über das Maß an Zustimmung im Volk überrascht. Aber ich freue mich darüber.
>
> SZ: Wenn das die Stimme des Volkes ist, warum haben Sie dann in der Volksvertretung zum letzten Mittel, der Vertrauensfrage, greifen müssen?
>
> Schröder: Das hängt damit zusammen, dass der Veränderungsdruck und der Entscheidungsdruck größer waren als die Bereitschaft bei manchem, auf die veränderten Bedingungen so angemessen zu reagieren, wie es unserer Auffassung nach notwendig war."[76]

Es ist ganz offensichtlich, dass es Schröder gelungen ist, nicht nur auf der emotionalen Ebene, als Erschütterter und Trauernder, sondern auch als Handelnder für eine sehr große Mehrheit der Bevölkerung repräsentativ zu sein bzw. zu werden; andererseits zeigen die Fragen des Journalisten, dass wohl die professionellen Vertreter der öffentlichen Meinung nicht ganz so repräsentativ sind, wie sie glauben zu sein.

Und auch die politische Elite, meint Schröder, ja selbst die Abgeordneten im Bundestag musste er erst, durch seine Vertrauensfrage, gewissermaßen erst dazu drängen, wirkliche Repräsentanten zu sein, die Stimmung und die Gefühle der von ihnen Repräsentierten aufzunehmen und in politisches Handeln umzusetzen.

Fast ein bisschen umgekehrt war es bei den Grünen. Denn dort ging es nicht so sehr darum, dass die Führung repräsentativ für die Basis, sondern dass die Basis repräsentativ für die Führung werden musste. Es schien ja zunächst so, als ob der Terrorakt und seine Konsequenzen zu einer Zerreißprobe, zu einer endgültigen Spaltung von Pazifisten und Realisten führten, auch zwischen Parteiführung und Basis, führte. Der Parteitag von Rostock hat diese Vorhersage als irrig erwiesen, und es scheint so, als ob auch bei den Grünen das Trauma des Terrorakts, vermittelt vor allem durch Fischers engagierte Rede, zu einer neuen Einheit geführt hat; und neue Einheit hieße: sie haben sich endgültig dem Sog der Mitte, auch des common sense ergeben; und wenn immer jemand, vielleicht sogar mit einigem Recht sagt, es sei der Sog der Macht, will ich doch

---

[76] SZ 22.12.2001

behaupten, dass der Druck der traumatischen Erfahrung des 11. September, insbesondere aber die (wiederum durch Fernsehbilder vermittelte) *Erfahrung, dass Gewalt und Krieg mit der Idee der Freiheit einher gehen können*, diesmal in Afghanistan, zu dieser Wendung, und damit möglicherweise zu einem neuen Konsens innerhalb der Grünen geführt haben könnte. Zwischen die Wahl zwischen mörderischer Gewalt (der Taliban) und (amerikanischer) Gewalt für die Freiheit gestellt, haben sich die Grünen nicht für Gewaltfreiheit, sondern für das notwendige Übel Gewalt entschieden.

So weit ist die PDS noch lange nicht – und doch scheint die traumatische Erfahrung auch hier Wirkung zu zeigen. So hat sich die PDS-Vorsitzende, Gabi Zimmer, Anfang Dezember eine ganze Woche lang in den USA aufgehalten; sie hat einige Linke im Kongress und sonstwo besucht – und sie war an Ground Zero. Niemanden, sagte sie nach ihrer Rückkehr, lasse dieser Ort unbeeindruckt[77]. Freilich blieb immer noch eine große Kluft zwischen diesem Eindruck und den Konsequenzen der Gesamtpartei; aber dass sich irgend etwas bewegt, wurde auch an einem Artikel des außenpolitischen Beraters der PDS-Fraktion, Wolfram Adolphi, in der Mitgliederzeitschrift deutlich. Dieser beantwortete seine selbstgestellte Frage „Darf ein Linker die USA verstehen?" folgendermaßen: er betrachte „die Ereignisse des 11. September über alles kurzfristige Alltagsdenken hinweg wirklich als Zäsur", „auch im eigenen Denken und Weltgefühl." Und zu dieser Zäsur gehöre für ihn „an ganz vorrangiger Stelle eine Prüfung meines USA-Bildes." Er lehne zwar weiterhin den Krieg in Afghanistan und überhaupt Krieg ab. „Aber", so weiter, „ich will dem geschlossenen Visier der Kriegsführer nicht meinerseits mit geschlossenem Visier begegnen. Ich will heraus aus Denk-Sackgassen und nicht tiefer hinein. Und fühle mich darin bestärkt, weil Bewegung auch an vieler anderer Stelle ist."[78]

Man erfährt durch diese Worte fast körperlich, wie sehr sich der Autor quält und windet, noch eingeschlossen in den Mauern der SED-Ideologie und den Zwängen seiner Funktion, und doch nicht anders kann, als sich durch die Erfahrung des 11. September zu einer Umkehr gedrängt zu fühlen, ja fast zu einer Art Bekehrung. Durch Trauer und Trauma näher an Amerika? Ja, für diesen Mann kann es zumindest prognostiziert werden.

Was uns aber besonders interessiert, ist die Antwort auf die Frage, ob und inwiefern sich die mittelbaren und unmittelbaren traumatischen Erfahrungen des Kanzlers mit denen seiner europäischen und amerikanischen Kollegen decken, und ob sich daraus ein Gewebe gemeinsamer Erfahrungen (und deren Verarbeitung) entwickelt, das, bei aller „Abnutzung" solcher Erfahrungen, für die nächste Zeit haltbar genug ist, um die transatlantischen Beziehungen zu stabilisieren, ihnen neue Impulse zu verleihen und sie sogar zu vertiefen. Immerhin hörte man, was die deutsch-amerikanischen Beziehungen anbelangt, aus dem Weißen Haus vor kurzem folgenden erstaunten Satz: „Wir erleben eine Entschlossenheit (s.c. bei Schröder), die wir so nicht erwartet hätten;" der

---

77 FAZ 13.12.2001
78 Wolfram Adolphi, Darf ein Linker die USA verstehen? Disput, November 2001 (zitiert nach: www.pds-online.de)

Beitrag der Deutschen zum Kampf gegen die Terroristen sei „absolut erstklassig".[79] Und man darf wohl ohne großes Risiko sagen, dass die deutsch-amerikanischen Beziehungen durch den 11. September nicht zuletzt aufgrund der klugen Politik der Regierung nicht nur keinen Schaden, sondern Festigung und Intensivierung erfahren haben.

Wie aber wirkte und wirkt das Geschehen vom 11. September auf die Europäer untereinander, d.h. auf das sich entwickelnde Europa? Hat es gar Auswirkungen auf das Voranschreiten einer *more perfect union*?

Hören wir uns zunächst an, welche Konsequenzen eine Gruppe besorgter Europäer aus dem Terroranschlag für Europa ziehen möchte:

„Nach der Tragödie des 11. September ist auch die Europäische Union in Gefahr. Die Union, zusammengeschweißt in Krisen, könnte schließlich an einer Krise zerbrechen. Der Herausforderung des internationalen Terrorismus kann die Europäische Union nur begegnen, wenn sie mit einer Stimme spricht, und den sehnlichen Erwartungen der Völker, dass sie eine größere Rolle spielen möge, kann sie ebenfalls nur so entsprechen."[80]

Im weiteren Verlauf ihres am 15.12. 2002 veröffentlichten Manifests fordern diese Europäer – 15 führende ehemalige Politiker wie Felipe Gonzales, Helmut Kohl, Helmut Schmidt, Jacques Santer u.a. – insbesondere, dass der künftige Verfassungskonvent mit umfassenden Befugnissen ausgestattet werde.

Einige Tage später wurde auf dem Europäischen Rat von Laeken dieser Konvent tatsächlich einberufen – nicht unerwartet, aber doch unerwartet einmütig und ohne größere Kontroversen. Worauf war dies zurückzuführen? Gewiss nicht auf den erwähnten Aufruf pensionierter Politiker; eher schon auf die gute, engagierte Vorbereitung durch den belgischen Ratspräsidenten; vielleicht aber doch auch auf die Erschütterung des 11. September. „Nach dem Fall der Berliner Mauer", heißt es in der Erklärung von Laeken, „sah es einen Augenblick so aus, als ob wir für lange Zeit in einer stabilen Weltordnung ohne Konflikte leben könnten ... Doch nur wenige Jahre später ist uns diese Sicherheit abhanden gekommen. *Der 11. September hat uns schlagartig die Augen geöffnet* (Hervorh. WK). Die Gegenkräfte sind nicht verschwunden: Religiöser Fanatismus, ethnischer Nationalismus, Rassismus, Terrorismus sind auf dem Vormarsch ..."

Ob die Beratungen und Entscheidungen des Konvents selbst sich ebenfalls nachhaltig von dieser Erfahrung (und natürlich von vielen anderen traumatischen europäischen Erfahrungen) wird leiten lassen, wenn es darum geht, *e pluribus unum* zu schaffen? Wir wissen es nicht; wir können nur hoffen, dass er wie die Constitutional Convention von 1787 in Philadelphia die Zeichen der Zeit erkennt und mutig darauf beharrt, dass

---

79 FAZ, 25.10.2001
80 Giulio Andreotti, Jean-Luc Dehaene, Wolfried Martens, Raymond Barre, Felipe Gonzales, Michel Rocard, Carl Bildt, Roy Jenkins, Jacques Santer, John Bruton, Alain Juppé, Helmut Schmidt, Anibal Cavaco Silva, Helmut Kohl, Franz Vranitzky: Erneuerung oder Untergang? FAZ 14.12.2001

aus Europa eine *more perfect union* wird, die dabei hilft, alte Traumata zu überwinden, neue zu verhindern – und wenn sie doch geschehen, sie zu heilen.

Kollektives Gedächtnis
und die Rolle der Politik- und Geschichtswissenschaft

In einer Betrachtung über die Perspektiven der europäischen Einigung hat der Historiker Géza Alföldy kürzlich gesagt, Fundament der Identität Europas könne mangels einer gemeinsamen Sprache „nur eine Gemeinschaft der Erinnerung, der Erfahrung und der Vision sein, also „die Gemeinsamkeit historischer Traditionen, der Erfahrungen der heute Lebenden und der Ziele."[81]. Für die Vision seien insbesondere die Politiker zuständig, für die Erfahrung, d.h. die Gegenwartsanalyse, die Sozial- und Wirtschaftswissenschaftler; für das erstere hingegen, die Erinnerung, seien vor allem die Historiker und Kulturwissenschaftler in die Pflicht zu nehmen – eine Pflicht, der sie leider, was Europa anbelange, bisher kaum gerecht geworden seien, weshalb es auch ein „europäisches Geschichtsbild" allenfalls in Ansätzen gebe.[82]

Diese Diagnose könnten wir auch auf die atlantische Gemeinschaft übertragen; sie braucht, um bestehen zu können, eine Vision (und zwar eine positive, nicht nur eine Schreckensvision, wie sie früher der Kommunismus und jetzt der Terrorismus lieferten bzw. liefern); Sozial- und Politikwissenschaftler sind aufgerufen, die Erfahrungen der Gegenwart im Hinblick auf mögliche Gemeinsamkeiten zu analysieren; und die Historiker müssen dazu kommen, nationale Fixierungen zu überwinden; sie sollen nicht länger amerikanische, deutsche, französische, ja nicht einmal nur europäische Geschichte schreiben, sondern den Atlantik als gemeinsamen Erfahrungs- und Erinnerungsraum ins historisch-kollektive Gedächtnis rufen. Noch gibt es keine Geschichte des atlantischen Raumes, noch keine gesamtatlantische Geschichtsschreibung; wenn es sie dereinst gäbe, könnte sie zur Identitätsbildung und zum kollektiven Gedächtnis der atlantischen Gemeinschaft beitragen, zu einer atlantischen Erinnerungskultur. Denn es ist, wie der Heidelberger Ägyptologe Jan Assman schreibt, das Gedächtnis, das Gemeinschaft stiftet.[83]

Und die Traumata, die sich in dieser Geschichte ereigneten und – leider – noch ereignen werden, könnten dabei eine zentrale Rolle spielen:

Totengedenken ist „Ursprung und Mitte dessen, was Erinnerungskultur heißen soll. Wenn Erinnerungskultur vor allem Vergangenheitsbezug ist, und wenn Vergangenheit entsteht, wo eine Differenz zwischen Gestern und Heute bewusst wird, dann ist der

---

81 Géza Alföldy, Das Imperium Romanum – ein Vorbild für das vereinte Europa?, Basel (Schwabe & Co AG), 1999 (Jacob Burckhardt-Gespräche auf Castelen, Band 9), S. 7
82 Alföldy, a.a.O., S. 8 f.
83 Jan Assmann, Das kulturelle Gedächtnis. Schrift, Erinnerung und politische Identität in frühen Hochkulturen, München: C.H. Beck 2000, S. 30

Tod die Ur-Erfahrung solcher Differenz und die an den Toten sich knüpfende Erinnerung die Urform kultureller Erinnerung."[84]

Fazit:

Wie viel(e) neue Gemeinsamkeit(en) erwächst/erwachsen aus dem transatlantischen Trauern? Inwiefern ist dieses Trauma ein gemeinsames?

Es ist sicherlich viel zu früh, eine Antwort auf die Frage zu geben, welche Wirkung die Erfahrung vom 11. September letzten Endes auf die transatlantische Gemeinschaft, auf ihre Bürger und Repräsentanten gehabt hat und noch haben wird. War sie wirklich ein kollektives, nationenübergreifendes Trauma, eine nachhaltige Erschütterung? Für wen und für wie viele? Wenn sie das war: wie lange wird sie anhalten? Gibt es Gemeinsamkeiten im Empfinden und Urteilen über das Geschehen, Gemeinsamkeiten, die über den Atlantik hinweg politisch tragfähig sind?

Es gibt, so ist zu befürchten, wie nach jedem Todesfall, so auch nach diesem massenhaften Sterben viele Wege, auf die sich die Hinterbliebenen begeben können: zwischen einem sich heillos Zerstreiten bis zur Bildung oder Erneuerung von Gemeinsamkeit ist vieles möglich.

Es wäre zu wünschen, dass diese Katastrophe in die kollektive atlantische Erinnerung, in eine Erzählung von der atlantischen Staaten-Gemeinschaft eingeht, eine Erzählung, die natürlich alles andere als eine erbauliche Geschichte von Harmonie und Happy End sein darf, sondern eine Geschichte von Konflikt und Kooperation, von Traumata und Traumabewältigungsversuchen, deren guter oder schlechter Ausgang offen ist. Aber es wird, um ein letztes Mal Max Weber zu zitieren, letzten Endes ein Versuch sein müssen, die Todes- und Bedrohungserfahrungen, durch die die Mitglieder der atlantischen Gemeinschaft gegangen sind, „in die Reihe der sinnvollen und geweihten Geschehnisse" dieser Gemeinschaft einzuordnen.

Ob wir, Europäer und Amerikaner, vernünftiger Weise hoffen können, einmal eine gemeinsame transatlantische Flagge zu haben, unter der wir uns versammeln, wenn uns ein Unglück trifft, eine Flagge, in die wir uns hüllen können, wenn auch nur eines der Mitglieder katastrophal und existentiell von Tod, Trauer und Trauma getroffen wird?

Wir wissen es nicht. Aber eines wissen wir, und dies hat der Bundeskanzler deutlich gemacht: ohne gewollte, gestaltete und vor allem geteilte Erinnerung kann Gemeinschaft und Gemeinsamkeit nicht bestehen – weder innerhalb noch zwischen Nationen.

---

84 Assmann, a.a.O., S. 60 f.

John Ryan

The Implications of the Euro For the Transatlantic Relations

Introduction

During the Cold War, transatlantic relations were relatively stable, partly because of the common threat, which held together the NATO allies under American leadership. But the end of the Cold War has created uncertainty over NATO's future. And trade wars are worsening, in part because of a growing divergence of public attitudes on issues such as food safety and the reliability of scientific evidence. Furthermore, sharp disagreements between France and America remain capable of poisoning the overall transatlantic relationship, for example on farm subsidies or the politics of the Middle East.

One of the overarching difficulties of transatlantic relations is their compartmentalisation. Experts on trade, finance and security seldom think about, or make links between each other's problems. They meet in different organisations such as NATO, the finance G7 and the WTO. Occasionally, in a crisis, they do make a link: the Clinton administration softened its stance on several trade disputes during the Kosovo war in the spring of 1999 or briefly by the Bush Administration during the post 11th September conflict with terrorism.

But there has been a trend for American attitudes to international affairs to evolve in unhelpful ways. America's legislators are becoming increasingly unilateralist and scornful of international law and norms. The Senate's refusal to ratify the Comprehensive Test Ban Treaty – with scant regard to the views of America's allies is just one manifestation of this shift. The bombings of the World Trade Center and the Pentagon on September 11th have changed everything including the US worldview.

On top of that, Europe is changing too. The Euro and the EU's current initiative to build a defence capability are the two biggest forces for change in the transatlantic relationship. Both are making the US reassess its view of the EU. In the long run, both should lead to a more coherent and effective European political identity. And that should lead to a less compartmentalised and more balanced transatlantic relationship – one in which Americans are more willing to consult before acting, and one in which the Europeans can act more decisively and more responsibly.

In the meantime, however, these two forces risk destabilising relations that are already in a fragile state. For the EU's efforts to construct a defence capability make some American policymakers worry about the Europeans' commitment to NATO. And the arrival of the Euro threatens the Dollar's role as the dominant global currency. And it is the impact of the Euro on the transatlantic relationship, which is the subject of this paper.

The external implications of the Euro

The successful launch of the Euro has been a watershed event, with significant implications for European affairs and Europe's place in the wider world. The Euro is raising European self-awareness and self-confidence. By necessity it will modify the EU's global links and role.

The start of European Monetary Union is the most important event in international monetary affairs since the collapse of the Bretton Woods system of fixed exchange rates in the early 1970s. A new international entity called Eurozone, made up of the twelve countries that have adopted the Euro, has entered the vocabulary of a diverse set of people, including foreign exchange traders, fund managers, company executives, trade diplomats and foreign policy strategists. And this new entity is poised to become one of the most influential actors on the global stage, primarily but not exclusively in the field of financial diplomacy (Charles Wyplosz, 1999).

In essence, the Euro will challenge and transform the existing Dollar-centred global financial system and replace it, over the next decade, with a bipolar, Dollar-Euro-centred financial order. This will imply an end to the unique advantages the US has enjoyed and which accrued from the Dollar's status as the world's only global currency. In return, the Europeans can expect significant economic and political benefits from the global role that their new currency is likely to take on.

US-European economic relations will be transformed, bringing them closer to equality. Some figures will illustrate this development. The Eurozone population of 300 million is larger than that of the US (270 million) making the Euro the currency of the world's largest group of affluent customers. Total merchandise trade with the rest of the world is about 25% larger than that of the US (and more than double that of Japan). When more countries join the Eurozone and as its poorer members catch up economically, the Eurozone will have a larger GDP than the US. Eurozone, Fred Bergsten, Institute of International Economics, argues, 'will equal or exceed the US on every key measure of economic strength and will speak increasingly with a single voice on a wide range of economic issues ... Economic relations between the US and the EU will rest increasingly on a foundation of virtual equality' (Fred Bergsten, 1999) This assessment will be even more fitting if, as remains likely, Britain and the other two EU states currently outside the Eurozone (Sweden and Denmark), decide to join by 2002 or 2003 (John Ryan, 1999a).

Hence, the Euro will require many aspects of transatlantic relations to be rethought. Its effects will be felt most directly in the monetary and financial sphere. But there will also be linkages between the Euro and trade, political co-operation and security policy. Overall, it will tend to make the EU a more cohesive and probably more assertive international actor especially if EU and Eurozone membership become congruent. But even without that congruence, the Euro's effects will be manifold. Overall, the Euro will empower the Eurozone by enabling it to sharpen its profile on the global stage.

Consequently, Europe's bargaining strength will increase and its partners, particularly the US, will have to take European preferences more seriously.

Eurozone politicians must realise that, to achieve 'greatness', important – sometimes painful – reforms are necessary. They should recognise, more than is presently the case, that power is linked to responsibility; greater power to greater responsibility. Finally, they should accept that the balance of advantages and responsibilities of global influence would play differently for the Europeans than it did for the US during the Cold War. The US' superpower status allowed it to get away with monetary murder.

Of course, a key question in relation to the external repercussions of the Euro is if and when the three EU members currently outside the Euro will join the other twelve inside the Eurozone. But on balance and reflection, the odds are that Britain will also join after a positive result in a referendum in 2003. If these assumptions were correct, then the Eurozone would simply be the same entity as the EU. And for obvious reasons this would make the management of the Euro's external effects simpler and more effective.

However, British membership is not a foregone conclusion, and for the foreseeable future, Britain will be the most important EU member-state outside the Eurozone (John Ryan, 2001).

Why look at Euro's external implications?

Everyone accepts that the stakes for those inside and for those contemplating Euro membership are extraordinarily high. It is therefore right that the Euro has become a hotly debated topic. All the same, this intense debate has thus far focused mainly on the Euro's internal workings: its effects on Europe's economies and political structures. Though understandable, this focus has come at a price. In particular, it has led to a neglect, or at least underestimation, of the Euro's external ramifications, which have really received only a fraction of the analytical and public attention they deserve.

But the Euro's external effects will become one of the key issues facing the EU in the coming years. It is likely that the next phase in the process of European integration will be about how Europe relates to the wider world. Whereas during the last fifteen years the EU focused on internal projects such as bringing about the single market and a single monetary policy, the next fifteen will be mainly about external projection.

Analysts of European affairs have paid much attention to the diplomatic incoherence and the lack of European military capabilities that have thus far beset the EU's efforts to frame and conduct a Common Foreign and Security Policy (CFSP) worthy of its name. True, the provisions of the Amsterdam Treaty and the decisions taken at the 1999 Cologne summit will go some way in addressing these weaknesses. In particular, the appointment of Javier Solana as the EU's High Representative, also known as „Mr CFSP", and the intention to merge the West European Union (WEU) with the EU, should put the Union's relations with the wider world on a firmer footing. But external relations go beyond gunboats and planning cells. As financial and economic policies are increasingly becoming key components of 'traditional' foreign policy – look for example at policymaking towards Russia or Indonesia – it becomes imperative to analyse the external implications of the Euro.

While pressing and relevant, it is also clear that analysing the strategic implications of the Euro has so far been a minority taste. First, because the Euro's external effects have only been analysed in two separate groups – among international economists and among foreign policy strategists – with little or no interaction between them. And second, because by their very nature, the strategic implications will take time to work themselves through and make themselves felt. Policymakers are often locked into what Henry Kissinger called the 'endless battle in which the urgent constantly gains on the important' (Henry Kissinger, 1988). There is always a good reason not to think about the Euro's long-term effects today. For all these reasons, a careful analysis of the trends underlying the dynamics of the Euro and an assessment of their international effects is important.

Both in the run up to January 1st 1999 and thereafter, analysts have discussed what kind of currency the Euro is likely to develop into over, say, the next five to ten years. Many have offered their predictions, of varying plausibility, regarding the Euro's future exchange rate: will it go up or down, and when and by how much? And to what extent will the Euro be used globally as a unit of account, a means of payment or a store of value? Though linked, these are actually very different questions and we should not confuse the two. The first asks whether the Euro will be weak or strong in relation to other currencies, principally the US Dollar, while the second queries whether the Euro will be a 'big' or a 'small' currency, used by many agents or by few. A third, separate, question must then be whether any of these scenarios would be preferable, or more precisely, to whom? Who benefits?

Weak or strong Euro?

Politicians, journalists, business leaders and investors constantly fret over exchange rate developments. The exchange rate of a currency is the most visible and perhaps politically most relevant indicator of a currency and thus easily exploited. In particular, the Euro's fall against the Dollar in the first months of 1999 attracted a great deal of headline attention, and caused a certain degree of „Schadenfreude" among those Eurosceptics already convinced that the Euro was the height of folly.

One slogan used prominently in Germany to convince a sceptical audience of the virtues of the Euro was the promise that the Euro would be as strong as the Mark ('Stark wie die Mark'). Many commentators predicted also that it would be strong from its inception.

However, almost immediately after its launch, the Euro's exchange rate started to fall vis-à-vis the Dollar and, to a lesser degree, the Pound. British Eurosceptics claimed loudly that this depreciation somehow proved the foolishness of EMU. First, by how much has the Euro really fallen in value and second, does it prove that the Euro cannot work?

The weakening Euro may have been a blessing in disguise for the Eurozone. The last thing it needed in early 1999 was a 'strong' Euro hitting its exports and hampering its economic upturn. And Eurozone interest rates are low. If growth prospects in the Eurozone continue to improve, then a reversal of the trend, pushed along by the impact of the massive and still growing US trade deficit, must occur. Then, a strengthening of the Euro will no longer be a distant prospect but an unavoidable reality (John Ryan, 1999b).

The very least one can say about the Euro's supposed dramatic falls is that it offers proof that it is behaving as a normal currency, offering a reflection of diverging economic patterns and prospects. It is therefore misguided to claim that the Euro's decline somehow proved that the Euro is a flawed endeavour. The debate on the so-called weak Euro has produced many contenders for the prize for economic nonsense. The common fallacy is that a low value of the Euro on the foreign exchange markets means that it is bad currency and a high value that it is a good currency. It is not a sign of disaster if it falls; nor is it a sign of triumph when it rises. Markets can be wrong and are prone to overshooting and undershooting. But not nearly as wrong as politicians and commentators speaking from the sidelines. In future, it will be unavoidable for the Euro to alternate between being weak and strong against other currencies, including the Dollar. Ultimately, the relative strength of any currency is very much like beauty in the eyes of the beholder. It depends heavily on one's expectations. Whether a weak or a strong Euro is preferable will depend on the exchange rate exposure of a firm's operations, and in which currency it trades.

While offering advantages, an international role for a currency could also entail costs. Rights and responsibilities tend to come together. The Eurozone is likely to find that increased global influence (of the kind France has long sought) brings uncomfortable responsibilities (of the kind Germany has long appeared to want to avoid). More specifically, a substantial international role, such as that of the US Dollar, may reduce the domestic monetary control, to the extent that policy changes provoke greater capital movement and authorities have less influence over foreign holders than domestic residents.

This position dovetails perfectly with German preferences. For decades, German monetary authorities, led by the Bundesbank, systematically discouraged an inter-national role for the Deutschmark precisely for the fear of losing control. Only under heavy political pressure did the Bundesbank yield and accept international obligations such as those of the European Monetary System (EMS).

Although German views will not have changed fundamentally, the greater economic size and weight of the Eurozone should assuage their concerns. External trade is a much smaller percentage of the Eurozone economy than it was of the German economy. And to discourage and avoid a significant international role may have been just about possible for the Deutschmark; for the Euro it is no longer a realistic option.

Finally, the benefits of a global role for the Euro, lessening the Europeans' dependence on the Dollar and making its capital markets more efficient, far outweigh the possible costs.

The long-term possibilities for the Euro to play a large international role are substantial. However, the new European currency will probably grow into this role only gradually over time. There will be no precipitous displacement of the Dollar by the Euro. Depending on the integration of the European capital market, the Euro might in the long-term come to play a role that would equal that of the Dollar, not surpass it. This limiting case would nonetheless represent a significant decline in the use of the Dollar.

The potential of the Euro is undeniable; borne out by trend indicators and a seemingly inexorable logic, but its realisation will take time. Despite the loudly voiced scepticism of its detractors, the weight of the evidence convincingly supports the notion that the Euro will, over time, become a 'big' currency with a significant international role.

The consequences of the stronger international role of the Euro

But does a global role matter very much, and if so, to whom? The first positive consequence for the members of the Eurozone is that they can expect a small, but not insignificant, benefit called 'seigniorage' (the fact that anyone who holds a foreign currency banknote is in effect making an interest-free loan to the issuing central bank). For decades, foreigners have been willing to hold US currency in large quantities (the consensus estimate is around 60% of total outstanding stock). Most of that money will never return to the US or be used to purchase US merchandise. From this practice stems the best-known source of seigniorage, with its annual value to the US at 0.1% of GDP (around $20bn). Admittedly, the European challenge to US seigniorage income will not happen necessarily for the most attractive of reasons. For a long time, international drug traffickers and money launderers have dealt mainly in $100 bills. They may well switch to 500 Euro notes when these become available, as it will take far fewer notes to carry greater sums (Charles Wyplosz, 1999).

It is manifest that the Dollar's global status has allowed the US to build up massive international liabilities, both in its own currency and at lower interest rates than it would otherwise have had to pay. This advantageous routine should erode over time as Euro assets develop into a real alternative. The Euro will in time make it costlier for the United States to borrow the huge amounts of foreign capital needed to finance chronic external imbalances. The bottom line is that the price of money for the US may go up.

However, the broader and probably more important consequence is that America's freedom of manoeuvre in the macro economic sphere will be limited. To an increasing extent, the US economy and its government will be subject to the same competitive pressures as everybody else. International investors may become less forgiving of US policy mistakes. In the current American economic climate it is perhaps hard to remember, but there have been such policy mistakes in the not too distant past, such as the excessive fiscal loosening of the early 1980s.

What the Euro does is offer international investors an alternative to Dollar-denominated or US-linked assets. As Asian, South American, and indeed West European economies have found out over the past few years, if financial markets are unimpressed, they will simply take their business elsewhere. The Euro will thus impose constraints on US internal and external economic policy-making, which it has so far managed to escape. Incumbency and inertia, of course, favour the Dollar and for the time being, investors are inclined to give the Dollar and US assets the benefit of the doubt. But sources of inertia (such as home bias by institutional investors) tend to erode over time. And when that happens, the Euro and Euro-linked investments will grow into an attractive alternative.

Another consequence is that in future, the US government will be less able to manage the Dollar's exchange rate to suit its domestic circumstances – even if in the past the outcomes were not always those that were intended. Either way, other countries have often been faced with the negative side effects of US actions on the Dollar's exchange rate, while US authorities remained supremely unconcerned with the consequences of their actions. Indicative of this US stance was that 'the Dollar is our currency, but your problem'. Because the Dollar was the system's only anchor currency, the US could get away with this attitude (Randall Henning, 1996).

In 1978 the US, which had a massive trade deficit at the time, put enormous pressure on Germany to make its economy the 'locomotive' of the West by adopting a policy of strong fiscal expansion. US policy-makers added that they would do nothing to prevent the Dollar from falling against the DM if the Germans refused to comply with US demands. Predictably, the Dollar plunged from 2.50 DM in the autumn of 1976 to 1.70 DM in October 1978. Chancellor Helmut Schmidt deeply resented the US using the Dollar weapon, which consequently had hurt German exports on which Schmidt relied to keep down unemployment. He later said that the 'reckless conduct' of the US had hurt the European economy because of the Europeans' strong dependence on the Dollar.

Europeans and Americans have throughout the 1980s and 1990s repeatedly clashed over the consequences of US action or inaction in the macro-economic and monetary sphere. In each case the Americans' superior economic clout and the possibility of using the Dollar as a weapon strengthened US leverage. While the importance of this extra leverage should not be exaggerated it is true, 'to some extent, the US can exploit this asymmetry by making its policy choices in a non-coordinated fashion without suffering much from a similar behaviour of European nations.' The Euro will largely eliminate this asymmetry. It will reduce US leverage and make it harder for them to embark on 'Dollar diplomacy' (European Commission, 1990)

The Euro also means that Europeans will no longer have to struggle with the havoc that large swings in the Dollar have historically brought onto European foreign exchange markets. In the past, large swings in the Dollar often sent the German Mark into one direction and the Italian Lira and French Franc into the opposite direction, thus putting great strains on the ERM and the single market.

Naturally, the Euro will not end US economic strength and prominence, but it will act as a growing constraint. In future the Dollar, Dollar-denominated assets and the US government will have to compete and therefore live by the same rules as everybody else. They will no longer be in a class of their own. Furthermore, the 'big' Euro scenario strongly supports the notion that the Europeans' dependence on the Dollar will decline. Accordingly, they will recapture collectively a degree of sovereignty previously lost.

Sharper rivalry or renewed partnership?

For many, the Euro has always been about more than 'just' money. It was also aimed, in part, at European self-assertion. As intellectual authors of the project, the French have of course expressed this sentiment most clearly. For most French politicians, the Euro has always had a geo-strategic rationale. Never convinced of the British view of politics as the art of pragmatic, organised adaptation to external change, the French maintain that the Euro also serves a purpose. Accordingly, the Euro is a tool for change, not merely an answer to it. The arrival of the Euro has 'a rebalancing virtue' in the global game dominated by the Dollar. French politicians habitually describe the Euro as the manifestation of Europe's common destiny. The Euro is therefore seen as an instrument to fulfil that old dream of a Europe as a power.

Uncertainty, complexity and paradoxes surround the Euro like any ambitious political project. All the same, it is fitting and right to ask whether the Euro is, on balance, a help or hindrance to effective transatlantic cooperation. To answer this, let us look at what the dominant American view is at a broader, power-political level.

An important proviso must be that few American policy-makers have thought about the Euro at all. US attitudes to the Euro have followed a familiar pattern for those who have followed US perceptions of EU affairs in general. First inattention, then assertions that it cannot succeed, then warnings of danger once success appears imminent. Before January 1998 people said: 'it will never happen'. By the summer of 1998 it had become: this will never work. Only from January 1999 onwards did people ask, is this good for the US? Moreover, it is also striking that the foreign policy strategists and security people are still largely absent from the debate, preferring to ignore the Euro altogether. Consequently, the debate, such as it is, has been dominated, and its terms set, by the US Treasury (John Ryan, 1999a).

US Treasury thinking actually consists of two tendencies. On the one hand, there is considerable scepticism whether the Euro can function in the absence of regional transfers and with existing levels of limited labour mobility. It is the familiar mantra of the neo-liberal school. The catch phrase one hears at the US Treasury is that the jury is still out on whether the Euro will be successful. On the other hand, there is the strand, which says that what is good for Europe is also good for the US. While true at a metaphysical level, this is also somewhat banal. After all the Euro raises important policy challenges. It is also doubtful whether this attitude is 100 percent sincere (Noah Barkin & Adam Fox, 1998).

For decades, the US position on European integration has suffered from a degree of schizophrenia. To acknowledge this is not to indulge in anti-American rhetoric. Many Americans themselves recognise that whilst American governments have supported the idea of European integration from the beginning, they have simultaneously reverted to a policy of divide and rule when expedient.

US leaders have often voiced their frustration at the slow pace of the integration process and the unwieldy institutional arrangements of Brussels. 'Why can't they simply become like us?' was its underlying and deeply historical exhortation. However, if and when a single European voice did eventually come about and then said something of which Washington disapproved, America's reaction would invariably blend surprise with indignant disapproval. US attitudes towards Europe's economic integration have, for some time now, veered between proclamations of Europe's decline to complaints of European threats to American interests.

The Euro will not, cannot change this underlying ambivalence and ambiguity. So, we will continue to hear that the Euro cannot work, that it is a distraction (from EU enlargement or from structural reform), that the Euro is a threat to US interests and 'leadership', but that it is also a positive if belated step towards unification, which will strengthen the Alliance. Eurozone should shrug off the first three responses and seize upon the fourth as a basis for boosting transatlantic relations.

It is a commonplace that the Euro reflects a new stage in the desire to build the EU into an economic and financial equal to the US. Its success will mean 'freeing Europe from disadvantageous subordination to the dollar and subjecting the US, finally, to some of the same financial discipline which it hitherto escaped.' On that point, Europeans and Americans can agree (Peter Rodman, 1999).

The US, or rather the supposed need to balance American preponderance, played no salient role in the calculations of Europe's leaders in that crucial phase. Therefore, this charge of the Euro being anti-American in its origins and objectives is misplaced. American conservatives who nonetheless insist on this flawed argument should remember that it could, if repeated often enough, become a self-fulfilling prophecy.

Instead, the US should drop the paranoia and ambivalence and welcome Europe as a truly equal partner. Real allies are rare in today's world and on the grand strategic issues, the Europeans are closer to the US and have more diplomatic and economic clout to offer than any other country or group of countries. 'The Europeans – with all their evident flaws and weaknesses – are the US' only dependable partners, sharing America's values and burdens' (William Wallace and Jan Zielonka, 1998).

If and when Europe is recognized for what it is, it also becomes evident that more respect for European views in Washington D.C. is desirable. This means less boasting about alleged or real US successes and less US lecturing on Europe's actual or imagined defects. This self-satisfaction may be excessive in light of the less than impressive US record on crime, healthcare and social cohesion. But it is particularly hard to combine with incessant American emphasis that it can no longer bear the economic burden of global responsibilities and that Europe should pay more.

The Euro is making Europe more coherent. If handled well, it could empower Europe's leaders, reducing their dependence on the Dollar and regaining for them collectively a margin of manoeuvre they had each lost individually. It will force the Americans to take European preferences and positions more seriously. Not immediately, that is true, but the trends clearly favour this prediction.

An acceptance of this trend towards broad economic equality is needed to put transatlantic relations on a firmer, more sustainable footing. Officials and ministers will also have to resist the tendency to react mainly in an ad-hoc manner, devoting enormous attention to minutiae but none to common strategy. Bergsten has rightly observed that there is certainly no dearth of meetings. The governments have been quite adept at declaring the launch of new transatlantic „dialogues", „partnerships", and „marketplaces", but the fundamental problems remain unresolved (Fred Bergsten, 1999).

Those commentators and politicians that expect or hope that the Euro will finally determine whether the Europeans and Americans really are partners or rivals are in for a disappointment.

The Euro will not end the trend whereby US-European relations are typified by a curious blend of cooperation and competition. Indeed, it is probable that a bumpy ride will precede the establishment of a new transatlantic bargain. However, for at least three reasons the Euro should, on balance, be help and not a hindrance to transatlantic cooperation.

- By promoting the creation of a European capital market and by boosting the processes of innovation and reform, the Euro will strengthen the European economy. And a stronger European economy ultimately means a larger market for US exports and investments (John Ryan, 2000).

- By empowering the Eurozone, the Euro will make the Europeans a potentially more influential global actor. For Americans that want to share the burden of managing the global economy, the Eurozone is their most logical ally.

- By removing the need for 'Dollar-envy', the Euro is eliminating an underlying cause of resentment. The Euro will thus help put US-European relations on a more balanced and therefore healthier and more sustainable basis.

Policy recommendations

European governments and EU institutions should implement a number of concrete measures and innovations to ensure that the Euro ushers in an era of greater international cooperation, not one of missed opportunities. Some of these specifics are listed below.

But first, a more general point needs to be made. It is tempting to see the strategic implications of the Euro as the belated fulfilment of an old desire: the end of the EU as the proverbial political pygmy for which it has been derided so frequently. Some might view the Euro as a tool for the EU to enter the global arena of power politics. It is about time, they might say, that at last the EU can start behaving in a great power manner.

The Euro is partly about European self-assertion. Non-Europeans are bound to take the EU more seriously as a result. Yet, the Europeans should not attempt to exercise power in a blunt manner. Instead, they should avoid unilateralist temptations, and stand up for multilateralist cooperation based on international norms.

The reasons for this recommendation are based on recognition that the EU's history and system of governance make it ill-suited to play power politics in a way that the US can and does. The EU means pluralism writ large. This makes for slow decision-making and a curious dispersion of power that can have awkward consequences. But the benefits are that it avoids extremism and promotes predictability. Rather than being just a weakness, this idiosyncrasy should be harnessed towards a grander objective.

For the foreseeable future, it is more likely to be successful with rewards and incentives than with threats and punishments. It should certainly be adamant, but should be so most of all in the promotion of international law and norms. Examples of the EU successfully following this approach include its stance in the negotiations at the UN Kyoto conference on climate change and those establishing the International Criminal Court.

This is not a plea against ambition or in favour of abdicating responsibilities. But the EU should play to its strengths rather than chase possibly harmful chimeras. And if successful, this role will offer significant benefits to Europeans and non-Europeans alike. It will also contrast with US boasts about being the world's 'indispensable' nation – implying that other countries all are dispensable.

There are also a number of more specific recommendations that follow from, or have been developed in, the preceding analysis.

On international financial and monetary issues:

- To give greater strength and credibility to European positions in financial and monetary affairs, a single political point of contact needs to be established: someone who can speak officially for the Eurozone with other political authorities. This person, perhaps called Mr Eurozone, should be chosen by unanimity by the finance ministers of the Eurozone and be based in the Council of Ministers secretariat. He should be given a mandate to negotiate informal international monetary and financial agreements, which should then be quickly ratified (or rejected) by the Euro-12. Consequently, the Euro-12 should be given the right to take decisions on the internal and external functioning of the Euro.

- National and European officials, including the ECB, should work together more closely with the private sector to create a seamless European capital market that can rival the American market in depth, width and liquidity. To create such a vast European capital market with lower transaction costs, more harmonisation of accountancy standards, listing requirements and regulatory frameworks are required. Serious consideration should also be given to proposals to create a single European regulator along the lines of America's Securities and Exchange Commission. This EURO-SEC would end the existing complexity of fifteen different national regulators.

On foreign relations and a recast transatlantic relationship:

The Euro is set to raise Europe's global role and influence in fields that lie outside the Eurozone's direct remit. European leaders, with the exception of the French, have thus far preferred to side step this development. But this attitude is unsustainable. Avoidance and delay in coming to terms with the Euro's effects on foreign policies at national and EU level are no longer acceptable postures.

- Great care and attention will have to be paid to policy coordination to ensure that Europe's economic, financial, political and security relations with the rest of the world are coherent and streamlined. The most important forum to achieve this co-ordination is the European Council. But it will also be beneficial to have joint Euro-12 meetings attended by both finance and foreign ministers. „Mr CFSP" could also attend some of these joint meetings. Expected objections from the Euro outs should be taken seriously, but not constitute a veto.

- To ensure that the costs of the US troop presence in Western Europe does not compound the divisive burden-sharing debate; some consideration should be given to sharing the hedging costs that may have become necessary following the introduction of the Euro. The main reason is that such an offer could assuage some of the concerns of security analysts – at very little costs to the Europeans. If it matters to the US then this could be an area where the Europeans could make a concession for the greater good of a stronger transatlantic relationship. But these concerns should not be exaggerated as the number of troops and hence the associated exchange rate risks have fallen dramatically. Also, the Europeans should not be blackmailed into making greater financial contributions that may follow from negligent financial management on the part of the US. The Europeans can also point out that they already contribute more than their fair share under a broader definition of Alliance burden sharing (one that for instance includes their far greater economic assistance to Russia, Eastern Europe, the Middle East, Africa and Asia).

At an overall level, the Euro calls for a more balanced US-European relationship where consultation and communication is a genuine two-way street. Concretely, this means a rethinking of the US attitude whereby it expects to 'lead' when it comes to determining policy, but simultaneously expects European acquiescence and financial largesse (examples include Kosovo or the Middle East). What is needed, and what the

Europeans are interested in, is a genuine transatlantic partnership. But this would mean an end to the unspoken assumption in Washington that it will be a partnership on American terms.

The Euro will empower Europeans and make them a stronger bargaining partner. Hence in terms of broad policy attitude, it seems that most of the – sobering – adjustment process will fall on American shoulders. However, also the Europeans need to change. They must realise, more than most do at the moment, which with increased global influence come greater responsibilities. The claim that the EU will become a more active and influential power will have to be backed up by deeds. If not, the risks of disappointment and cynicism on the part of the EU's partners including the US are serious indeed.

Finally, a more balanced relationship does not need grandiose new institutions or blueprints. The cooperative mechanisms are there, but they need to be made to work better. To do so, both Americans and Europeans need to realise that they need to address their problems and not take for granted the transatlantic partnership.

Bibliography

Noah Barkin and Adam Cox (Ed.), 'EMU Explained – The Impact of the Euro', Kogan Page, 1998, 2nd Edition

Fred Bergsten, 'America and Europe: Clash of the Titans?', Foreign Affairs, March-April, 1999

European Commission, 'One Market, One Money, October 1990

Randall Henning, 'Europe's Monetary Union and the United States', Foreign Policy, 102, Spring 1996

Henry Kissinger, The White House Years, Little Brown and Co, 1988

Peter Rodman, 'Drifting Apart? Trends in US-European relations', the Nixon Center, June 1999

John Ryan, 'Conflict or Co-operation: Euroland and the United States' in PA/Deutsche Telekom Euro Partnership Seminar, 1.10.1999a, Bonn

John Ryan, 'Weak Euro has been a blessing in disguise' in Irish Times 3.12.99b

John Ryan, 'The Euro & European Capital Markets' in Irish Times 21.1.2000

John Ryan, 'Blair Maintains pragmatic approach to Euro' in Irish Times, 20.7.2001

William Wallace and Jan Zielonka, 'Misunderstanding Europe', Foreign Affairs, November-December 1998

Charles Wyplosz in: Jean Demine and Pierre Hillion (Editors), 'European Capital Markets with a Single Currency' Oxford University Press, 1999

Ingo Juchler

Bürgerschaftliche Kompetenzen und Demokratie im transatlantischen Vergleich

Einführung

Die Implosion des Sowjetimperiums ermöglichte in den ehemals sozialistischen Staaten Mittel- und Osteuropas gegenwärtig noch andauernde demokratische Transformationsprozesse, was als „dritte Demokratisierungswelle" (Huntington 1993) im Weltmaßstab verzeichnet wurde und euphorische Stimmen veranlasste, bereits vom „Ende der Geschichte" (Fukuyama 1992) zu sprechen. Gleichzeitig jedoch werden zusehends auch Kassandrarufe hörbar, die, nach dem Wegfall der äußeren Bedrohung westlicher Demokratien durch das Ende des Ost-West-Konflikts, nun vor einer schleichenden intrinsischen Auszehrung der demokratischen Staats- und Regierungsform warnen (Putnam 1995, Weidenfeld 1996).

Diesseits wie jenseits des Atlantiks sucht man diesen Fährnissen durch demokratietheoretische Überlegungen hinsichtlich der Ausweitung politischer Beteiligungsmöglichkeiten der Bürgerinnen und Bürger zu begegnen. Ich werde deshalb in einem ersten Schritt diesen Überlegungen von Seiten der politischen Philosophie und der Politikwissenschaft im Hinblick auf deren Bedeutung für bürgerschaftliche Kompetenzanforderungen nachgehen. Sodann werde ich die gegenwärtig reale Ausprägung bürgerschaftlicher Kompetenzen anhand empirischer Untersuchungen vorstellen, um schließlich, drittens, die Anforderungen des demokratischen Staats- und Regierungssystems an die politischen Kompetenzen seiner Bürgerinnen und Bürger darzulegen.

I. Modelle der politischen Philosophie und der Politikwissenschaft

Unter den Vertretern der Forderung eines Mehr an partizipatorischer Demokratie gilt Benjamin Barbers *Strong Democracy* bereits heute als Klassiker. Barber kritisiert darin das für die amerikanische wie für die deutsche Demokratie charakteristische Prinzip der Repräsentation, da dieses mit Gleichheit unvereinbar sei: „Eine Gleichheit, die ausschließlich als abstraktes Personsein oder als rechtliche Gleichstellung bzw. allgemeines Wahlrecht gefasst ist, verliert jene entscheidenden ökonomischen und gesellschaftlichen Bedingungen aus dem Blick, unter denen Gleichheit überhaupt konkret verwirklicht wird." (Barber 1994: 139) Barber geht mithin über die bis zur athenischen Demokratie zurückführende Unterscheidung von pólis und oikos hinaus. In dem antiken Stadtstaat war die kardinale Differenzierung zwischen dem Bereich der pólis (eigentlich „Stadt", nun Politik bzw. Staat) und dem Bereich des oikos (eigentlich „Haus", hier die einzelnen Haushalte) mit der politischen Gleichberechtigung (Isonomie) eingeführt worden. Im Bereich des Politischen waren die athenischen Bürger nun gleich im Hinblick auf gleichberechtigte Partizipationsrechte an den Belangen der pólis, während im Bereich des oikos die vorhandenen sozialen Unterschiede fortbestanden. Hannah Arendt gelangte in ihrer 1958 erschienen Arbeit *The Human Condition* in diesem Kontext zu dem Schluss: „Die Polis unterschied sich von dem Haushaltsbereich dadurch, dass es in ihr nur Gleiche gab, während die Haushaltsordnung auf Ungleichheit geradezu beruhte." (Arendt 1985: 34)

Diese Unterscheidung zwischen pólis und oikos, wonach politische Gleichheit als demokratisches Prinzip nur im Bereich des Politischen gelten kann, ist auch für die heutige Demokratie konstitutiv. Wilhelm Hennis konstatiert hierzu: „Wenn dem Begriff der Demokratie unverzichtbar Freiheit und Gleichheit zugeordnet sind, diese außerhalb des Bereichs der Liebe und der Freundschaft nur im politischen Raum erfüllbar sind, so stehen (...) seiner Übertragung auf vor- und nichtpolitische Bereiche unüberbrückbare Hemmnisse entgegen."[85]

Obwohl Barber die für die athenische Demokratie wie für die heutige parlamentarisch-repräsentative Demokratie kardinale Differenzierung zwischen pólis und oikos ablehnt, stellt er doch die von ihm vorgestellte „starke Demokratie" in die Tradition der „klassischen Demokratietheorie" (Barber 1994: 100). „Starke Demokratie", so Barbers begriffliche Bestimmung in Abgrenzung zur als „magere" bzw. „schwache" Demokratie apostrophierten repräsentativen Staats- und Regierungsform, „ist eine entschieden moderne Form partizipatorischer Demokratie" (Barber 1994: 99) – „sie ist buchstäblich die Selbstregierung der Bürger, keine stellvertretende Regierung, die im Namen der Bürger handelt. Tätige Bürger regieren sich unmittelbar selbst, nicht notwendigerweise auf jeder Ebene und jederzeit, aber ausreichend häufig und insbesondere dann, wenn über grundlegende Maßnahmen entschieden und bedeutende Macht entfaltet wird." (Barber 1999: 146). Barber lehnt deshalb das Prinzip der Repräsentation ab, es sei mit „Freiheit unvereinbar, da der politische Wille zum Schaden echter Selbstregierung und Selbstbestimmung delegiert, mithin veräußert wird", und er bezieht sich in diesem Zusammenhang explizit auf Jean-Jacques Rousseaus *Contract Social* (Barber 1994: 139).

Diese Selbstregierung des Demos soll nach Barber durch Institutionen gewährleistet werden, die eine „dauerhafte Beteiligung der Bürger an der Festlegung der Tagesordnung, der Beratung, Gesetzgebung und Durchführung von Maßnahmen (in der Form ‚gemeinsamer Arbeit') erleichtern" (Barber 1994: 146). Als derartige Institutionalisierungsformen nennt Barber etwa „Nachbarschaftsversammlungen", „Fernseh-Bürgerversammlungen und eine Kommunikationsgenossenschaft der Bürger" sowie die „Erziehung zum Staatsbürger und Information für alle" durch „Videotext für Staatsbür-

---

85 Wilhelm Hennis führt in diesem Zusammenhang Franz Neumann an, der die Unterscheidung von pólis und oikos für den Bereich der Wirtschaft wie folgt verdeutlichte: „Andere wollen bescheidener die ‚politische' Demokratie in eine ‚Wirtschaftsdemokratie' verwandeln, oder wenigstens in Wirtschaftsunternehmen und Behörden ‚demokratische Prinzipien' einführen. Sie übersehen jedoch, dass die Theorie der Demokratie nur für den Staat und seine territorialen Untergliederungen gilt, niemals hingegen für eine spezifische Funktion. Es gibt nur eine Demokratie, die politische Demokratie, hier allein können die Grundsätze der Gleichheit wirksam werden." Hennis zitiert nach Franz Neumann: Zum Begriff der politischen Freiheit, in: Franz Neumann: Demokratischer und autoritärer Staat. Studien zur politischen Theorie, Frankfurt/M. 1967, S. 131.

ger". Partizipatorische Entscheidungsprozesse sollen erreicht werden beispielsweise durch nationale Volksbegehrens- und Volksabstimmungsverfahren sowie durch elektronische Abstimmungen (Barber 1994: 241 ff.).

Die von Barber präferierten diskursiven Verfahren der Selbstgesetzgebung und Gemeinschaftsbildung erweisen sich allerdings als äußerst voraussetzungsvoll im Hinblick auf die *bürgerschaftlichen Kompetenzen* des daran partizipierenden Demos:

„Alle Überzeugungen und Meinungen der Individuen erhalten den gleichen Startplatz, und Rechtfertigung ist an das gebunden, was den Überzeugungen und Meinungen im Verlauf der öffentlichen Rede und des öffentlichen Handelns widerfährt (...). Partizipatorische Politik wählt nicht zwischen Werten aus oder bestätigt allein Werte, deren Rechtfertigung bereits feststeht. Sie zwingt Vorlieben und Meinungen dazu, ihre Legitimation erst zu erwerben, indem sie sie durch die öffentliche Beratung und das öffentliche Urteil Spießruten laufen lässt. Am Ende gehen Vorlieben und Meinungen aus solchen Prozessen nicht einfach als gerechtfertigte, sondern als verwandelte hervor." (Barber 1994: 126 f.)

Derart hohe Ansprüche an die bürgerschaftlichen Kompetenzen des Demos sind auch normativen Modellen einer partizipatorischen Demokratie in der bundesdeutschen Theoriediskussion inhärent. Hier sind insbesondere die Überlegungen von Jürgen Habermas im Rahmen seiner Diskurstheorie von maßgeblicher Bedeutung. Habermas macht dabei in Ergänzung zu liberalen und republikanischen Auffassungen den „Verfahrensbegriff der deliberativen Politik zum normativen Kernstück der Demokratietheorie" (Habermas 1996: 285). Deliberative Politik wiederum basiert insbesondere auf einem „Netzwerk von Diskursen und Verhandlungen, das die rationale Lösung pragmatischer, moralischer und ethischer Fragen ermöglichen soll" (Habermas 1998: 388 f.). Hinsichtlich der Frage, wo und wie die Verfahren deliberativer Politik in einer komplexen Gesellschaft umgesetzt werden können, greift Habermas auf Untersuchungen von Robert A. Dahl zurück. Dieser hatte als ein wesentliches Kriterium für einen demokratischen Prozess der Willensbildung festgestellt:

„Each citizen ought to have adequate and equal opportunities for discovering and validating (...) the choice on the matter to be decided that would be best serve the citizen's interests. (...) Insofar as a citizen's good or interests requires attention to a public good or general interest, then citizens ought to have the opportunity to acquire an understanding of these matters. " (Dahl 1989: 112)

Damit wertet Dahl – und mit ihm Habermas – die politische Bildung als ein entscheidendes Kriterium für eine etwaige partizipatorische Entwicklung der Demokratie. „Den wichtigsten *Engpass* für Demokratisierungsfortschritte über das heute erreichte Niveau hinaus", so Habermas in diesem Kontext weiter, „sieht Dahl in einer Abschottung des politischen Steuerungswissens, welche die Staatsbürger daran hindert, das politisch erforderliche Expertenwissen für die Bildung eigener Meinungen zu nutzen." (Habermas 1998: 385) Diese Lücke zwischen Expertenwissen und dem Wissen der Staatsbürger sieht Dahl allerdings mit den Möglichkeiten der modernen Telekommunikation prinzipiell als behebbar an, denn heute sei es technisch möglich

„ - to ensure that information about the political agenda, appropriate in level and form, and accurately reflecting the best knowledge available, is easily and universally accessible to all citizens,

- to create easily available and universally accessible opportunities to all citizens,
- to influence the subjects on which the information above is available,
- and to participate in a relevant way in political discussions. " (Dahl 1989: 338)

Zur Umsetzung seines deliberativen Politikkonzepts schlägt Dahl in der Folge die Bildung eines „minipopulus" von etwa eintausend Bürgerinnen und Bürgern vor, die sich auch mit Hilfe der Telekommunikation austauschen und zur Entscheidungsfindung hinsichtlich jeweils vorgegebener Sachfragen gelangen sollten (Dahl 1989: 340).[86]

Auf derart konkrete Vorschläge zu deliberativen Verfahrensweisen verweist Habermas nicht. Doch stehen seine diskurstheoretischen Überlegungen gleichfalls in einem engen Zusammenhang mit Ideen zur Zivilgesellschaft. In seiner Untersuchung zur „Rolle von Zivilgesellschaft und politischer Öffentlichkeit" kam Habermas zu der Feststellung: „Den Kern der Zivilgesellschaft bildet ein Assoziationswesen, das problemlösende Diskurse zu Fragen allgemeinen Interesses im Rahmen veranstalteter Öffentlichkeiten institutionalisiert. Diese ‚diskursiven Designs' spiegeln in ihren egalitären und offenen Organisationsformen wesentliche Züge der Art von Kommunikation, um die sie sich kristallisieren und der sie Kontinuität und Dauer verleihen." (Habermas 1998: 443 f.)

Das von Jürgen Habermas vertretene normative Konzept deliberativer Politik als Verfahren für die politische Selbstbestimmung der Bürgerinnen und Bürger war und ist für die demokratietheoretische Diskussion nicht nur in Deutschland von besonderer Relevanz. Eine der jüngeren Arbeiten, die sich in Deutschland explizit auf Habermas bezieht und dessen partizipatorisches Konzept zu konkretisieren sucht, stellt die *Reflexive Demokratie* von Rainer Schmalz-Bruns dar. Die damit verbundene Intention bringt Schmalz-Bruns in der Einleitung seiner Arbeit prägnant zum Ausdruck, indem er erklärt, den Versuch zu unternehmen, „die Bedingungen und Chancen einer assoziationspolitisch und zivilgesellschaftlich – kurz: radikaldemokratisch – gerichteten Reform der politischen Institutionen der repräsentativen Demokratie zu sondieren und ein Stück weit zu konkretisieren, ohne damit lediglich der unbedingten Forderung nach einer Generalisierung partizipatorischer Formen erneut das Wort reden zu wollen" (Schmalz-Bruns 1995: 17). Dabei entwickelt Schmalz-Bruns, ausgehend von der Idee

---

86 In der Fortführung seiner Arbeiten verdeutlicht Dahl darüber hinaus, in welchen Bereichen er Verbesserungsmöglichkeiten für das demokratische Leben in kleineren Gemeinden sieht: „The larger scale of decisions need not lead inevitability to a widening sense of powerlessness, provided citizens can exercise significant control over decisions on the smaller scale of matters important in their daily lives: education, public health, town and city planning, the supply and quality of the local public sector from streets and lighting to parks and playgrounds, and the like." Robert A. Dahl: A Democratic Dilemma: System Effectiveness versus Citizen Participation, in: Political Science Quarterly, Vol. 109, 1994, No. 1, S. 33.

deliberativer Politik, ein „Projekt der reflexiven Demokratie" als Fortsetzung bzw. Weiterentwicklung der derzeit bestehenden Demokratie. Bei der Konturierung der projektierten reflexiven Demokratie geht Schmalz-Bruns davon aus, dass einerseits die repräsentativen Organisationsformen „aus Gründen der politischen Gleichheit und der Effektivität" nicht einfach durch direktdemokratische Formen ersetzt werden könnten und „durch die Mediatisierung der Staatsbürger andererseits auch jene Ressourcen zunehmend verschüttet wurden, auf die man für Zwecke einer gesellschaftlich vermittelten Rationalisierung der Politik dringend angewiesen ist". Deshalb müssten „Perspektiven entwickelt werden, die es erlauben, die Demokratie zwischen den Klippen einer blass und unplausibel gewordenen elitären Demokratie einerseits und einer mit unrealistischen Erwartungen zu einem verbindlichen Formprinzip generalisierten Modell direkter Demokratie hindurchzuführen. Die Antwort auf das damit gestellte Problem liegt nun im Kern in der Radikalisierung und Erweiterung des reflexiven Mechanismus aufeinander bezogener, arbeitsteiliger Prozesse der Gesetzgebung, Regierung und Rechtsprechung, wie er im Modell der horizontalen und vertikalen Gewalten-Teilung und -Verschränkung bereits vorgebildet ist." (Schmalz-Bruns 1995: 161)

Ein grundlegendes Problem dieses – wie Schmalz-Bruns selbst einräumt – relativ anspruchsvollen Modells (Schmalz-Bruns 1995: 232) partizipatorischer Demokratie besteht allerdings in den *politischen* Kompetenzen, welche das Konzept der reflexiven Demokratie bei den Bürgerinnen und Bürgern voraussetzt. Schmalz-Bruns legt selbst den Finger in diese Wunde jedweden Modells partizipatorischer Demokratie, wenn er in seiner Einleitung feststellt, diese Modelle würden Zweifel vor allem mit Blick auf die steigenden „Anforderungen an die Kompetenz, das Engagement und die moralischen Einstellungen des Bürgers" hervorrufen. Gesucht sei deshalb ein Modell, „das flexibel auf flottierende Teilhabeansprüche reagieren kann, zugleich aber einen stabilen Kristallisationskern für erweiterte Teilhabeforderungen ausbildet und diese effektiv und effizient zu kanalisieren vermag" (Schmalz-Bruns 1995: 21). In Anlehnung an Claus Offe und Robert A. Dahl gelangt Schmalz-Bruns deshalb zu dem Schluss, dass nicht die „umfassende Kompetenz" der Bürgerinnen und Bürger in allen Sachfragen gefordert sei, „sondern vielmehr die reflexive Kompetenz, sich fallweise über die Grenze der eigenen Leistungsfähigkeit und Zuständigkeit aufzuklären" (Schmalz-Bruns 1995: 221). Damit würden unrealistischen Erwartungen an den Beteiligungswillen sowie an die zeitlichen und sachlichen Ressourcen des Demos, wie sie bei Formen generalisierter Partizipation auftreten, Rechnung getragen – statt dessen fungieren in dem Modell von Schmalz-Bruns die verschiedenen policies als „Kristallisationskerne", an die sich „fallweise Beteiligungswünsche und ein öffentliches Engagement der Staatsbürger effektiv anlagern können" (Schmalz-Bruns 1995: 231).

Hinsichtlich der demokratietheoretisch wie politikdidaktisch ungemein wichtigen Frage, auf welche Weise die für das partizipatorische Demokratiemodell essentiellen politischen Kompetenzen bei den Bürgerinnen und Bürgern erzeugt werden können, verweist Schmalz-Bruns auf die „*Selbstverbesserungsthese*": Danach lassen sich, so Schmalz-Bruns, „zumindest theoretisch gute Gründe für die Vermutung" finden, dass „im Zuge einer weitergehenden Demokratisierung der politischen Willensbildungs-

und Entscheidungsverfahren nicht nur die Ansprüche an die moralischen und kognitiven Kompetenzen der Beteiligten wachsen, sondern dass eine breitere und effektivere Institutionalisierung diskursiver Praktiken im Zusammenhang eines deliberativ orientieren Modells politischer Entscheidung zugleich in der Lage sein sollte, diese Ansprüche aufzufangen, weil sie die Bedingungen verbessert, unter denen sich die geforderten Kompetenzen aktualisieren lassen und reproduzieren können". (Schmalz-Bruns 1995: 200).

Ob die „Selbstverbesserungsthese" in der politischen Wirklichkeit tatsächlich bestehen kann, ist allerdings derzeit noch offen. Mark E. Warren kommt in diesem Zusammenhang zu dem Schluss:

„Radical democrats hold that individuals will respond positively to political opportunities when they are empowered to decide things that matter and that these responses generate desirable effects on individuals, political culture, and political institutions. To be sure, we still don't know whether democratic opportunities would evoke such responses, because in today's societies the domain of democracy is narrow, empowerment is limited, and opportunities to make a difference in the course of everyday life are rare. The relationship between political engagements and outcomes is too remote to know whether the hopes of radical democrats hold good." (Warren 1996: 266)

Entsprechend räumen Ansgar Klein und Rainer Schmalz-Bruns an anderer Stelle ein, dass es sich bei der Frage nach der adäquaten Qualifikation des Demos für die politische Teilhabe sowie nach den qualifizierenden Wirkungen des demokratischen Prozesses nach wie vor um ein Desideratum handelt, wenn auch die Beantwortung dieser Frage „zweifellos zu den wichtigen Aufgaben einer Demokratietheorie" zählt (Klein/Schmalz-Bruns 1997: 11).

II. Empirische Befunde

Wie ist es realiter um die bürgerschaftlichen Kompetenzen des Demos diesseits und jenseits des Atlantiks bestellt? Bürgerschaftliche Kompetenzen sind zunächst insbesondere in die Bereiche politisch-kognitive Kompetenzen und habituelle Dispositionen zu differenzieren. Letztgenannte Bürgerqualifikationen beziehen sich auf politische Tugendkompetenzen und sind gemeinsinnorientiert, affektiv verankert sowie handlungsmotivierend (Buchstein 1996: 302). Prägende Wirkungen für habituelle politische Dispositionen lassen sich insbesondere durch die Mitgliedschaft in Vereinen feststellen, und diese sind zusammen mit den „Spill-over-Wirkungen" in andere Bereiche als positiver Beitrag zur Qualität des demokratischen Staatshandelns zu bewerten (Offe/Fuchs 2001: 490). Ich werde mich im Folgenden allerdings auf den Bereich der politisch-kognitiven Kompetenzen konzentrieren, da diese zwar die elementare Grundlage für jedwede demokratische Staats- und Regierungsform bilden, entsprechend der jeweiligen Gestaltung der Demokratie jedoch unterschiedlich zu gewichten sind.

Empirische Untersuchungen legen zur derzeitigen Beschaffenheit politisch-kognitiver Kompetenzen ein eher ernüchterndes Zeugnis ab. So gelangt Werner J. Patzelt für die Situation in Deutschland zu dem Ergebnis, dass dem „Souverän" eine „bessere Aufklärung nicht schaden" könnte, denn der allgemeine Bezugsrahmen des Verständnisses von Parlament und Abgeordneten stamme offenbar aus dem Konstitutionalismus und Frühparlamentarismus. Als Folge dieses Missverständnisses richteten die Bürgerinnen und Bürger an die Parlamente oft „inadäquate Erwartungen", und, würden diese enttäuscht, beurteilten sie dies als Fehlleistung und gründeten darauf ungerechtfertigte Vorwürfe (Patzelt 1996: 320). Es bestehe ein Konflikt zwischen der tatsächlichen Funktionsweise des verfassungsmäßigen parlamentarischen Regierungssystems und den Vorstellungen, anhand derer die Bürgerinnen und Bürger beurteilten, ob das Regierungssystem ordnungsgemäß funktioniere. Deshalb, so Patzelts Schlussfolgerung, leide Deutschland an einem latenten „Verfassungskonflikt", der als grundsätzliches Problem unserer politischen Kultur bislang ignoriert wurde. (Patzelt: 1998: 728). In seiner Schlussfolgerung gelangt Patzelt folglich zu der Warnung: „Selbst unbegründete Vorwürfe führen zu wirklicher Verdrossenheit, auch Missverständnisse wirken entlegitimierend. Das gibt einesteils besten Humus für wuchernden Radikalismus. Anderteils öffnet sich so das Tor für die Suche nach grundsätzlichen Alternativen. Statt Bewährtes zu verbessern, werden riskante Reformvorschläge populär. Doch schon manche Gesundheit wurde ruiniert, weil man eingebildete Krankheiten therapierte" (Patzelt 2001: 9). Patzelt fordert als Konsequenz seiner Untersuchungsergebnisse eine intensivere politische Bildungsarbeit vor allem in den Schulen und in der massenmedialen Berichterstattung.

Die Bedeutung politischer Bildungsarbeit für ein adäquates Verständnis der Bürgerinnen und Bürger hinsichtlich der demokratischen Staats- und Regierungsform lässt sich gleichfalls empirisch nachweisen. So gelangten Kai Arzheimer und Markus Klein bei ihren Untersuchungen zu gesellschaftspolitischen Wertorientierungen und Staatszielvorstellungen allgemein zu dem Ergebnis, wonach die Idee der Demokratie von Bürgerinnen und Bürgern aller Altersgruppen mit Hochschulreife deutlich höher geschätzt werde als von weniger gut gebildeten Jugendlichen und jungen Erwachsenen. Letztgenannte „scheinen sich eher mit der Vorstellung einer Diktatur anfreunden zu können", für sie stelle Demokratie offensichtlich keinen absoluten Wert dar (Arzheimer/Klein 2000: 383 f.). Die Valenz von Bildungseffekten für die Einstellung der Bürgerinnen und Bürger zur demokratischen Staats- und Regierungsform allgemein wie zu unserer parlamentarisch-repräsentativen Ausprägung im Besonderen ist somit evident. Diese Ergebnisse korrespondieren mit vergleichbaren Befunden in den Vereinigten Staaten (Delli Carpini/Keeter 1996: 277 f.).

III. Resümee: Kompetenzanforderungen

Die Bedeutung eines adäquaten Verständnisses der Bürgerinnen und Bürger hinsichtlich ihrer Demokratie hat Giovanni Sartori beispielhaft mit der Feststellung hervorgehoben: „Unter den Bedingungen der Demokratie wird am wenigsten beachtet, dass falsche Vorstellungen von ihr eine Demokratie auf die falsche Bahn führen." (Sartori 1997: 11). Ein falsches Verständnis der Bürgerinnen und Bürger bezüglich der eigenen demokratischen Staats- und Regierungsform kann mithin zu dysfunktionalen Veränderungen derselben führen, wachsende Spannungen zwischen einem wie auch immer gestalteten Ideal der Demokratie und deren realen Ausprägung vermögen die Stabilität der Demokratie zu unterminieren (Norris 1999: 257) – die eingangs angeführte Gefahr der intrinsischen Auszehrung der Demokratie wird hier augenfällig.

Bietet allerdings die von Demokratietheoretikern diesseits und jenseits des Atlantiks vorgeschlagene Erweiterung oder Transformation der repräsentativen Demokratie eine angemessene Antwort auf diese Gefahr? Die oben dargelegten Ergebnisse empirischer Untersuchungen verweisen darauf, dass hinsichtlich der Vermittlung politischer Kompetenzen bei der Verständnis unserer gegenwärtigen repräsentativen Demokratie noch ein Nachholbedarf besteht. Die Bildungsbemühungen müssten bei der Einführung direktdemokratischer Verfahren demgegenüber noch ungleich höher sein, um den gesteigerten Anforderungen an die politischen Kompetenzen der Bürgerinnen und Bürger in einer partizipatorischen Demokratie gerecht zu werden. Dies um so mehr, als die *Komplexität* heutiger Politik ohnehin bereits ungemein hohe Anforderungen an die mündigen Bürgerinnen und Bürger richtet. Claus Offe gelangt in diesem Zusammenhang zu der nüchternen Einschätzung, dass die „schiere Komplexität" in allen Politikbereichen „uns in den meisten öffentlichen Angelegenheiten zu veritablen Analphabeten" mache (Offe 1992: 131). Diesen Umstand konzedierte Robert A. Dahl gleichfalls für die Vereinigten Staaten: „the sheer complexity of public affairs means that experts are generally no more competent over a range of policies than ordinary citizens" (Dahl 1992: 50).

Die Ignorierung dieser Erfordernisse politisch-kognitiver Kompetenzen des Demos bei einer etwaigen Erweiterung unserer repräsentativen Demokratie um partizipatorische Elemente wie beispielsweise Sachentscheide birgt mithin vornehmlich zwei Gefahren in sich. Zum einen könnten plebiszitäre Sachentscheide mit dem bis in die griechische Antike zurückreichenden Topos der Demokratiekritiker hinterfragt werden, wonach der Demos unverständig sei, zum Übermut neige, uneinsichtig, zuchtlos, unvernünftig, ungerecht, wankelmütig im Hinblick auf Entscheidungen in der Volksversammlung und seine Urteilsfähigkeit mangelhaft sei (Isokrates VIII, 52; Mossé 1979: 90 f.). Einen locus classicus moderner Kritik der politischen Urteilsfähigkeit der Bürgerinnen und Bürger auch demokratischer Gemeinwesen stellt Joseph Schumpeters Diktum dar, wonach „der typische Bürger auf eine tiefere Stufe der gedanklichen Leistung (fällt), sobald er das politische Gebiet betritt" (Schumpeter 1993: 416). Dieser Auffassung Schumpeters sich anschließend konstatiert Giovanni Sartori im Hinblick auf die Kompetenzen der Bürgerinnen und Bürger im Bereich des Politischen heute:

„Der Grad der Unaufmerksamkeit, des Desinteresses, der mangelnden Information, der Wahrnehmungsverzerrung und schließlich der platten Ignoranz des Durchschnittsbürgers überrascht den Beobachter immer und immer wieder. (...) Man kann ohne weiteres allgemein behaupten, Apathie und Entpolitisierung seien weit verbreitet, der gewöhnliche Bürger sei wenig an Politik interessiert, die Bürgerbeteiligung sei minimal oder sogar subminimal und in vieler Hinsicht und in vielen Fällen habe die Öffentlichkeit gar keine Meinung, sondern nur undeutliche Empfindungen, die aus Stimmungen und Gefühlswallungen bestehen." (Sartori 1997: 114)

Die Einführung von Sachentscheiden müsste, insbesondere auch vor dem Hintergrund der Komplexität heutiger Politik, von Maßnahmen zur Schulung der politischen Kompetenzen der Bürgerinnen und Bürger flankiert werden, wenn diesem althergebrachten Topos nicht neuer Nährstoff geliefert werden sollte.

Darüber hinaus stellt sich die Frage, ob bei der Erweiterung der repräsentativen Demokratie um partizipatorische Verfahren der für die demokratische Staats- und Regierungsform konstitutive Gleichheitsgrundsatz der Bürgerinnen und Bürger gewahrt würde. Ein fundamentales Problem für moderne Öffentlichkeiten bilden, so Bernhard Peters, die „enorm gewachsene Bedeutung kognitiven Wissens für das soziale Leben und die sozialen Verteilungsmuster der Verfügung über solches Wissen." (Peters 1994: 55) Dabei bestehen nach Peters „asymmetrische Wissensvoraussetzungen" bei den Bürgerinnen und Bürgern, die zu Ungleichheiten in öffentlichen Kommunikationen führen (Peters 1994: 52 und 59). Entsprechend gelangte Oscar W. Gabriel zu dem Schluss, dass die Einführung direktdemokratischer Instrumente keine demokratische „levée en masse" zur Folge hätte, die Institutionalisierung zusätzlicher Partizipationsrechte vielmehr die „Einflussmöglichkeiten der ohnehin aktiven, ressourcenstarken Bevölkerungsgruppe" steigern würde und die „inaktiven sich aber weiterhin mit einer Zuschauerrolle begnügen werden" (Gabriel 2000: 119). Gabriel rekurriert hier auf das *Ressourcenmodell* zur Erklärung politischer Partizipation: Neben Sozialisationsfaktoren wird dabei auch die „Möglichkeit der Partizipanten, Einflussressourcen zu mobilisieren", zur Erklärung des individuellen politischen Verhaltens berücksichtigt (Gabriel/Brettschneider 1998: 287).

Im Weiteren verweisen Gabriel und Brettschneider auf amerikanische Untersuchungen zu Beginn der 1970er Jahre von Sidney Verba und Norman H. Nie, wonach es zahlreiche Erklärungen für die überdurchschnittliche Beteiligung der höheren Statusgruppen gibt: „the higher-status individual has a greater stake in politics, he has greater skills, more resources, greater awareness of political matter, he is exposed to more communications about politics, he interacts with others who participate".[87]

Das Ressourcenmodell wird auch durch neuere amerikanische Untersuchungen bestätigt. So gelangen Michael X. Delli Carpini und Scott Keeter bei ihren Untersuchungen über die Distribution von politischen Kenntnissen zu dem Schluss, dass

„less affluent citizens are less knowledgeable largely because income is related to holding a politically impinged job and being more formally educated, and because these structural conditions increase the likelihood that one will have the opportunity, ability, and motivation to learn about politics" (Delli Carpini/ Keeter 1996: 200).

---

87 Gabriel/Brettschneider 1998: 287; Gabriel und Brettschneider zitieren aus Sidney Verba/Norman H. Nie: Participation in America. Political Democracy and Social Equality, New York 1972, S. 126.

Vor diesem Hintergrund ist hinsichtlich der prospektiven Einführung direktdemokratischer Instrumente demokratietheoretisch von besonderer Relevanz, dass nicht- oder unterprivilegierte Bevölkerungsgruppen aufgrund der hohen bürgerschaftlichen Kompetenzansprüche für Sachentscheide unterrepräsentiert würden (Gerhardt 2000: 24 ff.). Auf diese Gefahr der partikularen Interessendurchsetzung vermittels direktdemokratischer Abstimmungen über Sachfragen hat zwar Jürgen Habermas als Vertreter partizipatorischer Demokratie selbst bereits hingewiesen:

„Unter Umständen führt eine direkte Erweiterung formeller Mitbestimmungs- und Partizipationsmöglichkeiten nur zur Intensivierung des ‚verallgemeinerten Partikularismus', d.h. zu jener privilegierten Durchsetzung von lokalen und gruppenspezifischen Sonderinteressen" (Habermas 1990: 43 f.).

Doch sein Vorschlag, durch eine „prozedurale Fassung der Volkssouveränität als Inbegriff der Bedingungen für die Ermöglichung eines diskursförmigen Prozesses der öffentlichen Kommunikation" dieser Gefahr vorzubeugen (Habermas 1990: 44), läuft angesichts der oben dargelegten Untersuchungsergebnisse hinsichtlich der gegenwärtig asymmetrischen Verteilung der politischen Wissensvoraussetzungen ins Leere.

Wenn ungleiche Beteiligungsmöglichkeiten bei der Einführung bzw. Durchführung direktdemokratischer Abstimmungen über Sachfragen oder bei Verfahren deliberativer Politik vermieden werden sollen, muss der Hebel an der Basis dieser Ungleichheiten angesetzt werden: Der archimedische Punkt dieser demokratietheoretischen Problemlage ist die Schaffung politisch-kognitiver Kompetenzen der Bürgerinnen und Bürger und gestaltet sich als Aufgabe der politischen Bildung. Diese stellt sich als Erfordernis sowohl für den Bestand der derzeitigen repräsentativen Demokratie wie auch – und hier um so mehr – für die Erweiterung dieser Staats- und Regierungsform um partizipatorische Instrumente dar, denn nur eine möglichst gleiche Verteilung der politischen Kompetenzen innerhalb des Demos verbürgt die Wahrung des politischen Gleichheitsgrundsatzes, der Isonomie, als nicht hintergehbare Konstituente jedweder Demokratie. Der eingangs skizzierten Gefahr der intrinsischen Auszehrung heutiger Demokratien kann durch die Stärkung der politischen Kompetenzen der Bürgerinnen und Bürger angemessen entgegengewirkt werden.

Literatur

Arendt, Hannah, 1985: Vita activa oder Vom tätigen Leben, München/Zürich.

Arzheimer, Kai/Klein, Markus 2000: Gesellschaftspolitische Wertorientierungen und Staatszielvorstellungen im Ost-West-Vergleich, in: Jürgen Falter/Oscar W. Gabriel/Hans Rattinger (Hrsg.): Wirklich *ein* Volk? Die politischen Orientierungen von Ost- und Westdeutschen im Vergleich, Opladen, S. 363-402.

Barber, Benjamin 1994: Starke Demokratie. Über die Teilhabe am Politischen, Berlin.

Broder, David S. 2000: Democracy Derailed. Initiative Campaigns and the Power of Money, New York.

Buchstein, Hubertus 1996: Die Zumutungen der Demokratie. Von der normativen Theorie des Bürgers zur institutionell vermittelten Präferenzkompetenz, in: Klaus von Beyme/Claus Offe (Hrsg.): Politische Theorien in der Ära der Transformation (=PVS Sonderheft 26), Opladen, S. 295-324.

Dahl, Robert A. 1989: Democracy and its Critics, New Haven/London.

Dahl, Robert A. 1992: The Problem of Civic Competence, in: Journal of Democracy 3, No. 4, S. 45-59.

Dahl, Robert A. 1994: A Democratic Dilemma: System Effectiveness versus Citizen Participation, in: Political Science Quarterly, Vol. 109, No. 1, S. 23-34.

Delli Carpini, Michael X./Keeter, Scott 1996: What Americans Know about Politics and Why It Matters, New Haven/London.

Detjen, Joachim 2000: Bürgerleitbilder in der politischen Bildung, in: Politische Bildung, Heft 4, S. 19-38.

Fukuyama, Francis 1992: The End of History, New York.

Gabriel, Oscar W. 2000: Partizipation, Interessenvermittlung und politische Gleichheit. Nicht intendierte Folgen der partizipatorischen Revolution, in: Hans-Dieter Klingemann/Friedhelm Neidhardt (Hrsg.): Zur Zukunft der Demokratie. Herausforderungen im Zeitalter der Globalisierung, Berlin, S. 99-122.

Gabriel, Oscar W./Brettschneider, Frank 1998: Politische Partizipation, in: Otfried Jarren/Ulrich Sarcinelli/Ulrich Saxer (Hrsg.): Politische Kommunikation in der demokratischen Gesellschaft. Ein Handbuch mit Lexikonteil, Opladen/Wiesbaden, S. 285-291.

Gerhardt, Jürgen 2000: Das Plebiszit in der Repräsentativen Demokratie, in: Hans Herbert von Arnim (Hrsg.): Direkte Demokratie. Beiträge auf dem 3. Speyerer Demokratieforum vom 27. bis 29. Oktober 1999 an der Deutschen Hochschule für Verwaltungswissenschaften Speyer, Berlin, S. 13-26.

Habermas, Jürgen 1990: Strukturwandel der Öffentlichkeit. Untersuchungen zu einer Kategorie der bürgerlichen Gesellschaft, Frankfurt/M.

Habermas, Jürgen 1996: Drei normative Modelle der Demokratie, in: Jürgen Habermas: Die Einbeziehung des Anderen. Studien zur politischen Theorie, Frankfurt/M., S. 277-292.

Habermas, Jürgen 1998: Deliberative Politik – ein Verfahrensbegriff der Demokratie, in: Jürgen Habermas: Faktizität und Geltung. Beiträge zur Diskurstheorie des Rechts und des demokratischen Rechtsstaats, Frankfurt/M., S. 349-398.

Hennis, Wilhelm 1970: Demokratisierung. Zur Problematik eines Begriffs, Köln/Opladen.

Huntington, Samuel P. 1993: The Third Wave. Democratization in the late Twentieth Century, Norman.

Isokrates: Sämtliche Werke, Bd. I: Reden I-VIII. Übersetzt von Christine Ley Hutton. Eingeleitet und erläutert von Kai Brodersen, Stuttgart 1993.

Kielmansegg, Peter Graf 2001: Soll die Demokratie direkt sein?, in: Frankfurter Allgemeine Zeitung, 24. April 2001, S. 14.

Klein, Ansgar/Schmalz-Bruns, Rainer 1997: Herausforderungen der Demokratie. Möglichkeiten und Grenzen der Demokratisierung, in: Ansgar Klein/Rainer Schmalz-Bruns (Hrsg.): Politische Beteiligung und Bürgerengagement in Deutschland. Möglichkeiten und Grenzen, Baden-Baden, S. 7-38.

Mossé, Claude 1979: Der Zerfall der athenischen Demokratie (404 – 86 v. Chr.), Zürich/München.

Norris, Pippa 1999: Conclusions: The Growth of Critical Citizens and its Consequences, in: Pippa Norris (Hrsg.): Critical Citizens. Global Support for Democratic Government, Oxford, S. 257-272.

Offe, Claus 1992: Wider scheinradikale Gesten. Die Verfassungspolitik auf der Suche nach dem „Volkswillen", in: Gunter Hofmann/Werner A. Perger (Hrsg.): Die Kontroverse. Weizsäckers Parteienkritik in der Diskussion, Frankfurt/M., S. 126-142.

Offe, Claus/Fuchs, Susanne 2001: Schwund des Sozialkapitals? Der Fall Deutschland, in: Robert D. Putnam (Hrsg.): Gesellschaft und Gemeinsinn. Sozialkapital im internationalen Vergleich, Gütersloh, S. 417-514.

Patzelt, Werner J. 1996: Das Wissen der Deutschen über Parlament und Abgeordnete. Indizien für Aufgaben politischer Bildung, in: Gegenwartskunde, Heft 3, S. 309-322.

Patzelt, Werner J. 1998: Ein latenter Verfassungskonflikt? Die Deutschen und ihr parlamentarisches Regierungssystem, in: Politische Vierteljahrsschrift 39, S. 725-757.

Patzelt, Werner J. 2001: Verdrossen sind die Ahnungslosen. Viele Deutsche verachten Politik und Politiker – weil sie ihr Regierungssystem nicht verstehen, in: Die Zeit, 22.2.2001, S. 9.

Peters, Bernhard 1994 Der Sinn von Öffentlichkeit, in: Friedhelm Neidhardt (Hrsg.): Öffentlichkeit, öffentliche Meinung, soziale Bewegungen (Kölner Zeitschrift für Soziologie und Sozialpsychologie, Sonderheft 34), Opladen, S. 42-76.

Putnam, Robert D. 1995: Tuning In, Tuning Out: The Strange Disappearance of Social Capital in America, in: PS: Political Science & Politics 28, S. 664-683.

Sartori, Giovanni 1997: Demokratietheorie, Darmstadt.

Schmalz-Bruns, Rainer 1995: Reflexive Demokratie. Die demokratische Transformation moderner Politik, Baden-Baden.

Schumpeter, Joseph A. ^{7}1993: Kapitalismus, Sozialismus und Demokratie, Tübingen/Basel.

Verba, Sidney/Nie, Norman H.: Participation in America. Political Democracy and Social Equality, New York 1972.

Warren, Mark E. 1996: What Should We Expect from more Democracy? Radically Democratic Responses to Politics, in: Political Theory 24, No. 2, S. 241-270.

Weidenfeld, Werner 1996: Die neue demokratische Frage, in: Werner Weidenfeld (Hrsg.): Demokratie am Wendepunkt. Die demokratische Frage als Projekt des 21. Jahrhunderts, Berlin, S. 9-11.

Edgar Göll

Werden wir eine gemeinsame Zukunft haben – oder nicht?

„Sustainable Development"
und die zukünftigen transatlantischen Beziehungen

Aus der Perspektive eines Zukunftsforschers möchte ich auf eine Thematik hinweisen, die in immer größerem Maße die politischen und wissenschaftlichen Diskurse bestimmt. Deshalb möchte ich dringend empfehlen, sie im transatlantischen Dialog und bei möglichen Institutionalisierungen als Priorität anzuerkennen und zu bearbeiten.

Das in der Überschrift zum Ausdruck kommende Thema werde ich in sechs Schritten erörtern. In einem einführenden Schritt sollen einige der wichtigsten globalen Herausforderungen vergegenwärtigt werden. Nach der „Schockphase" wird der aussichtsreichste und der der komplexen Problemlagen angemessenste Lösungsansatz beschrieben: „Sustainable Development." Das dahinter stehende Leitbild wird mehr und mehr zur „regulativen Idee" in Politik, Wirtschaft und Gesellschaft – wenn auch noch viel zu langsam und zu zögerlich. Auf der Basis dieser Erkenntnis wird kurz dargestellt, welche konkreten Ansätze es in dieser Hinsicht in Deutschland bzw. der EU einerseits und den USA bzw. Nordamerika andererseits gibt. Nach einer knappen Charakterisierung der bisherigen transatlantischen Beziehungen wird die dringend erforderliche „neue Qualität" der Beziehungen umrissen und mit einem kurzen Fazit abgeschlossen.

Ich stelle ein Zitat voran, das zum Thema dieser Veranstaltung passt und auf den Kern meines Vortrages verweist. Es stammt von einer Persönlichkeit, die heute und wohl auch in Zukunft in der Weltpolitik eine große Rolle spielt:

„It means that we will go through the most difficult of human endeavors, unlearning certain kinds of behaviours that are centuries old and learning new behaviour which might help us to survive. In that, creating institutions, which replace the competitive impulse with cooperative ones is very important."[88]

Diese, in einem anderen Kontext geäußerte, Einsicht ist heute, zehn Jahre nach dem „Erdgipfel" der UN 1992 mehr denn je vonnöten und sollte die Basis für die Zurkenntnisnahme und Bewältigung der Zukunftsprobleme sein.

Meine Argumentation läuft darauf hinaus, dass unsere Zivilisation ohne neue Formen von Politik, Wirtschaft und Alltagshandeln die bestehenden und absehbaren Probleme und Krisen nicht wird lösen können. Das Überleben unserer Zivilisationen wird nur durch eine neue Organisation unserer Gesellschaften und eine neue Haltung von uns Individuen – inklusive der Entscheidungsträger – möglich werden. Die transatlantischen Beziehungen könnten und müssten eine bedeutende Rolle in dieser Zukunftspolitik spielen.

---

88 Condoleezza Rice, die derzeitige US-Sicherheitsberaterin, äußerte dies als Stanford-Studentin im Rahmen einer Diskussion über US-sowjetische Akademikerbeziehungen und Vertrauensbildung im Jahre 1983 in Loccum.

1. Globale existenzielle Herausforderungen

Um einen Überblick über die wichtigsten Entwicklungen zu erhalten, wurden im Institut für Zukunftsstudien und Technologiebewertung (IZT Berlin) einige Trendaussagen und Berichte dahingehend ausgewertet, welche der vielen Trends durch die Zukunftsforscher als besonders wichtig und plausibel eingestuft werden. Untersucht wurde, welches Gewicht den verschiedenen Trends zugesprochen wurde bzw. wie häufig sie in den Studien genannt worden waren. Das Ergebnis war wie folgt:

Viele dieser Trends stellen akute Gefahren, Todesursachen und Risiken für uns und künftige Generationen dar. Schon im Alltag erfahren wir durch die Medien und eigene Anschauung von problematischen Trends heutiger gesellschaftlicher Veränderungen, die unser derzeit dominierender Entwicklungspfad bedingt. Schlagworte wie „Ozonloch, Waldsterben, Artensterben, Naturkatastrophen und Verarmung" sind inzwischen Allgemeingut und beschreiben Ausschnitte derjenigen Trends, die unsere Zivilisation und deren Überleben bedrohen.

	BASISTRENDS	Σ
1	Wissenschaftliche und technologische Innovationen („Technischer Fortschritt")	9
2	Umweltbelastungen/Raubbau Naturressourcen	9
3	Bevölkerungsentwicklung	8
4	Disparitäten zwischen „Erster" und „Dritter Welt" (Schere zwischen den 20% Reichsten und Ärmsten geht weit auseinander)	8
5	Ökonomischer Wettbewerb, Produktivitätssteigerung	8
6	Tertiarisierung und Quartarisierung der Wirtschaft	8
7	Migrationsströme (ökonomisch, ökologisch, sozial)	8
8	Erhöhung Personen- und Güterströme weltweit	8
9	Globalisierung von Wirtschaft, Mobilität und Beschäftigung	7
10	Wachstum Weltproduktion und Welthandel	7
11	Verschlechterung der Gesundheit	7
12	Individualisierung der Lebens- und Arbeitswelt	6

13	Verringerung der Lebensqualität	5
14	Arbeitslosigkeit (Erwerbsarbeit)	5
15	Alterung der Industriegesellschaften (im Jahre 2005 sind 1/3 der Bevölkerung über 60 Jahre	5

Bewertung: a) Trend (Stärke): stark (3) mittel (2) schwach (1)
b) Wirkungen/Folgen (global): stark (3) mittel (2) schwach (1)
c) Wirkungen/Folgen (zeitlich): lang (3) mittel (2) kurzfristig (1)

Quelle: IZT Berlin, 2002

Wissenschaftlerinnen und Wissenschaftler, die sich mit dieser Problematik aus deutscher Sicht beschäftigen, haben ausgewählt, welche Kernprobleme sich aus diesen Entwicklungen ergeben, und viele davon zeichnen sich bereits heute als Krisen ab:

Zu den Kernproblemen des Globalen Wandels in der *Natursphäre* (der natürlichen Umwelt der Menschen) zählt der WBGU:[89]

- Klimawandel
- Verlust biologischer Vielfalt
- Bodendegradation
- Süßwasserverknappung und -verschmutzung
- Verschmutzung der Weltmeere
- vom Menschen verursachte Naturkatastrophen

In der *Anthroposphäre* (der gesellschaftlichen Umwelt der Menschen) sind folgende Kernprobleme festzustellen:

- Bevölkerungsentwicklung und Migration
- Gesundheitsgefährdung
- Gefährdung der Ernährungssicherheit
- wachsende globale Entwicklungsdisparitäten
- Ausbreitung nicht-nachhaltiger Lebensstile

---

89 Wissenschaftlicher Beirat der Bundesregierung für Globale Umweltprobleme, WBGU

Bei all diesen problematischen Trends handelt es sich um Veränderungsprozesse, die sich immer weiter entfalten und voraussichtlich immer schlimmer werden, wenn nicht gezielt und erfolgreich gegengesteuert wird. Sie erfordern eine umgehende und intensive Bearbeitung, um Schäden von uns und kommenden Generationen abzuwenden.

Welche Folgen diese Entwicklungspfade schon heute haben, können wir daran ermessen, wie ungleich Lebensverhältnisse und Ressourcen auf unserem Planeten zwischen unterschiedlichen Völkern und Nationen und auch innerhalb der Staaten verteilt sind. Die Ungleichgewichte in Bezug auf Bruttosozialprodukt, Lebenserwartung, Kinder je Frau, Energieverbrauch, die Anzahl der Autos je 100 Einwohner, der Wasserverbrauch pro Kopf, der Ausstoß von Kohlendioxid (Verursacher der Klimakatastrophe), die Militärausgaben und die ärztliche Versorgung zeigen aufs deutlichste, wie ungerecht, destruktiv und für viele Menschen bereits „tödlich" unsere Verhältnisse sind.

Von besonderer Brisanz und Geschwindigkeit ist die Auseinanderentwicklung der Einkommensentwicklung auf unserer Erde. Während das reichste Fünftel der Weltbevölkerung 1930 dreißigmal mehr Einkommen bezog als das ärmste Fünftel, stieg dieses Missverhältnis bis zum Jahre 1990 auf das Sechzigfache an. Und in nur sieben Jahren wuchs es weiter auf das siebenundsiebzigfache!

Ebenfalls groß sind die Unterschiede zwischen reichen und armen Ländern bzw. Völkern in Bezug auf die Verschmutzung unseres Planeten: Die reichen Staaten verschmutzen in zigfachem Maße die Erdatmosphäre mit klimastörenden Gasen wie Kohlendioxid und FCKW – wodurch die durchschnittliche Temperatur der Atmosphäre immer weiter ansteigt – mit immensen und katastrophalen Folgen für immer mehr Menschen. Besonders perfide ist dabei, dass derzeit die Hauptleidtragenden diejenigen sind, die wenig an der Zerstörung unseres Klimas schuld sind: etwa die Eskimos oder die Bewohner von Pazifikinseln etc., deren Lebenswelten durch uns immer mehr zerstört werden.

Aus Sicht der Mehrheit der Erdbevölkerung ist vor diesem Hintergrund die von den großen und reichen Ländern des Nordens an den Tag gelegte Ignoranz gegenüber den weit verbreiteten Entwicklungsproblemen unerträglich. Damit ist z.B. die trotz zunehmender Krisen in Ländern des Südens insgesamt rückläufige Volumen an Entwicklungshilfeleistungen gemeint. Und die seit über 30 Jahren immer wieder gemachte Zusage der reichen Länder, etwa 0,7% Ihres BIP an Entwicklungshilfe zu leisten, ist immer noch nicht erreicht worden, sondern stattdessen noch weiter gesunken (USA und Deutschland bei etwa 0,25%!) – und dies, während ihre Ausgaben für Rüstung wieder steigen.

Ein eindrucksvolles grafisches Mittel, den über die Grenzen der ökologischen Belastbarkeit hinausgehenden Ressourcenverbrauch darzustellen, ist der so genannte „ökologische Fußabdruck". Er kann – bei aller methodischen Vorsicht – für alle verschiedenen gesellschaftliche Systeme, wie z.B. für Städte, bildlich zeigen, wie hoch der Naturverbrauch einer Bevölkerung ist. Vor kurzem wurde dies für Berlin berechnet; das Ergebnis ist erschreckend und sollte zu umgehenden radikalen Änderungen unserer Lebensweise motivieren. Demnach verbraucht Berlin natürliche Ressourcen in einem

Umfang, der das 168-fache der Stadtfläche umfasst; das entspricht einem Radius von über 218 km und würde z.B. an Rügen, Lüneburg, das Erzgebirge und Posen/Poznan heranreichen!

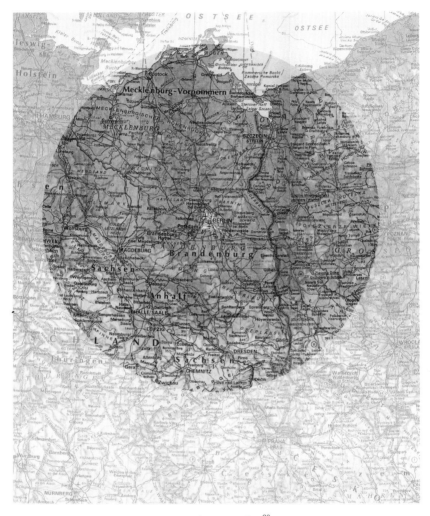

Schaubild „Der ökologische Fußabdruck von Berlin"[90]

---

90 Abgeordnetenhaus Berlin, Enquetekommission Lokale Agenda 21 (2001): Zukunftsfähiges Berlin – Lokale Agenda 21, S. 247

Ein weiteres bedrohliches Beispiel aus dem Bereich der Natur ist das Aussterben von Tieren- und Pflanzen-Arten. Zwar sind im Verlauf der Erdentwicklung immer Arten ausgestorben. Dies gehört zum „natürlichen" Wandel der Natur. Doch seit Jahrzehnten erleidet unsere Natur-Umwelt einen enormen Schub von Artenvernichtung.

Es würde zu weit führen, all die verschiedenen Folgen dieser Fehlentwicklungen nachzuzeichnen. Hier soll nur ein einziger quantitativer Indikator angeführt werden: der durch Naturkatastrophen verursachte finanzielle Schaden. Dabei wird ein großer Teil dieser Katastrophen von Menschen verursacht oder zumindest verstärkt. Die Münchner Rück stellte fest, dass die Kosten für Naturkatastrophen immer weiter ansteigen: während es in den 60er Jahren jährlich etwa 71 Mrd. US-$ waren, erreichten sie in den 90er bereits durchschnittlich 607 Mrd. US-$.

Zusammenfassend lässt sich nach diesen ausschnitthaften Betrachtungen sagen, dass wir uns derzeit diesseits und jenseits des Atlantik mit drängenden Existenzproblemen konfrontiert sehen, dass wir eine bedrohliche Fehl-Entwicklung durchlaufen und uns – wenn wir ehrlich sind – in einer Zivilisationskrise befinden. Allerdings sind angesichts dieser vielfältigen Bedrohungen auch immense Verdrängungsmechanismen am Wirken: viele Menschen in unseren Ländern, leider auch noch zahlreiche Entscheidungsträger, verdrängen diese Herausforderungen und betreiben ein „business as usual". Verdrängung aber, so Sigmund Freud, löst keine Probleme, sondern verschiebt sie nur und gebiert neue.

Die Überwindung oder zumindest Abfederung der Zivilisationskrisen müsste ganz oben auf der Agenda von Politik, Wirtschaft und Gesellschaft stehen. Dies sollte die ultimative „new frontier" auch für die transatlantischen Beziehungen sein: Die Sicherung der Lebensbedingungen der Zivilisationen auf unserem Planeten.

2. Lösungsansatz: „Sustainable Development" ?

Seit Anfang der 90er Jahre geistert ein Begriff durch die Medien und durch die wissenschaftlichen und politischen Debatten, der – wenn auch viel zu langsam – immer mehr an Gewicht erhält: „Sustainable Development", oder (in seiner gebräuchlichsten deutschen Übersetzung): „Nachhaltige Entwicklung". 1992 trafen sich in Rio de Janeiro die Staatsoberhäupter fast aller Staaten und verabschiedeten das, leider unverbindliche, Handlungsprogramm: „Agenda 21". Sie hatten aufgrund vieler Expertenwarnungen und aufgrund der gemachten Erfahrungen festgestellt, dass es so wie bisher nicht weitergehen könne und dass die globalen sozialen, ökonomischen und ökologischen Krisen nur durch neue Anstrengungen und Ansätze bewältigt werden könnten.

Hier sei zunächst auf folgende Erkenntnis hingewiesen: Lebensweise und materieller Wohlstand des reichen Westens, insbesondere der USA, werden durch Medien und Welthandel immer weiter verbreitet und von anderen Ländern und Völkern angestrebt. Allein die sich ausbreitende Lebensweise würde – so die empirisch fundierte Befürchtung – die Existenzgrundlagen der menschlichen Zivilisationen gefährden. Mit dem zentralen Leitbild „Nachhaltige Entwicklung" und den darin enthaltenen Prinzipien glauben nun immer mehr aufgeklärte Bürgerinnen und Bürger in immer mehr Ländern, dass eine Umsteuerung möglich ist.

„Nachhaltige Entwicklung" ist eine regulative Idee, nach der sich alle Menschen und Institutionen neu orientieren und ausrichten sollen, um von unserem existenzbedrohenden Entwicklungspfad wegzukommen. Die neue Entwicklungslogik heißt deshalb nachhaltig, weil sie zeitlich unbegrenzt beizubehalten sein würde, weil sie in eine Richtung geht, die die natürlichen, sozialen, kulturellen und ökonomischen Grenzen und Eigengesetzlichkeiten ernst nimmt und gegeneinander ausbalanciert. Künftig darf nicht mehr nur das Prinzip der Profitmaximierung dominieren. Nachhaltigkeit beinhaltet die Sorge um die nachfolgenden Generationen und hat zum erklärten Ziel, diesen möglichst genauso viele Ressourcen und Naturräume zu hinterlassen, wie wir vorgefunden haben.

> Nachhaltige Entwicklung bedeutet: Handeln so zu organisieren, dass man nicht auf Kosten der Natur und anderer Menschen, nicht auf Kosten anderer Regionen und nicht auf Kosten anderer Generationen lebt.

Letzten Endes geht es darum, dass wir uns über die konkreten und ganz realen Folgen unserer Aktivitäten – sowohl die intendierten als auch die nicht-intendierten – klar werden und unser Verhalten entsprechend ändern müssen („Folgen-Bewußtsein").

Dieser neue „Kategorische Imperativ des 21. Jahrhunderts" fordert sowohl von den einzelnen Menschen als auch von allen Organisationen und Institutionen ein Umdenken. Und je früher dies für einen Menschen beginnt, desto leichter wird es sein. Man kann sogar vermuten, dass wir vor einer epochalen Herausforderung stehen: entweder wir reifen zu reflexionstüchtigen und verantwortungsvollen Menschen heran, die mit den eigenen Grenzen und den Begrenzungen durch die ökologischen Erfordernisse sinnvoll und optimal umzugehen lernen, sozusagen das Beste daraus zu machen; oder aber immer größere Teil der Menschheit (und in unseren Gesellschaften) „kommen nicht mehr mit" und verelenden.

Um Beispiele für diesen notwendigen Veränderungsprozess zu geben, stellen wir Stichworte einander gegenüber, die für die Wirtschaft verdeutlichen, welcher qualitative Sprung mit der Ausrichtung auf Nachhaltige Entwicklung verbunden sein muß. Der ökonomische Prozess bedarf eines *Paradigmenwechsels:*

weg von	hin zu
Durchflusswirtschaft	ökologisch geordneten Stoffströmen
Materialverschwendung	Materialproduktivität
Energieverschwendung	Energieeffizienz
Produktorientierung	Funktionsorientierung
nachsorgender Umweltschutz	vorsorgender Umweltschutz
Verbrauch von Naturkapital	nachhaltiger Nutzung von Naturkapital
Naturbeherrschung	Orientierung an der Natur
Wegwerfmentalität	Wertschätzungsmentalität

Immer mehr Regierungen bringen „National Sustainable Development Strategies" (NSDS) auf den Weg, um den Leitprinzipien einer zukunftsfähig-nachhaltigen Entwicklung möglichst effizient näher zu kommen. Diese bereits in der Agenda 21 beschriebene Planungsform ist, nach Jänicke, durch folgende Merkmale gekennzeichnet: Konsens (einvernehmliche Formulierung mittel- und langfristiger Umweltziele), Querschnittspolitik (Einbeziehung wichtiger Ressorts), Verursacherbezug (Beteiligung der Verursacher an der Problemlösung), Partizipation (breite Beteiligung von Kommunen, Verbänden und Bürgern) und Monitoring (Berichtspflichten über erzielte Verbesserungen). In der Realität verschiedener Länder haben sich national unterschiedliche Planungs- und Strategievarianten herausgebildet. Weit fortgeschritten sind diese Aktivitäten in den Niederlanden (der vierte Plan wird bereits vorbereitet), Schweden, Dänemark und Südkorea. Die bisherigen Ergebnisse sind uneinheitlich, zahlreiche Ziele wurden teilweise bereits übererfüllt – andere jedoch bei weitem nicht erreicht.

3. Politikansätze für ein Sustainable Development beiderseits des Atlantik

Im Folgenden können nicht alle Staaten im Umfeld des Nordatlantiks beschrieben werden. Vielmehr sollen für Nordamerika nur die USA und für Westeuropa nur die Bundesrepublik Deutschland und ihre Aktivitäten hinsichtlich Nachhaltigkeit kurz vorgestellt werden. Auch bei dieser knappen Auswahl dürfte deutlich werden, welche positiven Ansätze existieren, aber auch, wie unzureichend sie noch immer sind.

In Deutschland geschah nach dem UN-Erdgipfel in Rio de Janeiro unter der konservativen Regierung lange Jahre kaum etwas in Bezug auf nachhaltige Entwicklung. Doch wurden auf der lokalen Ebene zahlreiche Initiativen (Lokale Agenda 21) seit Mitte der 90er Jahre gestartet, die sich nachhaltiger Entwicklung anzunähern versuchen – inzwischen sind es fast 10% der deutschen Kommunen. Allerdings ist deren Qualität und Intensität sehr unterschiedlich. Alle 16 deutschen Bundesländer haben ebenfalls mit

Nachhaltigkeits-Aktivitäten begonnen. Auf Bundesebene waren bereits zwei Enquetekommissionen des Deutschen Bundestages mit der Thematik beschäftigt und sorgten insbesondere durch den einschlägigen Abschlußbericht von 1998 für eine wichtige Grundlage der politischen Debatte. Im Bereich der Bundesregierung arbeitet seit Frühjahr 2001 ein Rat für Nachhaltige Entwicklung (RNE), angesiedelt beim Bundeskanzleramt, und ein sog. „Green Cabinet", das die Aktivitäten der verschiedenen Bundesministerien koordiniert.

Zu den treibenden Kräften dieser Prozesse gehören in Deutschland zivilgesellschaftliche Akteure wie z.B. das „Forum für Umwelt und Entwicklung". Sie fungieren als Promotoren, Lobbyisten und Netzwerker für die Lokale Agenda 21 und die Nachhaltigkeitsstrategie. Eine wichtige Rolle spielen aber auch Teile der wissenschaftlichen Community und Impulse von Seiten der EU.

Die Situation in den USA hingegen ist noch nicht so weit entwickelt. Die dominierende Haltung dort ist in einem jüngst erschienenen Buchbeitrag durch die Überschrift „Sorry – Not Our Problem" (Bryner 2000) charakterisiert worden. In zahlreichen Verbrauchsgrößen und anderen Indikatoren (Ökologie: Energie, Rohstoffe, Immissionen, Abfall, usw.; Soziales: Reichtums- und Einkommensverteilung, Sozialstandards, Kriminalität, usw.) schneiden die USA meist sehr unterdurchschnittlich ab.[91]

Extrem „zukunftsfeindlich" geriert sich auch die derzeitige Bundespolitik, wie z.B. der rüde und unilaterale Ausstieg der Bush-Administration aus dem Kioto-Protokoll oder die umfangreichen und zerstörerischen Erdöl-Erschließungsarbeiten in Naturschutzgebieten in Alaska. Symptomatisch war auch die Reaktion des US-Establishments auf die Energiekrise in Kalifornien: statt moderner und zeitgemäßer Spar- und Effizienzstrategien wurde der Aufbau neuer Kraftwerke beschlossen, d.h. eine nochmalige Erhöhung des sowieso schon hohen Verbrauchs!

Aber es gibt auch das andere „Amerika": Ausgehend von Kalifornien wurden bereits Anfang der 70er Jahre Katalysatoren für PKW eingeführt und unter der Carter-Administration weitgehende Geschwindigkeitsbegrenzungen auf sämtlichen Straßen festgelegt. In den 90er Jahren ist besonders erwähnenswert, dass die Clinton-Administration eine befristete Beratungsinstitution geschaffen hatte: den Presidential Council on Sustainable Development. Er war zusammengesetzt aus Vertretern der Regierung, der Wirtschaft und der Zivilgesellschaft. Der Beirat publizierte 1996 einen Zwischenbericht und kurz vor seiner Auflösung 1998 einen Abschlußbericht. Darin wurde das – sehr schwache – Verständnis von nachhaltiger Entwicklung dargelegt und eine Art Handlungsprogramm formuliert. Themenfelder waren: Klimawandel, Umweltmanagement, Strategien für Städte und ländliche Regionen, Internationale Führerschaft. Daneben wurden positive Beispiele aus Städten in den USA dargestellt. Allerdings hatte dieser Beirat kaum Ressourcen sowie weder Kompetenzen noch Funktionen. Wie mir ein Mitarbeiter der Regierung sagte: „it was held on the backburner". Vom Beirat wurde lediglich ein einziger Versuch im Nordwesten der USA gestartet, ein regionales

---

91 siehe die Untersuchung der OECD-Länder durch die Agentur Oekom: vgl. Süddeutsche Zeitung vom 17.1.2002, S. 24

Nachhaltigkeitsnetzwerk aufzubauen – allerdings ohne bleibenden Erfolg und Effekt. Auf regionaler und lokaler Ebene gibt es einige wenige interessante, innovative Aktivitäten. Beispielsweise beteiligen sich 68 Kommunen an der nationalen Klimaschutz-Kampagne. Ihre 28,5 Mio. Einwohner repräsentieren etwa 10% der Gas-Emissionen der USA (auf die die Klimakatastrophe vornehmlich zurück geht). Zudem gibt es diverse Initiativen des International Council for Local Environmental Initiatives (ICLEI, Sitz in Berkeley/CA) und des nationalen Programms „Smart Growth" der U.S. Environmental Protection Agency. Regelrechte Lokale Agenda 21-Anstrengungen sind keine bekannt geworden, doch gibt es einige vergleichbare Aktivitäten, z.B. in Seattle. Doch finden sich durchaus auch in den USA Persönlichkeiten, die sich der Herausforderung sehr bewusst sind:

„Wir müssen uns ändern oder wir werden als Spezies von dieser Erde verschwinden. Hauptsächlich wir in den Industrieländern müssen uns ändern. Und vor allem wir Amerikaner."[92]

Aufgrund dieser Lage wundert es nicht, wenn in der jüngsten globalen Umweltbilanz des Statistischen Bundesamtes berichtet wird, dass nur einige wenige Länder – darunter mehrere Staaten Osteuropas, Deutschland, Luxemburg und Großbritannien in der Lage waren, ihre CO_2 Verschmutzung zu reduzieren, wenn auch z.T. aufgrund historischer Besonderheiten (De-Industrialisierung nach Implosion des osteuropäischen „Realsozialismus") nicht schnell genug. Insgesamt aber sei es weltweit zu einem starken Anstieg vor allem in reichen Ländern gekommen. Als negatives Beispiel werden die USA genannt, deren Ausstoß während der letzten Dekade sogar um 12 % gestiegen ist.

4. Transatlantische Beziehungen – Vom Old Style zur Zukunftsfähigkeit

Die Errungenschaften bisheriger transatlantischer Politik können und sollen hier nicht in Abrede gestellt werden.[93] Angesichts der aktuellen und absehbaren Herausforderungen, die die Existenz der menschlichen Zivilisationen auf diesem Planeten bedrohen, müssen allerdings klare Fragen formuliert und die Weichen neu gestellt werden. Die bislang dominanten „High Politics" (mit Segmenten wie Sicherheit, Makroökonomie, Handels- und Investitions-Politik, etc.) können der neuen Lage nicht mehr gerecht werden. Stärker als während des Kalten Krieges müssen andere Politikfelder auf den höchsten Ebenen diskutiert und abgestimmt werden.

Schon seit Jahren wird über eine notwendige Erweiterung des Sicherheitsbegriffs diskutiert. Und so werden inzwischen gelegentlich Themen wie Migration, Menschenrechte, Armutsbekämpfung, Naturkatastrophen, Wasserversorgung etc. ernsthaft erörtert. Doch all dies erfolgte bislang relativ beliebig und blieb letztlich folgenlos.

---

92 Al Gore; Oktober 2001 in Basel
93 Als besonders erfolgreich gilt der Transatlantic Business Dialogue. In einigen Branchen und Arbeitsgruppen verliefen die bilateralen Abstimmungen sehr erfolgreich (z.B. über Standards und Regulierungsweisen beiderseits des Nordatlantik).

Dabei gibt es konstruktive Ansatzmöglichkeiten zwischen den beiden Kontinenten. Hierzu sei auf die „Neue Transatlantische Agenda" verwiesen, die 1995 unterzeichnet worden ist. In dieser Agenda sind folgende Ziele formuliert:

1. Förderung von Frieden und Stabilität, Demokratie und Entwicklung auf der ganzen Welt
2. Reagieren auf globale Herausforderungen
3. Beitragen zur Expansion des Welthandels und engerer Wirtschaftsbeziehungen
4. Brücken bauen über den Atlantik

Insbesondere der Punkt „Reagieren auf globale Herausforderungen" ist weiter untergliedert in:

- Internationale Kriminalität, Drogenhandel und Terrorismus
- Schutz der globalen Umwelt, entwickeln umweltpolitischer Strategien für ein weltweites Wachstum
- Klimawandel, Abnahme der Ozonschicht, Wüstenbildung, Persistent Organic Pollutants, Verschmutzung der Böden
- Verbreitung von Umwelttechnologien, Reduzierung der Risiken für die öffentliche Gesundheit durch gefährliche Substanzen, insb. Blei
- Schaffung eines effektiven globalen Warnsystems und eines Reaktionsnetzwerks für neue und wieder auftretende Krankheiten (z.B. Aids, Ebola-Virus)

Im Abgleich mit den eingangs genannten Bedrohungen und Herausforderungen für die Länder Nordamerikas und Westeuropas lässt sich problemlos erkennen, das diese Punkte eine gute Ausgangsbasis für einen Aus- und Umbau der transatlantischen Beziehungen in Richtung Zukunftsfähigkeit darstellen.

Während der 1990er Jahre wurde beiderseits des Atlantik recht engagiert über die Einrichtung einer „Transatlantic Free Trade Area" (TAFTA) debattiert (vgl. Göll 1997). Aus verschiedenen Gründen wurden keine konkreten Schritte in diese Richtung unternommen. Und aufgrund der komplizierten Weltlage und der vielfältigen Trends ist zu vermuten, dass es auf absehbare Zeit keine neuen Schritte zu einem TAFTA oder gar zu einer Transatlantischen Union geben wird. Statt dessen könnten eine Intensivierung bisheriger Dialog- und Konsultationsmechanismen geschaffen und neue Formen enger Zusammenarbeit gefunden werden. Dadurch könnten die transatlantischen Beziehungen insgesamt auf eine neue Grundlage gestellt werden. Beispielsweise wäre denkbar, in Anlehnung an die „Europäische Politische Zusammenarbeit" eine Art Atlantische Politische Zusammenarbeit mit einer starken ökonomischen Komponente zu etablieren. Der von zahlreichen Führungspersonen beiderseits des Nordatlantik wahrgenommene und artikulierte Bedarf an neuer oder zumindest zusätzlicher Fundierung der transatlantischen Beziehungen ist sehr stark. Und die eingangs skizzierten Bedrohungen und daraus resultierenden Probleme dürften künftig zunehmen und durch die bisherigen nordatlantischen Institutionen und Visionen nicht adäquat zu bearbeiten sein.

Meines Erachtens müssten die transatlantischen Kommunikations- und Kooperationsmechanismen sowohl in inhaltlicher als auch struktureller/formaler Hinsicht verändert und insbesondere um das Thema „Nachhaltige Entwicklung" erweitert werden. Dies ist in den beiden folgenden Schaubildern skizziert.

Die transatlantische Kommunikation müsste mit dem Leitziel Nachhaltige Entwicklung versehen werden und müsste möglichst systematisch auf verschiedenen Ebenen und in verschiedenen Feldern erfolgen. Dazu gehören Regierung, Parlamente, Gewerkschaften, Parteien, Stiftungen, Hochschulen/Universitäten, Think tanks und Stiftungen, Verbände, NGOs, Kommunen (insb. wegen der Lokalen Agenda 21!), aber auch OECD, G-8, UN / UNEP, WTO. Für das Vorgehen wäre ein zeitgemäßer Mix aus „Bottom-up" und „Top-down"-Ansätzen zu wählen. Anknüpfungspunkte gibt es mit den o.g. und anderen erfahrenen Institutionen sehr viele; seit kurzem z.B. die immer aktiver werdenden Preparatory Committees für den Rio-Prozess (WSSD) in Johannesburg. Selbstverständlich geht es dabei nicht unbedingt um eine große konzertierte Aktion, aber doch zumindest um kräftige Impulse inkl. adäquater Ressourcen.

Innerhalb ihrer jeweiligen Großregionen würden die mächtigeren Staaten – wie USA und Deutschland – eine zielführende Funktion hinsichtlich nachhaltiger Entwicklung übernehmen können. So hat sich beispielsweise herausgestellt, dass sich, aufgrund der von der EU auch für die ost- und mitteleuropäischen Beitrittsstaaten geforderten (in der EU üblichen) Umweltmaßnahmen, nach einiger Zeit konkrete Einsparungen in Höhe von Hunderten von Milliarden EURO ergeben würden. Ähnliches könnten die USA (und Kanada) auf ihrem Kontinent betreiben – wie es im Rahmen von NAFTA bereits ansatzweise geschieht (vgl. Göll 1997a). Indem also Deutschland bzw. die EU gegenüber MOE-Staaten und die USA gegenüber Mexiko und anderen Ländern der Hemisphäre eine Nachhaltige Entwicklung in Gang setzen und unterstützen würden, wäre die von unseren Regierungen in verschiedenen internationalen Abkommen vereinbarte besondere Verantwortung der reichen Staaten endlich praktisch geworden.

Wenn es zu einer Transatlantischen Union kommen sollte (was nicht zu erwarten, womöglich auch gar nicht wünschenswert ist), wäre dies nach meiner Auffassung nur dann der Mühe wert, wenn das Thema „Sustainable Development" einen prioritären Stellenwert und entsprechend partizipatorische Mechanismen erhalten würde.

Zukunftsfähige Transatlantische Beziehungen (Inhalte/Policies)

USA und NAFTA

-- Ausbreitung nicht-nachhaltiger Lebensstile --
-------- Entwicklungsdisparitäten -------
------------ Welternährung -----------
---Wasser- und Bodenqualität ----
----------- Klimawandel ------------
------- Bevölkerung/Migration -------
------ Biologische Artenvielfalt ------
---- Sicherheitspolitik/Abrüstung ----
--------------- Krisenprävention --------------

Europäische Union

Zukunftsfähige Transatlantische Beziehungen (Ebenen/Formen)

USA und NAFTA

---------------------- Regierung --------------------
------------------ Legislative ----------------
----------------- Parteien ---------------
---- Stiftungen & Think tanks ---
-------------- Verbände ------------
----------- Unternehmen -----------
------ NGOs/Zivilgesellschaft ------
--------- Bildung & Forschung ---------
------------------ Kommunen -----------------

Europäische Union

6. Resümee und Perspektiven

Der wohl beiderseits des Nordatlantik geschätzte Politikwissenschaftler Karl W. Deutsch hat einmal konstatiert, Macht sei die Fähigkeit, nicht lernen zu müssen. Das ist offensichtlich zutreffend. Allerdings haben in der menschlichen Geschichte schon andere mächtige Reiche diesen autistischen Aspekt von Macht (gerade auch hinsichtlich ihres un-ökologischen Verhaltens[94]) überstrapaziert und sind untergegangen.

---

94 Siehe dazu die hochinteressanten umweltgeschichtlichen Studien, wie jüngst von Joachim Radkau (2001): Natur und Macht.

Mit meinen Ausführungen sollte zum einen die *Notwendigkeit* für umgehende Aktivitäten in Richtung „Sustainable Development" dargelegt werden. Zum anderen sollte aber auch einige *Möglichkeiten* und Ansatzpunkte für eine gemeinsame, *sustainable future* in den transatlantischen Beziehungen als vorhanden und ausbaufähig skizziert werden.

Gemäß der sozialwissenschaftlichen Formel „form follows function" steht aufgrund der skizzierten Bedrohungen und Herausforderungen sicherlich ein Wandel bezüglich policy, politics und polity an. Von den derzeitigen Entscheidungsträgern auf beiden Seiten des Nordatlantiks ist ein großer Wurf nicht unbedingt zu erwarten. Aber daraus sollte nicht die Schlussfolgerung gezogen werden, es ließe sich hier und heute nichts unternehmen. Da möchte ich eine Kennerin der Szene anführen, die in einem Resümee folgende Aussage traf: „An transatlantischen oder anderen multilateralen Koordinierungsgremien mangelt es nicht; nur wird von ihnen nicht der richtige Gebrauch gemacht" (Haftendorn 1999:11). Daraus schließe ich: selbst wenn es keine wie vom Kollegen Mettler in die Debatte geworfene TAU geben sollte, ist eine Erneuerung und Intensivierung der transatlantischen Beziehungen in Richtung Zukunftsfähigkeit und Nachhaltigkeit doch dringend notwendig und durchaus möglich.

Angesichts der rapiden Mobilisierung enormer finanzieller Mittel und politischer Aktivitäten für den sogenannten „Krieg gegen den Terror" wäre eine weitere Weigerung unserer Staaten, in die nachhaltige Entwicklung zu investieren, ein Affront gegen uns, gegen die Menschheit und gegen die Zukunft. Der 11.9. könnte für Anstrengungen in dieser Richtung ein „window of opportunity" geöffnet haben. Es sollte genutzt werden. Immerhin steht die Zukunft unserer beiden Kontinente bzw. gar das Überleben der Zivilisationen auf dem Planeten Erde auf dem Spiel! Ich bin zuversichtlich, dass es auf beiden Seiten des Nordatlantiks innovative und verantwortungsvolle Persönlichkeiten und Institutionen gibt, die diese Herausforderungen mutig und geschickt anpacken können und werden.

Literatur

Bryner, Gary C. (2000): The United States: Sorry – Not Our Problem. In: W. M. Lafferty/J. Meadowcroft (Eds.): Implementing Sustainable Development. Strategies and Initiatives in High Consumption Societies (Oxford: Oxford University Press) pp. 273-302

Bundesumweltministerium / Umweltbundesamt (1999): Lokale Agenda 21 im europäischen Vergleich (Berlin)

European Union, The Council (1995): Relations with the United States. The New Transatlantic Agenda. Joint EU-US Action Plan (Bruxelles, #12353/95)

Göll, Edgar (1997): „Elefantenhochzeit? Die Debatte über die Transatlantischen Wirtschaftsbeziehungen" (1997) In: Perspektiven ds (Marburg/L.) 15. Jg., Heft 4, S. 276-280

Göll, Edgar (1997a): „NAFTA and the EU. Two Distinct Strategies of Economic Regionalization" In: Cristina Giorcelli/Rob Kroes (Eds.): Living with America, 1946-1996 (Amsterdam: VU University Press) S. 316-329.

Haftendorn, Helga (1999): Der gütige Hegemon und die unsichere Mittelmacht: deutsch-amerikanische Beziehungen im Wandel, in: Aus Politik und Zeitgeschichte (Bonn), B 29-30/99, 16. Juli 1999; S. 3-11

Hamilton, Daniel (1994): Beyond Bonn. Amercia and the Berlin Republic (Washington, D.C.: Carnegie Endowment Study Group on Germany)

Lafferty, William M. (1999): Implementing Local Agenda 21 in Europe. New Initiatives for Sustainable Communities (ProSus: Oslo/Norway)

The President's Council on Sustainable Development (1999): Towards a Sustainable America. Advancing Prosperity, Opportunity, and a Healthy Environment for the 21st Century; Washington, D.C./USA

OECD (2001): Sustainable Development. Critical Issues http://www.oecd.org

United Nations Development Program: Human Development Report 2001
http://www.undp.org/hdr2001

David T. Fisher

Das USA-Interns-Programm –
Ein studentisches Netzwerk für die transatlantischen Beziehungen

Als Präsident der Steuben-Schurz-Gesellschaft und Vorsitzender des Vereins der Freunde zur Förderung der Universität Princeton engagiere ich mich sehr intensiv in beiden Organisationen für die Förderung der transatlantischen Partnerschaft, weil ich der festen Überzeugung bin, dass diese eine unabdingbare Voraussetzung für eine glückliche Zukunft der Menschheit ist. Diese Überzeugung soll nicht als eine Art Kulturimperialismus oder als Glauben an eine kulturellen Überlegenheit des Westens missverstanden werden. Ganz im Gegenteil, sie rührt einfach aus der Erkenntnis, dass die Probleme der Zukunft eine umfassende Kooperation und eine enge wirtschaftliche Integration aller Länder erfordern und Länder mit gemeinsamen kulturellen Wurzeln mit gutem Beispiel vorangehen können und sollen. Um dieses Ziel zu erreichen, bauen wir im Rahmen des mit dem Amerika Haus Frankfurt gemeinsam geführten USA-Interns-Programms ein studentisches Netzwerk zur Förderung der transatlantischen Beziehungen auf. Mit diesem Projekt wollen wir Beiträge zum Abbau von Vorurteilen und Denkfehlern leisten, die die transatlantischen Beziehungen immer wieder belasten und der geistigen Weiterentwicklung im Wege stehen.

Seit über 50 Jahren setzt sich die in Frankfurt ansässige Steuben-Schurz-Gesellschaft für die Unterstützung der deutsch-amerikanischen Freundschaft ein. Zu den besonderen Aufgaben der Gesellschaft gehört die Vergabe des Berliner-Luftbrücken-Stipendiums an junge Studierende aus den USA und die Verleihung des Steuben-Schurz-Medienpreises an Persönlichkeiten aus dem Medienbereich, die sich um die deutschamerikanischen Beziehungen außergewöhnlich verdient gemacht haben. Darüber hinaus vermittelt die Gesellschaft Praktikantenstellen für deutsche Studenten in den USA.

Die beiden Männer, an die der Name unserer Gesellschaft erinnert, waren Deutsche, die in den Vereinigten Staaten hohes Ansehen erlangten. Friedrich Wilhelm von Steuben half George Washington im Unabhängigkeitskrieg und wurde zum Generalinspekteur der Armee ernannt. Carl Schurz musste nach dem Scheitern der Revolution von 1848 Deutschland verlassen. In Amerika kämpfte er an der Seite Abraham Lincolns gegen die Sklaverei und wirkte unter Präsident Hayes als Innenminister gegen die Korruption und für die Rechte der Indianer. Seine Frau Margarete, eine deutsche Jüdin, gründete in Wisconsin, dem heutigen Partnerstaat Hessens, Amerikas ersten Kindergarten.

Seit einigen Jahren unterstützt Steuben-Schurz das Ferienjob-Programm der Universität Princeton, bei dem 15 bis 20 Princeton-Studenten Aushilfsstellen in deutschen Firmen während der Sommerferien erhalten, damit sie ihre Deutschkenntnisse verbessern können. Das Princeton-Ferienjobmodell hat sich als sehr erfolgreich erwiesen und erfreut sich einer großen Akzeptanz unter den Teilnehmern. Die relativ kurze Dauer von 8 Wochen lässt sich gut ohne Beeinträchtigung selbst eines straff organisierten Studiums einplanen. Das Erleben des Arbeitsalltags in einem deutschen Betrieb ermöglicht mehr Einblick in die Kultur und Mentalität des Gastlandes als irgendeine touristische Erfahrung. Die Ferienjobs sind relativ leicht zu organisieren, da die Studenten in der Regel keine überzogenen Gehaltsvorstellungen haben und viele Firmen ohnehin Bedarf an Sommeraushilfen haben. Nicht zuletzt knüpfen die Firmen auch Kontakte zu potentiellen künftigen international erfahrenen Mitarbeitern.

Der Erfolg dieses Austauschmodells hat Steuben-Schurz veranlasst, ein ähnliches Modell für deutsche Studenten in Amerika ins Leben zu rufen. 1999 hat Steuben-Schurz zum ersten Mal einen deutschen Studenten von der Universität Magdeburg für einen 8wöchigen Ferienjob nach Amerika geschickt. Die Begeisterung sowohl von Arbeitgebern als auch Arbeitnehmern war so groß, dass die Gesellschaft entschied, im Sommer 2000 das Ganze zu wiederholen. Seither sind wir dabei, das Programm nach Kräften in beiden Richtungen auszubauen.

Wir sehen zahlreiche Gründe, dies zu tun. Nicht nur die Begeisterung der bisherigen Teilnehmer veranlasst uns, weiterzumachen, sondern die tiefe Überzeugung, dass deutsch-amerikanischer Kulturaustausch für beide Länder eine strategisch wichtige Angelegenheit ist. In einer Zeit der Globalisierung und der Mega-Mergers kann es gar nicht genug Menschen geben, die in beiden Kulturen zuhause sind. Man hört z.B. oft Klagen von deutschen Unternehmern, dass es schwierig sei, die Kollegen der amerikanischen Filialen zu überzeugen, einen längeren Deutschlandaufenthalt im Karriereplan vorzusehen. Junge Mitarbeiter, die als Studenten an solchen Programmen teilgenommen haben, haben eine wesentlich positivere Einstellung gegenüber neuen Kulturerfahrungen.

Hier besteht dringender Handlungsbedarf. Dreimal mehr Deutsche als Amerikaner nehmen an Austauschprogrammen dieser Art teil. Obgleich über 55 Millionen Amerikaner deutscher Abstammung sind, geht das Erlernen der deutschen Sprache an amerikanischen Universitäten jedes Jahr zurück. Wir möchten diesem Trend entgegenwirken, indem wir amerikanischen Studenten, die die deutsche Sprache hinreichend beherrschen, einen Ferienjob in Deutschland anbieten. Wir haben mittlerweile Partnerschaften mit mehreren angesehenen Universitäten wie z.B. Harvard, Princeton und Dartmouth.

Die Vermittlung von Ferienjobs für deutsche Studenten und Studentinnen soll aber nicht vernachlässigt werden. Wir haben bereits interessante Sommerjobs in den USA, die wir für den Sommer 2002 vermitteln können. Hierfür streben wir engeren Kontakt zu deutschen Studentenschaft an. Wir möchten erreichen, dass zahlreiche deutsche Studenten an diesem Programm teilnehmen; sie sollten der Steuben-Schurz-Gesellschaft beitreten und das Programm mitbestimmen und verwalten. Mittelfristig sollte es ein großes selbstverwaltendes Netz von sich gegenseitig kulturell bereichernden deutschen und amerikanischen Studenten werden.

Aber was bringt ein solches Netzwerk, welche konkreten Vorteile können dabei für beide Seiten entstehen? Um diese Fragen zu beantworten müssen wir uns ein bisschen mit den eingangs erwähnten Vorurteilen und Denkfehlern beschäftigen, die aus meiner Sicht beiden Seiten anhaften:

1. Auf der amerikanischen Seite gibt es eine häufig anzutreffende Tendenz zur Vernachlässigung von allem, was von außerhalb Amerikas stammt und nicht von wirtschaftlicher oder militärischer Relevanz ist. In ihren schlimmsten Formen äußert sich diese Tendenz in Isolationismus, Unilateralismus und einer ignoranten Selbstgefälligkeit, die nicht nur in Gesprächen mit Amerikanern ausgesprochen irritierend wirken kann, sondern in der Innen- und Außenpolitik nicht selten zu haarsträubenden Fehlentscheidungen führt. Dies ist die Quelle der mangelnden Kooperationsbereitschaft, die die transatlantische Partnerschaft immer wieder belastet.

2. Auf der deutschen Seite gibt es einen Hang zur Arroganz und zum Glauben an die eigene geistige und kulturelle Überlegenheit. In ihren schlimmsten Formen äußert sich diese Tendenz in mangelnder Sensibilität für die Gefühle anderer, einer Blindheit für die eigenen Unzulänglichkeiten und einer hartnäckigen Abneigung gegen das Eingestehen der eigenen Fehler. Dies ist die Quelle des tief verwurzelten Antiamerikanismus, der die transatlantische Partnerschaft immer wieder belastet.

Solche Vorurteile und Denkfehler resultieren in beiden Fällen aus der eigenen Kulturgeschichte und werden durch Ignoranz und mangelnder Erfahrung mit anderen Kulturen am Leben erhalten.

Der amerikanische Hang zum Isolationismus z.B. stammt aus den frühesten Zeiten der Kolonialgeschichte und verkörpert den Wunschtraum, der Verworfenheit dieser Welt durch Flucht zu entgehen. Die englischen calvinistischen Separatisten haben die Massachusetts-Bay-Kolonie in der Hoffnung gegründet, der korrupten Alten Welt zu entkommen und einen Gottesstaat rein und unverdorben in der Wildnis Nord-Amerikas zu gründen. Diesen Wunschtraum haben viele der Gründungsväter der amerikanischen Republik anderthalb Jahrhundert später immer noch inbrünstig gehegt. George Washington hat z.B. in seiner Abschiedsrede als Präsident seine Landsleute davor gewarnt, sich auf Verwicklungen mit den Europäern einzulassen. Die Tendenz ist während des ganzen 19. Jahrhunderts durch die Millionen europäischer Einwanderer verstärkt worden, die, wie einer der Namensvettern unserer Gesellschaft, Carl Schurz, Europa aufgrund gescheiterter Lebensprojekte verlassen haben, um einen Neuanfang in Amerika zu machen. Die Bereitschaft, Neues auszuprobieren und die durch Aufbruchstimmung entstandene Energie haben viel Gutes bewirkt, es ist aber auch gleichzeitig eine Abneigung gegen das Fremde entstanden, die später unglückliche Auswirkungen haben sollte. Der vom amerikanischen Kongress nach Ende des ersten Weltkrieges erzwungene Rückzug aus der internationalen Verantwortung hat z.B. nicht nur das vielversprechende Werk des Präsidenten Wilsons zunichte gemacht, sondern auch mit zum Aufstieg Adolf Hitlers und damit zur Katastrophe des Zweiten Weltkrieges beigetragen. Die zur gleichen Zeit entstandene Abschottung der US-Wirtschaft vom Welthandel hat auch den Grundstein für die Weltwirtschaftskrise der 30er Jahren gelegt. Die Verabschiedung der Fordney-McCumber-Zölle 1922 z.B. hat den Welthandel mit Amerika sehr eingeschränkt. Das war die bis dahin größte Zollbarriere der amerikanischen Geschichte, die letztlich die wirtschaftliche Genesung Europas erheblich behinderte, die Japaner überzeugte, dass sie keine Alternativen zu einem aggressiven außenpolitischen Kurs hätten und ein übertriebenes Maß an Inlandsinvestitionen förderte, der schließlich zum Bersten der spekulativen Blase im Oktober 1929 geführt hat.

Nach dem Zweiten Weltkrieg ist der Hang zum Isolationismus zwar etwas zurückgegangen, die amerikanische Aufmerksamkeit im Zeichen des Kalten Krieges jedoch viel zu einseitig auf militärische und wirtschaftliche Anliegen beschränkt gewesen. Durch die Vernachlässigung historischer und kultureller Fragen sind auch folgenschwere Fehlentscheidungen wie z.b. in Südostasien getroffen worden. Hätte man der Geschichte des europäischen Kolonialismus ein wenig mehr Beachtung geschenkt, hätte man eingesehen, dass die USA aus der Sicht der Asiaten in die Rolle der abgeschüttelten verhassten Kolonialmächte schlüpften, eine Rolle, die zum Scheitern verurteilt war und nur in der Katastrophe enden könnte.

Auch in der jüngsten Zeit sehen wir immer wieder Beispiele für eine übermäßig inlandsorientierte Außenpolitik; im letzten Wahlkampf z.B. war George Bushs Antwort auf die Sicherheitsbedürfnisse der USA ein irrsinnig teures Raketenabwehrprogramm, das bestenfalls geeignet ist, die Hi-Tech-Investitionsbereitschaft zu fördern. Spätestens seit dem 11.9.2001 wissen wir, dass die wahre Bedrohung Amerikas und der westlichen Welt wenig mit Hi-Tech-Anliegen zu tun hat. Zum Zeitpunkt der Terroranschläge gab es aber keinen einzigen CIA-Agenten, der der Paschtu-Sprache mächtig war, und den US-Botschaften in Tadjikistan und Uzbekistan drohte die Schließung, da der Kongress die Notwendigkeit der erforderlichen Finanzierung in Frage gestellt hat. Dass der Kongress damit eine tiefe Grundströmung im amerikanischen Volk widerspiegelt, erkennt man daran, dass H. Ross Perot, einer der erfolgreichsten Präsidentschaftskandidaten einer Drittpartei, allen Ernstes die Frage stellen konnte, „Warum brauchen wir eigentlich ein Außenministerium, schick' doch einfach ein Fax." Eine solche Kombination von Ignoranz und Desinteresse ist einfach erschütternd. Wir können nur hoffen, dass der Schock des 11.9. eine Umkehr bewirken wird, damit der wirklich schwieriger Teil der gegenwärtigen Auseinandersetzung, nämlich der kulturelle, nicht der militärische Teil erfolgreich verlaufen wird.

Im Gegensatz zum bornierten Teil der amerikanischen Bevölkerung, der gar nichts über den Rest der Welt wissen will, meint der bornierte Teil der deutschen Bevölkerung nicht nur alles zu wissen, sondern es auch besser zu wissen, insbesondere wie andere Leute Ihre Leben organisieren sollen. Der alte Spruch „am deutschen Wesen soll die Welt genesen" vermittelt eine Botschaft, die viele Menschen in Deutschland im Stillen für gar nicht so übertrieben halten. Die Entstehung des Ausdrucks „Besserwessi" gleich nach der Wiedervereinigung zeugt schon von der hartnäckigen Beständigkeit bestimmter Charaktereigenschaften, die den Umgang der Deutschen mit anderen Kulturräumen immer wieder belasten. Diese Charaktereigenschaften können leicht in eine herablassende Einstellung gegenüber anderen Kulturen münden und sind aus meiner Sicht die Primärquelle des Antiamerikanismus, der in Deutschland eine alte Tradition hat.

Es ist heute allgemein bekannt, dass eine besonders radikale Form des Antiamerikanismus in der islamischen Welt weit verbreitet ist. Weniger bekannt ist die Tatsache, dass einige der intellektuellen Wurzeln dieser Abneigung gegenüber Amerika aus

Deutschland stammen. Es ist kein Zufall, dass einige der Selbstmordflieger vom 11.9 in Deutschland studiert haben. Vor dem ersten Weltkrieg hat die islamische Welt von den USA kaum Notiz genommen. Danach ist sie in den 20er und 30er Jahren stark von deutscher Philosophie besonders im Bildungsbereich beeinflusst worden. Zu dieser Zeit ist eine negative Sicht der USA sehr weit verbreitet gewesen und keineswegs auf die Nationalsozialisten beschränkt. So unterschiedliche Autoren wie Rainer Maria Rilke, Ernst Jünger und Martin Heidegger wiesen eine stark antiamerikanische Prägung auf. Man sprach von einer Zivilisation ohne Kultur, reich und gesättigt, materiell erfolgreich, aber seelenlos und künstlich, hergestellt statt gewachsen, mechanisch, unorganisch, technologisch fortgeschritten ohne den geistigen Tiefgang einer echten Nationalkultur wie die der Deutschen.

Solche unwissenschaftlichen Verallgemeinerungen sind heute noch verblüffend populär, selbst unter Menschen, deren Bildungsniveau solches verhindern müsste. Nach Abschluss meines ersten Studiums an der Princeton-Universität habe ich einige Semester an der Gutenberg-Uni in Mainz studiert. Ich kann mich noch sehr gut an ein Gespräch mit einer politisch eher linksgerichteten Studentin erinnern, die mich überzeugen wollte, dass das amerikanische Volk bekanntlich kulturlos sei und dass alle außenpolitischen Fehler der USA aus diesem Faktum resultierten. Sie war etwas verdutzt, als ich sie auf die Tatsache aufmerksam machte, dass sie gerade eine der Lieblingsthesen Hitlers benutzt hatte. Es hätte nur noch den Zusatz „verrasst" gefehlt.

In meiner Eigenschaft als Vorsitzender des Vereins zur Förderung der Universität Princeton habe ich überraschend oft mit ähnlichen Erfahrungen zu tun, eine Tatsache, die für den Fortbestand solchen Gedankenguts in der jungen Generation spricht. Ein Teil des Bewerbungsverfahrens für einen Studienplatz an der Uni Princeton ist ein Interview des Studienbewerbers durch Mitglieder unseres Vereins. Im vorigen Jahr hat mich eine Bewerberin ganz ernsthaft gefragt, ob es stimme, dass Amerikaner oberflächlich seien. Sie hätte von vielen, unter anderem auch Lehrern und Lehrerinnen, gehört, dass alle Amerikaner eine oberflächliche Freundlichkeit aufwiesen, die aber verlogen, unecht und deswegen gefährlich sei. Ich habe natürlich versucht, ihr zu erklären, dass alle menschlichen Charaktereigenschaften in allen Bevölkerungsgruppen normal verteilt sind und dass deswegen unmöglich ein ganzes Volk oberflächlich sein könne. Sofern solche Eindrücke überhaupt auf empirischer Erfahrung basieren, hängen sie hauptsächlich mit mangelnden Sprachkenntnissen zusammen, bei denen die subtileren Aspekte der kommunikativen Bräuche einer Fremdsprache noch nicht beherrscht werden.

Solche Einschätzungen hängen jedoch in der Regel überhaupt nicht mit tatsächlich erlebten Erfahrungen, sondern eher mit überlieferten Legenden, Fantasien und Ideologien zusammen. In Deutschland sind nach dem Untergang des Dritten Reiches neue Quellen des Antiamerikanismus dazu gekommen. Marxismus sowjetischer Prägung übernahm den östlichen Teil des Reiches und ersetzte die mystisch-völkische, romantische Form des Antiamerikanismus durch eine pseudorevolutionäre Befreiungstheologie. Und wieder waren es die üblichen Verdächtigen. Statt verrassten Plutokraten waren es nun raffgierige Kapitalisten, die die wahre Menschlichkeit bedrohten. Die

Amerikaner waren es natürlich, die für das Elend der Dritten Welt, den Neokolonialismus, die Niederwerfung der internationalen Arbeiterklasse und die Zerstörung der Umwelt verantwortlich seien.

Nach dem Zusammenbruch der Sowjetunion gibt es keinen bedeutenden Befürworter des marxistisch-leninistischen Gesellschaftsmodells mehr. Der Antiamerikanismus ist aber geblieben und findet neue Enthusiasten in so unterschiedlichen Bewegungen wie Al-Quaida und der Antiglobalisierungsbewegung. Ich habe sogar vor kurzem in einer Festrede des Bundestagspräsidenten Thierse zur Einweihung des IG Farben-Gebäudes der Universität Frankfurt lernen müssen, dass es einen kausalen Zusammenhang zwischen Fehlern, die im Rahmen der Globalisierung begangen wurden, und dem Hass gegen Amerika in der islamischen Welt gibt. Ist Anti-Globalisierung ein neues Code-Wort für Anti-Amerikanismus? Es ist interessant darüber zu spekulieren, warum eine solche Regung jeden ideologischen Wandel überstehen kann. Sind wir Amerikaner tatsächlich so böse? Die Vorwürfe sind immer wieder die gleichen. Uns Amerikaner werden Materialismus, Habgier, Sexismus, Rassismus, Imperialismus, Sklaverei, Tyrannei, Ausbeutung und Umweltzerstörung vorgeworfen.

Zu allen Vorwürfen müssen wir uns schuldig bekennen, nicht so sehr als Amerikaner, sondern als Mitglieder der menschlichen Rasse. Wir Amerikaner haben in unserer Geschichte alle die schrecklichen Dinge gemacht, die alle anderen Menschen auch gemacht haben. Bei Gesprächen über Geschichte führen die von Anti-Amerikanismus geprägten Deutschen z.B. gerne die Zerstörung der Indianer-Kulturen und die Sklaverei als Beweise dafür ein, dass die Amerikaner kein bisschen besser sind als die Deutschen. Abgesehen davon, dass die schlimmsten Verwüstungen ab 1519 im Namen eines Habsburgischen Kaisers lange vor der Gründung der englischen Kolonien geschehen sind, stimmt es natürlich, dass die ganze Geschichte der europäischen Eroberung der amerikanischen Kontinente sehr brutal war. Es war aber wahrscheinlich nicht brutaler als die anderen Eroberungszüge der Geschichte wie z.B. die der Muslime im 7. und 8. Jahrhundert oder die der Mongolen im 12. und 13. Jahrhundert. Man darf auch nicht dem Irrglauben verfallen, dass die Indianerkulturen Modelle des humanen, harmonischen, ökologisch unbedenklichen Zusammenlebens waren. Das wäre Romantik pur. Die Indianer-Kulturen haben alle Unarten der Menschheit wie Sklaverei, Raubbau an der Natur und Konkubinat fleißig praktiziert, lange bevor die ersten Europäer eingetroffen sind. Letzteres ist sogar durch die Zwangsbekehrung der christlichen Missionare etwas gelindert worden. Die wirkliche Tragödie, die mit der Ankunft der Europäer zusammenhängt, ist das Massensterben aufgrund der aus Europa eingeschleppten Krankheiten, wogegen die Einheimischen keine Abwehrkräfte besaßen. Das war von den europäischen Siedlern keinesfalls beabsichtigt, ganz im Gegenteil, es haben dadurch Arbeitskräfte gefehlt. Dieses Immunproblem war dann aber wiederum auch ein Motor der Versklavung der Afrikaner, da diese sowohl gegen europäische als auch gegen tropische Krankheiten immun waren.

Die Beschäftigung mit Schuldzuweisungen für vergangenes Unrecht ist aber wenig hilfreich. Wichtig ist zu überlegen, wie wir in Zukunft solche Entwicklungen vermeiden bzw. deren Folgen am besten beseitigen können. Im Gegensatz zu der in Europa oft geäußerten Meinung haben die Vereinigten Staaten wichtige Erfolge vorzuzeigen. Europäer sind oft verblüfft zu erfahren, dass die Institution mit den größten Erfolgen in der Welt bei der Beseitigung der Rassendiskriminierung die US-Armee ist. Es gibt z.B. Dutzende von schwarzen Generälen in den Streitkräften der Vereinigten Staaten. Der Kommandant der 1. Panzerdivision hier in Wiesbaden ist ein Latino, der in einem armen Barrioviertel in Südtexas aufgewachsen ist und dessen Großeltern Yaqui-Indianer waren. Jetzt ist er Generalmajor in der mächtigsten Organisation der Weltgeschichte. In den Streitkräften von Großbritannien und Frankreich, die große afrikanisch-stämmige Bevölkerungen haben, gibt es keinen einzigen General aus diesen Minderheiten. Es wird auch bestimmt lange dauern, bevor die Bundeswehr einen türkisch-stämmigen General haben wird. Die Rassenprobleme der Vereinigten Staaten sind noch lange nicht gelöst, aber sie werden systematisch angegangen. Nimmt man die begründeten Bedenken zur Kenntnis, die viele internationalen Organisationen bei der Vermittlung nicht-weißer Austauschstudenten in die neuen Bundesländer haben, so müssen wir erkennen, dass hier die Bundesrepublik Nachholbedarf hat.

Ein anderer Lieblingsvorwurf gegen Amerika ist der sogenannte wirtschaftliche Imperialismus. Kritiker von rechts und links unterstellen den Vereinigten Staaten den Missbrauch ihrer wirtschaftlichen Macht zum Nachteil der Armen und Entrechteten dieser Welt. Dieser alte Vorwurf erhält in der Antiglobalisierungsbewegung neue Formen; es kommt z.B. die Sünde der Umweltzerstörung dazu. Die Antiglobalisierungsideologie ist durch die empirischen Fakten kaum aufrechtzuerhalten und widerspiegelt eher eine Art Primitivismus, bei dem ferne Länder und vergangene Zeiten romantisch verklärt werden. Tatsache ist es, dass die wirtschaftliche Integration auf der Basis der freien Marktwirtschaft die einzige Hoffnung der Armen dieser Welt ist, dem Elend zu entkommen. Alle anderen Modelle haben nachweislich versagt. Die Verarmung und Umweltzerstörung, die das sowjetische Modell verursacht hat, haben die Deutschen am eigenen Leibe erlebt. Es wird Generationen dauern und irrsinnig viel Aufwand kosten, die Folgen zu überwinden. Ähnlich erging es allen Ländern, die das Modell der importsubstituierenden Industrialisierung praktiziert haben. Dutzende von Ländern von Indien über Afrika bis nach Südamerika haben verschiedene Varianten dieses Modells ausprobiert, überall mit den gleichen Effekten – wirtschaftlicher Verfall und Bürokratisierung der Gesellschaft. Nur Länder, die sich dem Welthandel geöffnet haben, sind bisher nachweislich auf Dauer erfolgreich gewesen. Diese Länder machen auch in der Regel die besten Fortschritte im Umweltschutz.

Gegner der freien Marktwirtschaft in Deutschland sprechen oft über die Unterdrückung der amerikanischen Arbeiterklasse und führen das Fehlen einer Betriebsverfassung als einen klaren Nachweis für mangelnde Mitbestimmung der Arbeitnehmer an. Wer beide Arbeitswelten erlebt, erkennt sehr schnell, dass dies eine besonders zweifelhafte Verallgemeinerung ist. Das Fehlen bestimmter bürokratischer Institutionen bedeutet noch lange nicht, dass Arbeitnehmer keinen Einfluss auf unternehmerische Entscheidungen haben. Die Studenten, die wir im Rahmen unseres USA-Interns-Programms nach Amerika geschickt haben, waren ausnahmslos verblüfft zu erfahren, wie viel schöner, lockerer, kreativer und interessanter es ist, in einer amerikanischen

Firma zu arbeiten, als in den deutschen Firmen, in denen sie bisher ihre Arbeitserfahrung gemacht haben. Andererseits: wer die deutsche Betriebsverfassung in der Praxis erlebt, muss feststellen, dass es hierbei oft mehr um die Schaffung von Karrierechancen für Gewerkschaftsfunktionäre als um die Verbesserung des Arbeitslebens des Einzelnen geht.

Vor dem 11. September haben viele Europäer eine gewisse Abkühlung in den Beziehungen zwischen den USA und der EU befürchtet. Wir sollten aber solche Veranstaltungen wie die heutige nutzen, um festzustellen, dass uns weitaus mehr verbindet als uns trennt, und dass dies auch in Zukunft so bleiben wird. Die Kulturen der EU und der USA haben schließlich ein halbes Millennium an gemeinsamer Geschichte. Schon 1507 hat ein deutscher Geograph, Martin Waldseemüller, die Geschichte Amerikas entscheidend geprägt, indem er ihm seinen Namen zu Ehren des florentinischen Seefahrers gegeben hat, der als erster die neu entdeckten Kontinente als einen mundus novus (und nicht als Indien) erkannt hat. Seit der Zeit haben sehr viele andere Deutsche die Geschichte und Kultur der neuen Welt mitgestaltet. Bereits in der ersten englischen Kolonie in Jamestown in 1607 waren deutsche Siedler dabei. Danach haben Generationen von Deutschen Amerika mit Fleiß, Sachwissen und Unternehmergeist immer wieder bereichert. Die Besiedlung des Westens wäre z.B. ohne eine deutsche Erfindung, den Conastoga Wagen, nicht denkbar gewesen. Damals wie heute war deutsche Technik in der Konstruktion von Fortbewegungsmitteln sehr geschätzt.

Heute sind fast 60 Millionen Amerikaner deutscher Abstammung und bilden dadurch eine der größten ethnischen Gruppen der USA. Viele Tausende von amerikanischen Familien haben regelmäßigen Kontakt mit Verwandten in Deutschland. Es gibt enge Kooperationen jeder denkbaren Art und Ebene. Die Beziehungen zwischen Amerikanern und Deutschen sind so tief und fest, dass eine wirklich grundlegende Wende aus meiner Sicht undenkbar ist.

Wichtig ist jedoch, dass Freunde einander als gleichberechtigte Partner behandeln und Meinungsverschiedenheiten sachlich, ohne Polemik und ideologische Verklärung, offen debattieren können. Dabei sollte man immer so viel Respekt für die Meinung des anderen haben, dass man solche Debatten immer zum Anlass nimmt, die eigene, vielleicht ein bisschen festgefahrene Meinung, kritisch unter die Lupe zu nehmen.

Diejenigen, die gerne über ernsthafte Probleme in den Beziehungen zwischen der EU und den USA reden, überschätzen das, was uns trennt, und unterschätzen bei weitem die Wichtigkeit unserer gemeinsamen Ziele. Einige Handelsdispute mindern die unvergleichbar signifikanteren Vorteile nicht, die uns die wirtschaftliche Kooperation und Integration bescheren. Mangelnde Übereinstimmung über die Auswahl der für die Friedenserhaltung am besten geeigneten Rüstungssysteme wird unser Festhalten an einer starken und effektiven Atlantischen Allianz nicht erschüttern. Meinungsverschiedenheiten über den wirkungsvollsten Umgang mit Terrorstaaten werden unsere klare gemeinsame Selbsteinschätzung nicht ändern, dass wir zu den Nationen zählen, die kompromisslos für Freiheit, Menschenrechte und Selbstbestimmung einstehen. Es mag durchaus sein, dass wir uns immer wieder über den Weg streiten werden, aber das Ziel bleibt das gleiche.

Bei einem solchen überwältigenden Konsens über die wirklich wichtigen Themen kann es für zwei so mündige Kulturen kein Problem sein, lebhafte aber freundliche Debatten über eine breite Palette von Anliegen zu führen, die uns gegenseitig bereichern. In dieser Beziehung ist es nützlich, die Ansichten eines der größten deutschen Philosophen, Georg Wilhelm Friedrich Hegel, zu Rate zu ziehen. Hegel glaubte, dass die Weltgeschichte die fortschreitende Evolution der Wahrnehmung der Freiheit ist. Diese Evolution findet als ein kontinuierlicher dialektischer Prozess statt, bei dem Wahrheit durch das Aufeinanderprallen von Gegensätzen entsteht. Beide Gegensätze enthalten nur einen Teil der Wahrheit. Der dadurch zustande kommende Konflikt resultiert in der Entdeckung der Limitationen beider ursprünglicher Standpunkte und führt dadurch zu einer Synthese, die eine umfassendere Wahrnehmung der Realität ermöglicht. Diese bildet dann den Ausgangspunkt für eine neue Iteration des dialektischen Prozesses.

Das Hegelsche Modell hat mehrere nützliche Komponenten. Es mahnt uns, beide Seiten eines Arguments ernst zu nehmen, und es erkennt die evolutionäre Natur der Wahrheitsfindung. Es zeigt uns auch, dass Fortschritt durch intellektuelle Konflikte, durch das Aufeinanderprallen von unterschiedlichen Ideen entsteht. Meinungseinstimmigkeit führt oft zur geistigen Trägheit und zum Abstumpfen der analytischen Fähigkeiten.

Wir sollten deswegen heftige Debatten zwischen Europäern und Amerikanern grundsätzlich als Gelegenheiten zum geistigen Wachstum begrüßen. Unsere Gesellschaften werden mit beträchtlichen Problemen konfrontiert, die viele kreative Ideen erfordern. Europäer werden weiterhin Amerikaner auffordern, sozialen Problemen, Umweltschutz und einem humaneren Strafvollzug mehr Beachtung zu schenken. Amerikaner werden ihren europäischen Freunden einige Vorschläge zu machen haben, die eine effektivere Reduzierung der Arbeitslosigkeit, eine bessere Förderung des Unternehmergeistes und einen realistischeren Umgang mit den Sicherheitsproblemen dieser Welt betreffen. Beide Seiten sind gut beraten, einander gut zuzuhören. Verbesserungsbedarf auf beiden Seiten ist reichlich vorhanden.

Um Hegels schöne Vision der Geschichte als fortschreitende Wahrheitserkennung zu realisieren, ist es wichtig, dass es Veranstaltungen wie diese gibt, bei der Menschen aufeinander zugehen und ihre teilweise sehr unterschiedlichen Standpunkte offen und kritisch diskutieren können. Darin liegt auch das Ziel der Steuben-Schurz-Gesellschaft. Uns ist besonders daran gelegen, dass die Jugend unserer beiden Kulturen Gelegenheiten zu möglichst direkten Erfahrungen mit der jeweils anderen Kultur erhält. Das ist auch der Sinn des USA-Interns-Programms und des weltumspannenden studentischen Netzwerks, das wir im Begriff sind, aufzubauen. Die beteiligten Studenten sollen Gelegenheit erhalten, ihre eigene Erfahrung mit der jeweils anderen Kultur zu machen und ihre eigene Meinung zu bilden. Deswegen sitzen die Beteiligten selbst am Steuer und gestalten alle Aspekte der Projekte. Wer das für eine gute Idee hält, ist herzlich willkommen. Treten Sie der Steuben-Schurz-Gesellschaft bei und bestimmen Sie mit, wie die transatlantische Partnerschaft in Zukunft aussehen soll.

Martin Strübing

Chancen einer transatlantischen Wirtschafts- und Währungsunion

Einleitung

Seit dem 11. September 2001 sind wir in einen neuen Krieg mit einer wachsenden Anzahl von Unbekannten eingetreten: Mal wird von einen „langanhaltenden Krieg gegen den internationalen Terrorismus" gesprochen, mal wird gefordert, neben dem Taliban-Regime auch andere „Schurken-Staaten" wie den Irak anzugreifen. Nur eines ist sicher: Anführer der Kriegskoalition sind die USA, sie entscheiden über Dauer und Umfang dieses neuartigen Krieges sowie über Strategie und Taktik.

Die Welt hatte kaum Zeit, Atem zu holen: Die neue martialische Rhetorik und sämtliche Maßnahmen zur Mobilisierung von Ressourcen für einen breit angelegten „Krieg gegen den internationalen Terrorismus" erschienen wie eine schon längere Zeit in strategischen Szenarien durchgespielte und vorbereitete Kampagne. Es hat den Anschein, als hätten einige nur auf dieses Ereignis gewartet, um ihren Willen gegen lästige parlamentarische Prozeduren und rechtsstaatliche Bedenkenträger durchzusetzen und den globalen Führungsanspruch des Westens wieder einmal militärisch zu demonstrieren.

Kein Wunder, daß die Stimmen, die auf wahrscheinliche Unterstützer der Terroranschläge in den USA selbst hinweisen, nicht verstummen. Seit auch in Europa im Zuge der Anti-Terror-Maßnahmen eine deutliche Stärkung der Befugnisse der Exekutive zu verzeichnen ist, keimen gerade in Deutschland alte Ängste wieder auf: Furcht vor Notstandsverordnungen, Anti-Terror-Sondergesetzen, unkontrollierbaren Geheimdienstaktivitäten, telefonischer Überwachung usw. Die Erinnerungen an den Reichstagsbrand und der Albtraum des Dritten Reiches stehen hier genauso Pate wie die Erfahrungen mit der Gewaltspirale im Kampf gegen die RAF in den siebziger Jahren.

Seit dem 11. September wurde von westlichen Politikern immer wieder behauptet: „Nichts wird mehr so sein, wie es war", und wenn man sich die Entwicklung der öffentlichen Diskurse betrachtet, so scheint sich diese Prognose schon dadurch allmählich zu bewahrheiten, daß fast in allen politischen Problembereichen die Bezugnahme auf die Terroranschläge sowie den ausgerufenen „Krieg gegen den Terrorismus" neuerdings als Ausgangspunkt und Legitimationsargument für Gespräche, Initiativen und Entscheidungen verwendet wird. Ob es sich um außen- oder innenpolitische Fragen handelt, um die Erklärung von Börsenkursen, parteipolitische Grundsatzfragen, Konjunkturprognosen oder die Rechtfertigung von Gesetzespaketen, immer wieder wird auf die angeblich völlig neue Situation nach dem 11. September Bezug genommen.

Vielleicht gehört die hier stattfindende Diskussion und Initiative bezüglich einer Transatlantischen Union auch zu den Symptomen dieser neuen Realität. In Krisenzeiten wie diesen werden Tabus gebrochen und völlig neuartige, revolutionäre Konzepte erwogen. Vielleicht ist dies auch eine einmalige Gelegenheit zur Diskussion von Utopien und gewagten Visionen.

Eine transatlantische Union, soll sie sich nicht beschränken auf eine von außen erzwungene Waffenbrüderschaft, erscheint mir als eine solche Utopie. Die Geschichte lehrt, daß Utopien Realität werden können. Sie lehrt jedoch auch, daß sie gefährliche Energien freisetzen können.

Die Versuchung ist groß, diesen Krieg als Anlaß zu nehmen, um die USA und Europa unter Zuhilfenahme eines externen Feindes zusammenzuschmieden. Die vereinfachte Überlegung: Es beginnt ein Krieg der Zivilisationen, aufgrund ihres christlichen Erbes sind die USA und Europa „natürliche" Verbündete in diesem Krieg und müssen gegenüber der islamistischen Gefahr enger zusammenrücken.

Es wird hierbei jedoch übersehen, daß bereits dieser Befund in Europa nur wenige Befürworter findet. So beurteilt die öffentliche Meinung in Frankreich den christlichen Fundamentalismus, wie er sich in den USA manifestiert, als ebenso antiquiert wie den islamischen Fundamentalismus. Religiöser Fundamentalismus gleich welcher Couleur ist immer dann zu verwerfen, wenn er zur Legitimierung von Waffengewalt verwendet wird.

Eine europäisch-amerikanische Ad-hoc-Union zur Führung eines sich ausbreitenden globalen Religionskrieges mit einer wachsenden Beteiligung geheimer Einsatzkommandos auf der ganzen Welt stünde sicherlich unter keinem guten Stern. Bemühungen um transatlantische Kooperation sollten sich daher an den Herausforderungen orientieren, die der Westen trotz seiner Versprechungen noch nicht gemeistert hat: Frieden und Gerechtigkeit im Nahen Osten, Abbau der Gewalt in allen Bereichen der Gesellschaft und Schaffung einer ökologisch verträglichen energieeffizienten Wirtschaft sowie Bewältigung der globalen Wirtschafts- und Finanzkrise. Hier gibt es sowohl für Amerikaner als auch für Europäer noch mehr als genug zu tun.

Um der Idee einer transatlantischen Union den Charakter einer reinen Utopie zu nehmen, erscheint es mir sinnvoll, die Prozesse zu betrachten, die in der Vergangenheit supranationale Zusammenschlüsse, welche den Namen „Union" verdienen, ermöglicht haben. Eine solche Erörterung kann jedoch schwerlich umhin, zunächst einmal die bisher bekannten Prozesse zur Schaffung von Wirtschafts- und Währungsunionen, insbesondere die zur Europäischen Wirtschafts- und Währungsunion, zu untersuchen.

Ob Zufall oder nicht, in dieser Zeit des Umbruchs der militärischen Gegebenheiten und Paradigmata sind wir gleichzeitig Zeugen einer historischen Weltwirtschaftskrise sowie der seit langer Zeit vorbereiteten Einführung des Euro als neues Zahlungsmittel in der Europäischen Union.

Was kann man aus der weitgehend geglückten und erfolgreichen Integration Europas in eine Europäische Wirtschafts- und Währungsunion lernen?

Erinnern wir uns: Die Europäische Gemeinschaft entstand aus den Erfahrungen katastrophaler innereuropäischer Kriege. Die Kernidee der Gründerväter war, Kriege zwischen Deutschland und Frankreich zukünftig unmöglich zu machen. Im Vordergrund der europäischen Wirtschaftsintegration stand zunächst die Schaffung gemeinsamer Kontrollstrukturen für die strategischen Ressourcen Kohle und Stahl sowie der Nutzung der Atomenergie.

Damals, im Kalten Krieg, drohte Europa in der Rivalität zwischen den beiden Supermächten USA und Sowjet-Union unterzugehen. Das Bewußtsein, daß die westeuropäischen Nationalstaaten langfristig zu klein seien, um sich wirtschaftlich und politisch zu behaupten, stand ebenso Pate wie die Notwendigkeit der Schaffung einer Solidargemeinschaft in Hinblick auf die potentielle Bedrohung durch die Sowjet-Union.

Im Zuge der Krise des Bretton-Woods-Systems kam jedoch auch der Wille hinzu, der Macht des fortan vom Goldpreis unabhängigen US-amerikanischen Dollars eine Perspektive der europäischen währungspolitischen Zusammenarbeit entgegenzusetzen. Wir erinnern uns an die Pläne der deutschen und französischen Regierungen in den Siebziger Jahren, durch die Schaffung einer „Währungsschlange" einen Kompromiss zu finden zwischen der benötigten Wechselkursflexibilität zwischen den europäischen Staaten, die immer noch erhebliche Unterschiede in Wachstum, Inflation und Arbeitslosigkeit aufwiesen, und der Vision einer Wirtschafts- und Währungsunion, welche allein in der Lage sei, der Macht des US-Dollars Paroli zu bieten.

Erinnern wir uns weiter an die französische „Basistheorie", nach der eine gemeinsame Währung bzw. fixe Wechselkurse die notwendigen Grundlagen darstellen für eine weitere wirtschaftliche Integration, und die deutsche „Krönungstheorie", derzufolge eine gemeinsame Währung nur denkbar sei als krönender Abschluß einer bereits erfolgten Integration der Wirtschaftsräume. An diesem Gegensatz zerbrachen die frühen Pläne einer Europäischen Währungsunion, und es sollte noch ein Vierteljahrhundert vergehen, bis Europa – letztendlich der „Krönungstheorie" folgend – die gemeinsame Währung verwirklichen würde.

Denn in der Tat: der nächste große Schritt war die Schaffung einer europäischen Wirtschaftsunion. Eine Wirtschaftsunion zeichnet sich aus durch relative Freiheit der Fluktuation von Gütern und Dienstleistungen sowie der Produktionsfaktoren Arbeit und Kapital. Dieses Konzept aus der klassischen Volks- und Betriebswirtschaftslehre war der Rahmen für die Diskussionen und Vorbereitungen zur Schaffung des gemeinsamen europäischen Marktes.

Ein zweiter Ansatz war die in den achziger Jahren in Mode gekommene Transaktionskostentheorie Williamsons. Danach bestimme die Höhe der Transaktionskosten die Organisationsform und die Effizienz von Unternehmen und Märkten. Nachdem die Produktionskosten durch die Unternehmen weitgehend bis auf ein Minimum reduziert worden waren, richteten sie ihre Bemühungen nun stärker darauf aus, die Kosten der Information, der Koordination, der Informationsbeschaffung, Versicherung, Beratung und Vermittlung usw. zu senken. Als wichtigster Hinderungsgrund hierfür aber erwiesen sich national unterschiedliche Rechts- und Steuersysteme, verschiedene technische Standards, vielfältige Formulare und Exportgenehmigungen und kostspielige Experten und Marktforschung zur Erschließung neuer Märkte innerhalb Europas.

Auch die Attraktivität einer Wirtschafts- und Währungsunion wurde schon damals mit den hohen Kosten begründet, die bei der Umwechslung von einer europäischen Währung in die andere entstünden; also auch hier eine typische Anwendung des Transaktionskostenargumentes.

So richteten sich die Bemühungen der europäischen Kommission auf die Schaffung gemeinsamer technischer Standards und die – so oft belächelte – Harmonisierung von Produkteigenschaften und Vorschriften für unzählige Produkte und Dienstleistungen in der Europäischen Gemeinschaft mit dem Ziel, einen europäischen Markt zu schaffen, der dem Ideal der klassischen Wirtschaftstheorie – homogene Produkte mit einheitlichen Preisen – entspräche.

Wie wir heute wissen, haben diese Bemühungen durchaus Früchte getragen. Die grotesken Auswüchse der „Eurokraten" bei der detailbesessenen Definition von Produktstandards haben jedoch auch viel Unverständnis bei den europäischen Bürgern ausgelöst – vor allem vor dem Hintergrund, daß es für wichtige Produkte des allgemeinen Gebrauches wie z.B. Steckdosen bis heute noch Inkompatibilitäten zwischen den europäischen Ländern gibt.

Was die Faktormobilität angeht, ergibt sich ein zwiespältiges Bild: So kann man bis heute nicht im entferntesten von der Existenz eines europäischen Arbeitsmarktes sprechen, trotz einiger zaghafter Fortschritte bei der gegenseitigen Anerkennung von Ausbildungs- und Berufsstandards. Die Schaffung eines europäischen Kapitalmarktes dagegen wurde mit hoher Priorität angegangen. Dieser europäische Kapitalmarkt ist heute weitgehend Wirklichkeit geworden, allerdings zum Preis stark überhöhter (Transaktions-)Kosten – die derzeitige Auseinandersetzung zwischen der Europäischen Kommission und den europäischen Banken über die Kosten von Auslandsüberweisungen legt hierfür ein deutliches Zeugnis ab.

Dies war und ist also der mühevolle und noch längst nicht vollständig zurückgelegte Weg zu einer Wirtschaftsunion in Europa: Es scheint, als wäre dieser Plan aufgrund der zahlreichen Schwierigkeiten und Hindernisse schon mehrmals gescheitert, wäre da nicht eine Vision gewesen, die die Unumkehrbarkeit der Entwicklung hin zur Europäischen Wirtschaftsunion allen Europäern zwangsläufig immer wieder ins Bewußtsein brachte, nämlich die Vision der Schaffung einer gemeinsamen neuen Währung.

Die Schaffung des Euro ist eine wahrhaft historische Begebenheit, und bis vor kurzem erschien dieses Projekt vielen noch wie eine Schimäre: Für die einen undenkbar in dem Vielvölkergemisch Europa, für die anderen unerwünscht und daher bis zuletzt aus dem Bewußtsein verdrängt.

Aus dieser kraftvollen Vision ist jedoch eine Realität geworden, und wir waren Zeugen dieser friedlichen Revolution des internationalen Finanzsystems.

In seinem weltbekannten Hauptwerk „The Road to Serfdom" hat der Nobelpreisträger Friedrich Hayek beschrieben, wie bürokratische Organisationen dazu tendieren, sich selbst und ihren Einfluß durch die sinnlose Multiplikation von bürokratischen Aktivitäten sowie die Schaffung neuer formaler Kontrollzuständigkeiten beständig auszuweiten.

Wer weiß, wie sich europäische Wirtschaft und Verwaltung entwickelt hätten, wären nicht alle Regierungen in den letzten zehn Jahren zu der Haushaltsdisziplin gezwungen gewesen, die Ihnen die Maastricht-Kriterien und der Stabilitätspakt auferlegte?

Schon jetzt hat sich der Euro als Förderer, wenn nicht gar Retter der europäischen Wirtschaft und des europäischen Steuerzahlers vor sinnloser staatlicher Regelungswut und ausufernder Tätigkeit staatlicher Bürokratie erwiesen.

Bei dieser Gelegenheit sollte einmal auf einen kaum beachteten Sachverhalt hingewiesen werden, der m.E. jedoch die Basis für den in diesem Sinne bewerteten gegenwärtigen und – hoffentlich – auch zukünftigen Erfolg des Euro ist: die Weisheit der Maastricht-Kriterien.

Es ist ganz einfach, sich auszurechnen, was es bedeutet, wenn die Obergrenze der Staatsverschuldung 60% des BIP und der Neuverschuldung 3% des BIP beträgt: Die relative Neuverschuldung wird damit nämlich auf 3%/60% = 5% des Schuldenstandes beschränkt. Ein Wachstum der öffentlichen Verschuldung um 5% p.a. ist aus Sicht des Kapitalmarktes jedoch gleichbedeutend mit dem langfristigen Einpendeln des risikofreien nominalen Zinssatzes auf 5%. Die wirtschaftspolitische Erfahrung ganzer Jahrhunderte legt jedoch nahe, daß dies ein durchaus vertretbarer Zinssatz ist. Er erlaubt eine Schwankung der Inflationsrate zwischen 0% und 5% und eine entsprechende Fluktuation des Realzinses zwischen ebenfalls 0% und 5%, beides Größen, die im Rahmen einer anzustrebenden Bandbreite liegen, um nach allen bisherigen Erfahrungen der Wirtschaftspolitik angemessene und stabile Rahmenbedingungen für Wachstum, Inflation und Zahlungsbilanzstabilität zu schaffen.

Diese magischen 5% sind also die implizite Zins-Zielgröße der Maastricht-Kriterien und somit der entscheidende Rahmenfaktor für die Entwicklung des Kapitalmarktes in der Euro-Zone.

Der Geniestreich der Väter von Maastricht liegt somit darin, einen neuen Fixpunkt definiert zu haben, der die Funktion des Goldes übernimmt, welches seit dem Ende des Goldstandardes sowie des Bretton-Woods-Systems diese Funktion verloren hatte.

Der letzte Anker für die Bestimmung des Wertes der Währung ist somit nicht mehr der Weltmarktpreis für ein willkürlich gewähltes Edelmetall, sondern der Weltmarktzins in Zusammenhang mit der meßbaren Haushaltsdisziplin der öffentlichen Schuldner in dem jeweiligen Währungsraum.

Erst aus dieser Erkenntnis wird das enorme Potential des Euro deutlich. Denn die Maastricht-Kriterien sind natürlich auf jeden öffentlichen Haushalt anwendbar, und es besteht a priori kein Grund, einem Land, welches diese Kriterien erfüllt, sollte es Interesse an der Übernahme der Euro-Währung bekunden, den Zugang zum Euroland zu verwehren.

Im Gegensatz zum Dollar, dessen Kurs sich seit der Abkopplung vom Goldpreis 1971 ohne eine absolute, letzte Orientierungsgröße entwickelt, bietet der Euro mit den

Maastricht-Kriterien eine potentielle Basis für ein neues Weltwährungssystem. Der Euro repräsentiert potentiell die Gesamtheit aller öffentlichen Haushalte, die sich an diese Kriterien halten und könnte somit allen Staaten der Welt offenstehen und in ihnen den bereits in Europa beobachtbaren heilsamen Effekt der Beschränkung der Staatsausgaben und somit des staatlich-bürokratischen Wildwuchses entfalten.

Es erübrigt sich hinzuzufügen, daß die USA aufgrund ihrer derzeit vorbildlichen Situation des öffentlichen Haushaltes ein besonders attraktiver Kandidat für einen Beitritt zur Euro-Zone abgeben würden, wobei es zunächst einmal zweitrangig wäre, ob der Euro als offizielle Währung übernommen würde oder nur ein fester Wechselkurs zwischen Euro und Dollar sowie die Einhaltung der Maastricht-Kriterien samt Stabilitätspakt vereinbart würde.

Wie realistisch ist also das Projekt einer transatlantischen Union? Wir sehen, daß eine im Vergleich zu der mühsamen Schaffung der europäischen Wirtschafts- und Währungsunion mit ihren 12-15 verschiedenen staatlichen Interessen relativ einfache Möglichkeit einer Kopplung von Euro- und Dollarzone bereits unser Vorstellungsvermögen stark in Anspruch nimmt.

Nimmt man also von dieser Idee Abstand, so verbleibt das Ziel einer Wirtschaftsunion, also der Schaffung eines Binnenmarktes mit weitgehender Faktormobilität. Was den Güterverkehr betrifft, so stellt sich sofort die Frage nach der Einbindung der transatlantischen Handelsbeziehungen in das Rahmenwerk der WTO. USA und EU sind für einander die jeweils größten Handelspartner. Der Fluß von Waren und Dienstleistungen zwischen EU und USA ist weltweit der größte Handelsfluß zwischen zwei Handelsblöcken[95]. Die Erfahrung der internationalen Handelsbeziehungen zeigt, daß die handelspolitische Annäherung zweier oder mehrerer Handelsmächte in der Regel einhergeht mit einer relativen Abschottung dieser Blöcke nach außen. Die Ursache sind relative Preisänderungen und Substitutionseffekte für diverse Güterklassen, die zu einer Umleitung von Handelsströmen führen.

Die transatlantischen Handelsbeziehungen im Rahmen der globalen Handelsordnung sind von einer Art doppelter Unaufrichtigkeit gekennzeichnet: Einerseits beteuern beide Seiten, weltweit für ein Maximum an Freihandel einzutreten und auch ihre bilaterale Handelspolitik, wie sie sich in der New Transatlantic Agenda (NTA) sowie der Transatlantic Economic Partnership (TEP) manifestiert, an dem Ideal offener Märkte auszurichten.

Gleichzeitig behalten sich beide Mächte Ausnahmen von diesem Prinzip vor: Am deutlichsten wird dies am Beispiel des Helms-Burton-Acts sowie des Iran Lybia Sanction Acts.

Für bestimmte Unternehmen und Investitionsprojekte werden nun auf rein bilateraler euro-amerikanischer Ebene wiederum Ausnahmeregelungen dieser Ausnahmen zuge-

---

[95] European Commission: Report on United States Barriers to Trade and Investment 2001, Brüssel, Juli 2001, S. 3

lassen, so geschehen für die Öl- und Gasindustrie bei der Formulierung der Transatlantic Partnership on Political Cooperation auf dem Londoner Gipfel von 1998.

Die transatlantischen Wirtschaftsbeziehungen sind also außerordentlich eng und umfangreich, entsprechen jedoch immer weniger dem Gedanken eines gemeinsamen Eintretens für das Prinzip des multilateralen Freihandels.

In den globalen Wirtschaftsbeziehungen hat das Pendel immer zwischen Protektionismus und Freihandel hin- und hergeschwungen, wobei in Zeiten von Rezession und steigender Arbeitslosigkeit regelmäßig alte Formen des Protektionismus wiederbelebt sowie neue Formen entwickelt wurden. Eine neue Welle des Protektionismus in der derzeitigen Rezession stellt somit eine reale Gefahr dar.

Um dieser Gefahr zu begegnen und das gemeinsame Ideal freier Märkte nicht zu opfern, wäre die Schaffung eines gemeinsamen Arbeitsmarktes mit echter Zuwanderungs- und Niederlassungsfreiheit zwischen EU und USA der notwendige nächste Schritt auf dem Weg zu einer Wirtschaftsunion.

Auch hier scheinen wir an Grenzen zu stoßen. Denn wer kann sich wirklich vorstellen, daß die USA ihre Einwanderungspolitik in Richtung einer freien Zuwanderung europäischer Unternehmer und Arbeitnehmer ändern würden?

Ohne konkrete Fortschritte in Richtung einer Wirtschafts- und Währungsunion erscheinen Maßnahmen wie eine transatlantische Verfassung, Staatsbürgerschaft oder Regierung jedoch vollends illusorisch.

Damit ist nicht gesagt, daß neue, größere staatliche Gebilde nicht auch durch (insbesondere gewonnene) Kriege entstehen können, wie etwa der deutsch-französische Krieg die Basis für Bismarcks Reich schuf.

Bei solchen Reichen bzw. Imperien bleibt jedoch ein Merkmal auf der Strecke, dessen Mißachtung die USA und Europa sich nicht erlauben können, ohne ihre innere und externe Glaubwürdigkeit und Identität völlig aufzugeben, nämlich die Demokratie.

Gisela Müller-Brandeck-Bocquet

Die Zukunft der transatlantischen Beziehungen
Eine gleichberechtigte Partnerschaft zwischen der Europäischen Union und den USA

Einführung

Die transatlantischen Beziehungen waren für die Gestaltung der internationalen Politik seit dem Ende des 2. Weltkrieges von herausragender Bedeutung. Auch nach dem Wegfall des Ost-West-Konflikts haben diese Beziehungen nichts von ihrer Bedeutung eingebüßt; denn die Schaffung einer internationalen Ordnung, die weltweite friedliche Koexistenz und Kooperation garantiert, ist auf eine enge, vertrauensvolle und fruchtbare Partnerschaft zwischen dem „alten Kontinent" und der „neuen Welt" angewiesen. Obwohl sich die Notwendigkeit guter transatlantischer Beziehungen durch die Beendigung des Kalten Krieges nicht verringert hat, sind im letzten Jahrzehnt doch Veränderungen im gegenseitigen Verhältnis aufgetreten, die zu wachsenden Diskrepanzen geführt haben. Diese gilt es zu analysieren, um Wege zu künftig wieder konstruktiveren transatlantischen Beziehungen aufzuspüren. Dabei kann die Zukunft der transatlantischen Beziehungen nur in der Ausgestaltung einer gleichberechtigten Partnerschaft zwischen Europa und den Vereinigten Staaten von Amerika liegen.

1. Zum aktuellen Zustand der transatlantischen Beziehungen

„Die Beziehungen zwischen Europa und den USA waren niemals völlig spannungsfrei. Unterschiedliche Einschätzungen regionaler Krisen, sicherheitspolitische Streitfragen des Burden-sharing, der Nuklearstrategie und der Entspannungspolitik sowie Währungsprobleme und Handelsdispute gehörten auch in den Tagen des Kalten Krieges zum transatlantischen Geschäft. Was sich jedoch mit dem Ende der Ost-West-Konfrontation verändert hat ist der Wegfall des Imperativs, etwaige Spannungen und Differenzen unter dem Vorzeichen eines prioritären gemeinsamen Interesses an partnerschaftlicher Kooperation weitgehend zu unterdrücken", schreibt Reinhard Meier-Walser.[96] Daher sind die zuvor in zyklischen Phasen auftretenden Friktionen im transatlantischen Verhältnis weitaus tiefergreifenden Spannungen gewichen, die es derzeit zwischen „Partnerschaft und Konkurrenz" oszillieren lassen.[97] Diese seit Ende des Ost-West-Konflikts immer wieder beklagte Verschlechterung der transatlantischen Beziehungen veranlasste beispielsweise Werner Weidenfeld, den langjährigen Koordi-

---

96 Reinhard Meier-Walser: Kooperative, kompetitive und konfliktive Elemente im Beziehungsgefüge EU-USA, in: Klaus Schubert/Gisela Müller-Brandeck-Bocquet (Hrsg.): Die Europäische Union als Akteur der Weltpolitik, Opladen 2000, S. 122; forthin zitiert als Meier-Walser (2000a). Vgl. die dort aufgeführte zahlreiche Literatur zum Thema
97 Reinhard Meier-Walser: Die euro-atlantischen Beziehungen zwischen Partnerschaft und Konkurrenz, in: Politische Studien, Sonderheft 4/2000, S. 21-38

nator der Bundesregierung für die deutsch-amerikanischen Beziehungen, von einem Kulturbruch zwischen Europa und den Vereinigten Staaten zu sprechen.[98]

Seit Beginn der 90er Jahre bezichtigt man sich gegenseitig, „auf der Prioritätenskala" des transatlantischen Partners „deutlich gesunken" zu sein. Während die USA Europa als zu sehr mit sich selbst beschäftigt perzipierte, „glaubten die Europäer schwindendes Interesse der USA an Westeuropa erkannt zu haben und argwöhnten, daß die Vereinigten Staaten mit dem Gesicht nach Asien und mit dem Rücken zu Europa stünden".[99]

Auch in der Handelspolitik kam es zu häufigeren und grundsätzlichen Konflikten. Dies ist im Grunde nicht verwunderlich, weil sich die USA in ihrem Selbstverständnis als Welthegemon in zunehmendem Maße von der wachsenden Handelsmacht der EG/EU herausgefordert fühlten. Da die europäische Integrationsgemeinschaft als Wirtschaftsgemeinschaft mit dem Ziel der Binnenmarktverwirklichung entstanden ist, gehört die Gemeinsame Außenhandelspolitik seit jeher zu den zentralen Kompetenzen der EWG/EG/EU. Daher konnte sich die Integrationsgemeinschaft im Laufe der Jahre durch die Geschlossenheit ihres Auftretens eine starke Position im Welthandelssystem erobern, die sie zu einer den USA vergleichbaren Wirtschafts- und Handelsmacht hat werden lassen.[100] Diese gleichwertige Position hat ab den 90er Jahren zu wachsenden Handelskonflikten geführt, die keineswegs nur durch den europäischen Protektionismus etwa im Agrarbereich ausgelöst werden; vielmehr versuchen beide Handelsmächte gleichermaßen, ihre Wertesysteme, Subventionspraktiken und Handelsphilosophien auf den Rest der Welt auszuweiten. Wir haben es also mit einem Kampf um die Führungsrolle bei der Regelsetzung des internationalen Handelsregimes zu tun. Mit wachsenden Erfolgen des Euro als internationaler Reservewährung werden neue Konkurrenzsituationen entstehen.

Doch trotz oder vielmehr wegen der zunehmenden Entfremdung im transatlantischen Verhältnis gelang es Anfang der 90er Jahre, die Beziehungen durch die „Institutionalisierung eines permanenten Dialogs auf eine neue Grundlage zu stellen".[101] So konnte im November 1990 eine „Transatlantische Erklärung" unterzeichnet werden, die das multilaterale Handelssystem weiterzuentwickeln versprach, indem insbesondere der Protektionismus bekämpft werden sollte. Auch die Ende 1995 in Madrid unterzeichnete „Neue transatlantische Agenda" sollte dem Auseinanderdriften Einhalt gebieten, indem man sich zu enger sicherheitspolitischer, wirtschaftlicher und wissenschaftlicher Zusammenarbeit bekannte. Im Mai 1998 schließlich wurde die „Transatlantische Wirtschaftspartnerschaft" (Transatlantic Economic Partnership) ins Leben gerufen, die kurz darauf mit einem gemeinsamen Aktionsplan versehen wurde. Bisher jedoch haben diese institutionalisierten Dialogstrukturen die Erwartungen nicht erfüllt, zumal

---

98 Werner Weidenfeld: Kulturbruch mit Amerika? Das Ende transatlantischer Selbstverständlichkeit. Gütersloh 1996
99 Meier-Walser (2000a), S. 123
100 Gisela Müller-Brandeck-Bocquet: Die Mehrdimensionalität der EU-Außenbeziehungen, in: Schubert/Müller-Brandeck-Bocquet (Hrsg.) (2000), S. 37
101 Meier-Walser (2000a), S. 124 ff.

manche der Arbeitsstrukturen gar nicht eingerichtet und manche der hochrangigen Treffen nicht fristgerecht abgehalten wurden.[102]

Zwar sollte man die transatlantischen Spannungen nicht dramatisieren – schließlich sind die USA und Europa die am stärksten wirtschaftlich verflochtenen Regionen der Welt; die USA und Europa bestreiten zusammen 50 % des Welthandels. Auch die zentralen Foren der transatlantischen Beziehungen, die G7-Treffen (inzwischen G8), die OECD und die NATO ermöglichen einen multilateralen Dialog, which „works well ... most of the time". [103] Gleichwohl haben sich die transatlantischen Divergenzen in den letzten Jahren mit steigender Tendenz gehäuft und betreffen neben Handelskonflikten zunehmend auch Fragen der internationalen Politik.

Von europäischer Seite wird vor allem die unkooperative Politik der Vereinigten Staaten in Bezug auf die UN kritisiert. Die seit Reagans Zeiten ablehnende Haltung gegenüber der Weltorganisation hatte sich während Bill Clintons Amtszeit mit dem Sieg der Republikaner bei den Midtermwahlen 1994 erheblich verschärft und die Zahlungsrückstände der USA hatten die UN zeitweise an den Rand des Ruins getrieben. Erst im Dezember 2000 konnte hier eine Lösung gefunden werden.[104]

Unkooperativ verhalten sich die Vereinigten Staaten auch beim Aufbau des in Rom 1998 beschlossenen Internationalen Strafgerichtshofs, bei der Biowaffen-Konvention und der internationalen Klimaschutzpolitik. Schließlich wurden die transatlantischen Beziehungen in den letzten Monate der Amtszeit Clintons durch das vor allem im Kongress verfochtene Ansinnen belastet, ein Raketenabwehrsystem aufzubauen, das in Widerspruch zum 1972 geschlossenen ABM-Vertrag steht.

Die Beispiele ließen sich weiterführen. Hier jedoch soll lediglich festgestellt werden: Seit Ende des Kalten Krieges hat das Unbehagen der Europäer – und des Rests der Welt – an der wachsenden Neigung der einzig verbliebenen Weltmacht zu Unilateralismus, selektiver Verantwortungsübernahme und nationaler Interessenmaximierung deutlich zugenommen. Denn obgleich sich Amerika als Weltordnungsmacht versteht, „fühlt es sich ... durch die von ihm geschaffene Ordnungsstrukturen nicht gebunden und beansprucht damit einen Status außerhalb und oberhalb dieser Ordnung".[105]

Dies galt – wie obige Beispiele belegen – schon für die achtjährige Amtszeit Bill Clintons. Seine von manchen zur Doktrin erhobenen außenpolitischen Ansätze des „assertive multilateralism" und des „comprehensive democratic enlargement" wiesen zunächst zwar auf ein progressives, verantwortliches und „internationalistisch" angeleg-

---

102 Helga Haftendorn: Der gütige Hegemon und die unsichere Mittelmacht: deutsch-amerikanische Beziehungen im Wandel, in: Aus Politik und Zeitgeschichte, B 29-30/1999, S. 10; Meier-Walser (2000a), S. 132
103 William Wallace: Europe, the Necessary Partner, in: Foreign Affairs, May/June 2001, S. 17
104 Manfred Knapp: Die Macht der USA und die Moral der Staatengemeinschaft: Zur UN-Politik der Clinton-Administration, in: Manfred Berg (Hrsg.): Macht und Moral. Beiträge zur Ideologie und Praxis der amerikanischen Außenpolitik im 20. Jahrhundert, Münster 1999, S. 295-318
105 Hanns W. Maull: Internationaler Terrorismus. Die deutsche Außenpolitik auf dem Prüfstand, in: Internationale Politik, 12/2001, S. 2

tes Verständnis von der Rolle der USA als ordnungsstiftende Macht hin; doch die sehr aktive, den präsidentiellen Vorstellungen im wesentlichen konträre Außenpolitik des seit November 1994 republikanisch beherrschten Kongresses trieb die USA deutlich in Richtung Unilateralismus.[106]

Die ersten Monate der Bush-Administration haben dieses Unbehagen noch deutlich vertieft. Noch im Wahlkampf hatte die designierte künftige Sicherheitsberaterin Condoleezza Rice angekündigt, dass Bush eine „new division of labor" in der internationalen Politik anstrebe, die friedenssichernde Missionen in Europa den Europäern überantworten werde, so dass Amerika seine Energien auf andere Regionen konzentrieren könne. In Europa sorgte vor allem die Ankündigung Rice's für Aufregung, die USA würden bald ihre Truppen vom Balkan zurückziehen. Darüber vergaß man, die zweite Konsequenz dieser neuen Arbeitsteilung zu reflektieren, die in der Idee bestand, dass künftig allein die Vereinigten Staaten für Krisenherde in allen anderen Weltregionen zuständig sein sollten. Daalder und Goldgeiger aber weisen darauf hin, daß Amerika trotz seiner momentanen militärischen, wirtschaftlichen und politischen Überlegenheit „lacks the capacity to deal with many of the critical global challenges – ranging from weapons proliferation and terrorism to environmental degradation and the rapid spread of infectious diseases – without support from allies".[107]

So hat der stramm konservative George W. Bush in den ersten Monaten seiner Amtsführung den Trend zu außenpolitischem Unilateralismus noch verstärkt. Denn anders als sein Vorgänger unterstützte der neue Präsident nun den außenpolitischen Kurs der konservativen Parlamentsmehrheit: die Ablehnung des UN-Strafgerichtshofs und des Kyoto-Protokolls, eine härtere Gangart China und Russland gegenüber sowie das National Missile Defense (NMD)-Programm, das die Kündigung des ABM-Vertrages impliziert, fanden nun auch die explizite Unterstützung des Weißen Hauses.

2. Neue Lage nach dem 11. September 2001

Nach den Terroranschlägen vom 11.9.2001 sah es vorübergehend danach aus, als ob die Erfordernisse der internationalen Allianz im Kampf gegen den Terror und das weltweite Bin-Laden-Netzwerk der Al-Quaida die Bush-Administration zur Korrektur ihres unilateralen Kurses veranlassen könnte. Nur wenige Tage nach den Anschlägen „entdeckten die USA ihre Liebe zu den Vereinten Nationen".[108] Nachdem der UN-Sicherheitsrat bereits am 12.9.2001 in der Resolution 1368 die Terroranschläge als Bedrohung des Weltfriedens eingestuft und das Recht auf individuelle und kollektive Selbstverteidigung in allgemeiner Weise anerkannt hatte, das zusammen mit der Verabschiedung eines umfangreichen Paketes von Antiterrormaßnahmen in der Resolution

---

106 vgl. dazu Jürgen Wilzewski: Demokratie und Außenpolitik. Friktionen zwischen Präsident und Kongreß, in: Rudolf Peter/Jürgen Wilzewski (Hrsg.): Weltmacht ohne Gegner, Baden-Baden 2000, S. 38-61; Colin Campbell/Bert A. Rockman: The Clinton Legacy, New York 2000, insbes. S. 226-253
107 Ivo H. Daalder/James M. Goldgeier: Putting Europa first, in: Survival, Nr. 1/2001, S. 72
108 Süddeutsche Zeitung vom 26.11.2001

1373 vom 28.9.2001 erneut bestätigt wurde[109], bewilligte das Repräsentantenhaus 582 Mio. $ zum Abbau des amerikanischen Schuldenberges bei den UN. Die Nato rief auf amerikanisches Bestreben hin erstmals in ihrer Geschichte den Bündnisfall aus, so dass die Allianzpartner der USA hoffen konnten, im Kampf gegen den Terror eine gewichtiges Mitspracherecht zu erhalten. Die Europäer, aber auch Russland, setzten sich dafür ein, die UN bzw. den Sicherheitsrat zur zentralen Entscheidungsinstanz im Anti-Terrorismus-Kampf zu machen. Die Umwerbung all der Staaten, die die USA in diesen Kampf einzubinden trachteten – so auch Indien, Pakistan, China etc. – interpretierte man als neuen multilateralen Ansatz der Bush-Administration.[110] Allgemein ging man davon aus, daß die Amerikaner in ihrem neuen „Kreuzzug" auf die vielfältigen und guten Beziehungen der Europäer und Russlands zu den arabischen Staaten angewiesen sein würden, was selbstredend deren Stellenwert bei der Formulierung und Implementation des Anti-Terror-Kampfes aufgewertet hätte. Rußland versuchte darüber hinaus noch, sich durch Hilfe bei der Bekämpfung der Milzbrandgefahr ins Spiel zu bringen.

Doch sehr bald veränderte sich die Lage wieder, die USA fochten den Krieg in Afghanistan allein aus bzw. banden zunächst nur die treuen Waffengefährten aus Großbritannien ein. Weder Nato, geschweige denn die UN wurden in die militärisch-strategischen Planungen und Beschlüsse einbezogen. Während in Deutschland nichts darüber zu erfahren war, welche Mitspracherechte die Bundesregierung beim Einsatz ihrer KSK-Spezialkräfte in Afghanistan in Anspruch nehmen konnte, verweigerte Frankreich mitunter den Gehorsam: So verbot der französische Generalstab auf Weisungen aus Paris hin seinen Piloten mehrfach, kurzfristig von den Amerikanern angewiesene Kampfeinsätze zu fliegen, insbesondere wenn damit Risiken für die afghanische Zivilbevölkerung verbunden sein könnten.[111] Kurzum: In der heißen Phase des Anti-Terror-Krieges verlangten die USA von ihren Verbündeten und alten wie neuen Freunden bedingungslose Gefolgschaft, ohne nennenswerte Mitspracherechte zu konzedieren oder für konstruktive Kritik empfänglich zu sein. Besondere Empörung riefen sie durch die Behandlung hervor, die sie den in Afghanistan gefangengenommenen Taliban- und Al-Quaida-Kämpfern angedeihen ließen. Erst auf massive Proteste insbesondere aus Europa hin gestand Bush den auf Guantanamo-Bay/Kuba Inhaftierten eine Behandlung gemäß der Genfer Konvention zu; allerdings bleibt ihnen der Status von Kriegsgefangenen weiterhin verwehrt, was die Neigung der USA, internationales Recht nur selektiv anzuwenden, erneut belegte.

Die Terror-Anschläge bewirkten somit mitnichten eine Umkehr der Bush-Administration zu Multilateralismus und internationaler Kooperation; vielmehr bestärkten sie den Trend zum Unilateralismus. In der Tat hat der amerikanische Unilateralismus in Folge der „attack on America" eine noch problematischere Dimension angenommen als in

---

109 vgl. dazu Thomas Bruha/Matthias Bortfeld: Terrorismus und Selbstverteidigung. Voraussetzungen und Umfang erlaubter Selbstverteidigungsmaßnahmen nach den Anschlägen vom 11. September 2001, in: Vereinte Nationen, Heft 5/2001, S. 161-167
110 so der frühere französische Außenminister Hubert Védrine in Le Monde vom 22.9.2001
111 Le Monde vom 10./11.3.2002

den Jahren zuvor. Gestützt auf ihre reelle Übermacht im Militärischen, die sich im High-Tech-Krieg in Afghanistan erneut bewies, gerieren sich die USA derzeit als „Supermacht mit Hyperanspruch"[112], deren Machtfülle durch die massive Aufstockung des Verteidigungshaushalts um 379 Milliarden $ in 2003 noch ausgebaut werden soll.

In keinem der großen internationalen Streitpunkte – Internationaler Strafgerichtshof, Klima-Protokoll, Biowaffen-Konvention – zeigen USA auch nur die geringste Bereitschaft, auf die Anliegen der Staatengemeinschaft einzugehen. Ja, die Neigung zum Unilateralismus erfährt fast täglich neuen Auftrieb: Am 6. Mai 2002 kündigte Außenminister Powell die Aufkündigung des Vertrages über den Internationalen Strafgerichtshof durch die USA an. Damit möchten sich die Vereinigten Staaten von der mit der Unterzeichnung durch Präsident Bill Clinton eingegangenen Verpflichtung befreien, nicht gegen Ziel und Zweck des Vertrages vorgehen zu dürfen. Im Vermittlungsausschuss des Kongresses liegt zudem ein Gesetzesentwurf, der scharfe Maßnahmen gegen den Gerichtshof vorsieht: Danach sollen die USA sich künftig nur noch dann an UN-Friedensmissionen beteiligen, wenn die Weltorganisation den US-Truppen vorher Immunität zusichert. Außerdem soll allen Staaten – mit Ausnahme der europäischen Verbündeten – die Militärhilfe gestrichen werden, wenn sie mit dem Tribunal kooperieren.[113] Außerdem haben die USA in den letzten Monaten einen neuen Handelskrieg im Stahlsektor angezettelt; auch der Beschluss von Anfang Mai 2002, die Subventionen für die amerikanische Landwirtschaft massiv auszuweiten, und die Obstruktion der USA beim sog. UN-Kindergipfel, ebenfalls im Mai 2002, zeigen die Gefährdungen für die internationale Ordnung auf, die von einem zu selbstherrlichen Amerika ausgehen.

Die USA – so die amerikanische „message" – brauchen niemanden mehr zur Gestaltung der internationalen Politik; sie beanspruchen, diese Aufgabe im Alleingang und nach ausschließlich eigenen Kriterien wahrzunehmen. Davon legt auch die sog. Bush-Doktrin Zeugnis ab: „Jedes Land ... muß sich entscheiden: Entweder ihr seid für uns oder ihr seid für die Terroristen. Von diesem Tag an werden die Vereinigten Staaten jedes Land, das dem Terrorismus Unterstützung oder Unterschlupf gewährt, als Feind betrachten", erklärte Präsident Bush am 21.9.2001 vor dem Kongress. In seiner Rede zur Lage der Nation am 30.1.2002 formulierte er diese Drohung noch weiter aus. Indem er eine „Achse des Bösen" definierte, die er von sogenannten Schurkenstaaten (rogue states[114]), wie insbesondere dem Irak und Nord-Korea, verkörpert sieht, und der er den unerbittlichen Kampf ansagte, trieb der Präsident seine schwarz-weißmalende Definition von Internationaler Politik weiter voran.

Dies war dann auch der Punkt, an welchem die Europäer ihre „uneingeschränkte Solidarität" – wie es Kanzler Schröder für Deutschland unmittelbar nach den Anschlägen vom 11. September formuliert hatte – relativierten bzw. etwas zurücknahmen. So hat

---

112 so Wolfgang Koydl in der Süddeutschen Zeitung vom 5.5.2002
113 Süddeutsche Zeitung vom 7.5.2002
114 Die etwas diplomatischere Formel der „states of concern", die Clinton zu Ende seiner Amtszeit einführte, wurde von Bush zugunsten des älteren Begriffs der „rogue states" wieder aufgegeben.

Außenminister Fischer einen möglichen Schlag gegen den Irak klar abgelehnt und sich über den Umgang der USA mit ihren Alliierten empört: „Bündnispartnerschaft unter freien Demokraten reduziert sich nicht auf Gefolgschaft, Bündnispartner sind nicht Satelliten".[115] Frankreichs vormaliger Außenminister Hubert Védrine sieht in der amerikanischen Schwarz-Weiß-Malerei eine gefährliche Vereinfachung, die darin besteht, alle Probleme der Welt auf den Kampf gegen den Terrorismus zu reduzieren. „Ce n'est pas sérieux".[116] Und Chris Patten, EU-Außenbeziehungskommissar, hielt den amerikanischen Freunden vor, dass „ihr Hang zu einseitigem Handeln ein zutiefst fehlgeleiteter Instinkt sei".[117] Europäische Nato-Offizielle schließlich befürchten, dass die USA auch das Bündnis zu sehr auf den Anti-Terror-Kampf festlegen und damit möglicherweise sprengen könnten. Hierüber wird im Rahmen der anstehenden Neudefinition der Bündnis-Aufgaben auf dem Prager Nato-Gipfel im November 2002 zu entscheiden sein.

„Amerikas Sendungsbewußtsein wurde am 11. September nicht gebrochen", schreibt der des Anti-Amerikanismus unverdächtige Christian Hacke, „im Gegenteil: Über trotzigen Selbstbehauptungswillen hinaus glauben die USA, auch im Kampf gegen den internationalen Terrorismus weltweit Führung beanspruchen zu können".[118]

Nun ist die vielleicht folgenschwerste Wirkung dieses jüngsten Hegemonieanspruches darin zu sehen, dass jenseits des Atlantiks derzeit internationale Politik im Allgemeinen, der Kampf gegen den Terrorismus im Besonderen weitgehend unter sicherheitspolitischen und militärischen Vorzeichen konzipiert und implementiert wird. Damit wollen die USA nicht nur ihr eigenes, herausragendes Militärpotential zur Geltung bringen und dessen weiteren Ausbau rechtfertigen – wie den jüngst verkündeten Plan, eventuell neue „kleinere" Atomwaffen zu bauen, die ggf. gegen China, Russland, den Irak und Iran, Nordkorea, Libyen und Syrien eingesetzt werden könnten.[119] Diese Hervorhebung der Bedeutung des Militärischen erlaubt es ihnen darüber hinaus auch, andere Mächte wie insbesondere die Europäische Union als „quantitée négligeable" zu behandeln bzw. zu übergehen. Denn während die EU – wie gleich zu zeigen sein wird – inzwischen über beachtliche außenpolitische Fähigkeiten und insbesondere Krisenpräventions- und Krisenmanagement-Kapazitäten verfügt, ist sie doch Lichtjahre davon entfernt, eine den USA vergleichbare Militärmacht zu sein. Indem die USA derzeit ihren Führungsanspruch so dezidiert – man könnte auch sagen: einseitig – auf das Militärische fokussieren, meinen sie daraus auch die Berechtigung ableiten zu können, den Europäern eine gleichberechtigte Mitsprache bei der Gestaltung der internationalen Politik zu verweigern.

---

115 Fischer zitiert nach Der Spiegel, Nr. 8/2002 vom 18.2.2002
116 Le Monde vom 8.2.2002. Pikiert stellt Le Monde fest, dass Védrine für seine Äußerungen in Washington viel deutlicher getadelt wurde als Fischer, Le Monde vom 17./18.2.2002
117 Patten zitiert nach Der Spiegel, Nr. 8/2002 vom 18.2.2002
118 Christian Hacke: Die weltpolitische Rolle der USA nach dem 11. September 2001, in: Aus Politik und Zeitgeschichte, B51/2001, S. 22
119 Le Monde vom 13.3.2002

Da aber der Kampf gegen den Terrorismus noch keine Außenpolitik ausmacht – schon gar nicht für eine Weltmacht –, muß Europa den USA dabei helfen, wieder von ihrem kurzsichtigen und letztlich gefährlichen Unilateralismus, von dieser „fatalen Großmachtpolitik"[120], dieser Attitüde, sich als Herren der Welt zu gerieren, weg zu kommen.

So dringend der Anti-Terror-Kampf auch ist, darf internationale Politik doch keinesfalls darauf reduziert werden; denn der 11. September hat – darauf wies UN-Generalsekretär Kofi Annan neulich hin – keines der herausragenden internationalen Probleme wie die wachsenden Nord-Süd-Gegensätze, die ungleich verteilten Chancen und Risiken der Globalisierung, die zahlreichen Bürgerkriege in zerfallenden Staaten, Migration, Umweltprobleme etc. obsolet werden lassen. Deshalb muß der aktuellen Militarisierung der internationalen Politik Einhalt geboten werden. Auch nach dem 11. September bleiben die Suche nach Regeln für die internationalen Beziehungen, intensive Kooperation, politische Konfliktbewältigung, die Suche nach weltweiter Gerechtigkeit und nach nachhaltiger Entwicklung der einzig gangbare Weg, um dauerhaften Frieden zu schaffen oder zu sichern.

3. Die EU als internationaler Akteur

„With economic and political reforms in Japan still blocked, and with the Association of Southeast Asian Nations weakened by the 1997 financial crisis and incomplete democratization, Europe remains the indispensable partner without which American global leadership becomes unilateral", bemerkte William Wallace, Professor an der Londoner School of Economics und verteidigungspolitischer Sprecher im House of Lords noch vor dem 11.9.2001.[121] Aber Europa ist nicht nur deshalb der „necessary partner" der Vereinigten Staaten, weil keine andere Weltregion diese Rolle derzeit wahrnehmen kann. Europa ist auch deshalb der notwendige und natürliche Partner der USA bei der Gestaltung der internationalen Politik, weil es sich inzwischen zu einer regelrechten Weltmacht entwickelt hat. Denn die Zeiten, da man die Europäische Union (EU) süffisant oder gar mitleidig als „wirtschaftlichen Riesen und politischen Zwerg" bezeichnen konnte, sind seit 1999/2000 definitiv vorbei.

Während die EG/EU durch ihre großen Kompetenzen in der Außenhandelspolitik bereits frühzeitig eine sehr starke Position im Welthandelssystem erreichte und damit zu einem den USA voll gleichwertigen wirtschaftlichen Riesen avancieren konnte, gelang die Schaffung einer Gemeinsamen Außen- und Sicherheitspolitik (GASP) erst nach dem Ende des Ost-West-Konflikts und dem Vollzug der deutschen Einheit im Maastrichter Vertrag von 1992. Diese GASP wurde in der Vertragsrevision von Amsterdam

---

120 Richard Herzinger: Was für den Westen zählt, oder: Sind amerikanische Werte auch unsere Werte?, in: Aus Politik und Zeitgeschichte B18/2002, S. 4
121 Wallace (2001), S. 16

1997 weiter ausgebaut und effektiviert[122], weist aber nach wie vor noch Schwächen auf, die – nachdem sie in Nizza im Dezember 2000 nicht Gegenstand der Verhandlungen waren – nun im Rahmen des sog. Post-Nizza-Prozesses bzw. des Ende Februar 2002 eingesetzten „Konvents zur Zukunft der Europäischen Union" behoben werden müssen. Hier stimmen die Ankündigungen des Konventspräsidenten Valéry Giscard d'Estaing zuversichtlich, daß dieses Gremium sehr weitreichende Vorschläge für eine „gemeinsame starke Außenpolitik" vorlegen werde. So müsse die EU- Außenpolitik in Zukunft von einer Person „auf der gleichen Augenhöhe wie US-Außenminister Powell" vertreten werden. [123]

Doch trotz der noch bestehenden Schwächen der GASP hat sich die EU in den letzten Jahren zu einem bedeutenden Akteur der Weltpolitik entwickelt. Besonders hervorzuheben sind ihre außenpolitischen Erfolge bei der Stabilisierung der mittel-, ost- und südosteuropäischen Staaten, die durch diverse Heranführungsstrategien und Stabilitätspakte fest an die EU gebunden wurden, im Bereich der weltweiten humanitären Hilfe sowie des zivilen Krisenmanagements.[124] Der EU wird bestätigt, dass die Struktur ihrer Außenbeziehungen unter den aktuellen Bedingungen der internationalen Ordnung, die durch ein „Spannungsfeld von regionaler Abgrenzung und globaler Verflechtung" charakterisiert sind, durchaus „vielversprechend" seien.

"Stellen ... die europäischen Außenbeziehungen mit ihrer flexiblen Ausgestaltung nicht sogar den Prototyp von Außenbeziehungen dar, die an die Bedingungen der Globa-lisierung auf der Basis eines modernen Souveränitätsverständnisses angepaßt sind, einer voranschreitenden Globalisierung, in der die internationale Politik immer stärker von nichtstaatlichen Akteuren mit beeinflußt wird und vor allem ein Regieren jenseits des Nationalstaates en vogue ist und internationale Politik in Netzwerken internationaler Steuerung betrieben wird?" – so fragte Ralf Roloff noch Mitte 2001.[125]

Doch die sich seit 1992 entfaltende Statur der EU-Außenpolitik wurde international nur ungenügend wahrgenommen, was zum einen sicherlich an internen Defiziten und mangelnder Selbstperzeption seitens der EU, mehr noch aber an der Unfähigkeit oder mangelnder Bereitschaft der anderen wichtigen Weltakteure wie den USA, Russland und China lag, die EU als transnationales Gebilde eigener Art anzuerkennen.[126]

3.1 Der Hohe Vertreter für die GASP

Hier hat inzwischen die Einrichtung und Besetzung des Amtes eines Hohen Vertreters (HV) für die GASP, die in Amsterdam beschlossen worden war, Abhilfe geschaffen.

---

122 Pippan, Christian: Die EU nach Amsterdam: Stärkung ihrer Identität auf internationaler Ebene? Zur Reform der GASP der EU, in: APuZ B47/1997, S. 30-39
123 Süddeutsche Zeitung vom 17.4.2002
124 vgl. dazu die einzelnen Beiträge in Schubert/ Müller-Brandeck-Bocquet (Hrsg.)(2000)
125 Ralf Roloff: Die Außenbeziehungen der Europäischen Union zwischen Globalisierung und Regionalisierung, in: Zeitschrift für Politikwissenschaft, Heft 3/2001, S. 1045, 1047/1048
126 Meier-Walser (2000a), S. 133

Während des Kölner Gipfeltreffens von 3./4.6.1999 wurde Javier Solana, ehemaliger spanischer Außenminister und NATO-Generalsekretär, für fünf Jahre zum HV berufen. Mit der Wahl dieses international hochangesehenen Politikers haben die EU-Außenminister – entgegen anfänglich geäußerter Befürchtungen – deutlich gemacht, dass sie zu einer effektiven Ausfüllung des Amtes und damit zu einer Stärkung der GASP bereit waren.

Inzwischen hat der Rat das ursprünglich schwach angelegte und im Vertragstext nur allgemein umrissene Aufgabenprofil des HV geschärft und eine praxisorientierte Ausweitung seiner Rolle vorgenommen. Nachdem Solana am 25.11.1999 zum Generalsekretär der WEU ernannt wurde, hat der Europäische Rat in Helsinki eine weitere Präzisierung seiner Aufgaben vorgenommen. Solana wurde insbesondere mit der Konzeptionierung einer kohärenten und effizienten militärischen und zivilen Krisenbewältigungspolitik der EU betraut. Der umsichtige, die Eitelkeiten der Mitgliedstaaten und ihrer Außenminister schonende Politikstil Solanas hat weiter dazu beigetragen, dass ihm gewisse Freiräume zur Ausfüllung des Amtes eingeräumt wurden. So ist es Solana, der sich selbst bescheiden als der „Diener" der 15 Mitgliedstaaten bezeichnet[127], gelungen, das Vertrauen der Außenminister zu erlangen. Seine zahlreichen internationalen Auftritte haben ihn in kurzer Zeit zum gut wahrnehmbaren „Chefdiplomaten der EU" – so die in der Presse gerne verwendete Bezeichnung – werden lassen, womit seine raison d'être – eine größere Sichtbarkeit der GASP zu erreichen – bereits erfüllt ist. Da der HV als Teil der in Amsterdam reformierten Troika auch an der Sitzungen der OSZE, der G8-Staaten, der NATO etc., teilnimmt, trägt er auch deutlich zu einer kontinuierlichen und kohärenten Außendarstellung der GASP bei. In der vergleichsweise kurzen Zeitspanne seit seiner Ernennung ist das Aufgabenfeld des HV mithin schon mehrfach ausgeweitet und seine Rolle aufgewertet worden, so dass sich das Amt als dynamisch ausgestaltbar und entwicklungsoffen darstellt.[128]

Die Funktion Solanas hat auch durch den Aufbau einer ihm direkt unterstellten Strategieplanungs- und Frühwarneinheit – inzwischen unter dem Begriff Policy Unit (PU) bekannt – an Bedeutung gewonnen. Angesichts der vormals ungenügenden und die nationalen Sichtweisen in den Vordergrund stellenden Lageanalysen, die der GASP in Krisenzeiten zur Verfügung standen, hatte man in Amsterdam erkannt, dass eine gemeinsame Außenpolitik auch gemeinsame Strategieplanungs- und Frühwarnkapazitäten benötigt und für Abhilfe gesorgt. Inzwischen ist die PU, deren Mitarbeiter sich aus den Außenministerien, dem Generalsekretariat des Rats, der Kommission und der WEU rekrutieren, eingerichtet und in sieben Referate (Task Forces) aufgeteilt wor-

---

127 Javier Solana: Presseerklärung des Generalsekretärs des Rats und Hohen Vertreters der EU für die Gemeinsame Außen- und Sicherheitspolitik vom 18.10.99, in: Internationale Politik, Heft 11/1999, S. 112

128 vgl. dazu Gisela Müller-Brandeck-Bocquet: Das neue Entscheidungssystem in der Gemeinsamen Außen- und Sicherheitspolitik der Europäischen Union, in: Gisela Müller-Brandeck-Bocquet (Hrsg.): Europäische Außenpolitik. GASP- und ESVP-Konzeptionen ausgewählter Mitgliedstaaten, Baden-Baden 2002, S. 9-27

den.[129] Die PU, deren Aufgabenbereich in einer Erklärung des Amsterdamer Vertrages detailliert beschrieben und von Solana auf rein konzeptionelle Tätigkeiten hin ausgerichtet wurde, hat bereits mehrere gut durchdachte und wohl strukturierte Papiere – beispielsweise das ehemalige Jugoslawien und die Europäische Sicherheits- und Verteidigungspolitik (ESVP) betreffend – vorgelegt.

War es in der Vergangenheit beliebt, die mangelnde Sichtbarkeit der EU-Außenpolitik und ihre angeblich minderwertige Statur an Kissingers berühmt-berüchtigter Frage: „Who's Europe? Give me its phone number" festzumachen, so hat nun die EU die Lacher auf ihrer Seite: Während derzeit unklar ist, ob Condoleezza Rice über US-amerikanische Außenpolitik Auskunft geben kann, oder der Außenminister oder nicht doch Verteidigungsminister Donald Rumsfeld, steht die europäische Telephonnummer für Außenpolitik nun fest: es ist die Solanas.

3.2 Die neuen Europäischen Krisenreaktionskräfte

Wenn hier angesichts der seit dem 11.9.2001 erfolgten Aufwertung der sicherheitspolitischen Dimension der internationalen Politik dennoch von der EU als Weltmacht die Rede ist, so nicht zuletzt deshalb, weil die EU sich seit 1999 mit Krisenpräventions- und Krisenmanagementkapazitäten ausgestattet hat, die ihr nun die Glaubwürdigkeit als internationaler Akteur verschaffen, die ihr in den Augen vieler zuvor noch fehlte. Denn das Versagen Europas im Bosnien-Krieg 1991-1995 und seine flagrante militärische Unterlegenheit im Vergleich zu den USA, die sich erneut im Kosovo-Krieg 1999 erwiesen hatte, bewogen die europäischen Staats- und Regierungschefs dazu, ab 1999 dezidiert für den Aufbau gemeinsamer Krisenreaktionskräfte einzutreten. Diese Entwicklung war von einem britischen Positionswechsel ermöglicht worden. Hatte Großbritannien über lange Jahre das insbesondere von Frankreich verfochtene Ansinnen, die EU auch sicherheits- und verteidigungspolitisch zu einem eigenständigen Akteur auszubauen, blockiert, so nahm Tony Blair hier eine Kehrtwende vor. Auf dem französisch-britischen Gipfeltreffen vom Oktober 1998 in St. Malo gab er seine Bereitschaft bekannt, nun eine ESVP mitzutragen. Daraufhin konnte vom Europäischen Rat in Helsinki im Dezember 1999 der Durchbruch erzielt werden: Denn man beschloss, bis zum Jahr 2003 Krisenreaktionskräfte mit einem Umfang von 60.000 Soldaten aufzustellen und bis zum März 2000 interimistisch die für militärisches Krisenmanagement nötigen Gremien einzurichten. Die neuen Strukturen und Entscheidungsmechanismen der

---

129 Innerhalb der PU kommt dem sog. Lagezentrum (Situation Centre, SitCen) eine besondere Bedeutung zu. Dieses derzeit noch im Aufbau befindliche neue Großhirn der EU ist eng mit den Strukturen der ESVP verwoben; denn der zur Zeit unter Leitung des deutschen Generals Rainer Schuwirth stehende, neu eingerichtete Militärstab versorgt das SitCen mit militärischen Informationen, das dann sowohl für den ebenfalls neuen Militärausschuss als auch für das Politische und Sicherheitspolitische Komitee Analysen und Handlungsoptionen erarbeitet. Das SitCen wird personell so ausgebaut, dass es ganzjährig rund um die Uhr zur Verfügung stehen wird.

ESVP wurden vom Europäischen Rat in Nizza im Dezember 2000 beschlossen bzw. eingesetzt.[130]

Diese Krisenreaktionskräfte sind für die Bewältigung der sog. Petersberg-Aufgaben (humanitäre Aufgaben, Rettungseinsätze, friedenserhaltende Aufgaben sowie Kampfeinsätze bei der Krisenbewältigung einschließlich friedensschaffender Maßnahmen) vorgesehen, sie verstehen sich als europäischer Pfeiler der Nato, auf deren Ressourcen sie zurückgreifen werden, auch wenn die USA sich an einem Einsatz nicht beteiligen. Mit dem Beschluss von Helsinki hat sich das neue Politikfeld ESVP mit „Lichtgeschwindigkeit" entwickelt. Nachdem Ende 2001 die Türkei nach monatelangen äußerst intensiven Verhandlungen gegen gewisse Garantien[131] ihre Vorbehalte gegen Rückgriffe der europäischen Eingreiftruppe auf Material und Kommandostrukturen der Nato aufgegeben hatte, konnte der Europäische Rat von Laeken im Dezember 2001 die Einsatzbereitschaft der ESVP erklären. Allerdings ist diese Einsatzbereitschaft vorläufig nur bedingt gegeben. Trotz der „erheblichen Fortschritte, die seit den Tagungen des Europäischen Rats in Köln und Helsinki erzielt wurde", so die Erklärung des ER in Laeken, ist die EU derzeit lediglich in der Lage „einige Operationen zur Krisenbewältigung durchzuführen". Erst im Zuge der weiteren Entwicklung ihrer Mittel und Fähigkeiten wird sie, „nach und nach immer anspruchsvollere Operationen durchführen" können. Schließlich betont der ER, dass „noch erhebliche Fortschritte erzielt werden" müssen, damit die EU Operationen „im gesamten Spektrum der Petersberg-Aufgaben, einschließlich Operationen, die größte Anforderungen im Hinblick auf Größenordnung, Verlegungsfrist und Komplexität stellen" tätig werden kann.[132] Unter der Voraussetzung, dass die Verhandlungen über die Zusammenarbeit zwischen ESVP und NATO rechtzeitig abgeschlossen werden können – was vor allem ein Einlenken Griechenlands voraussetzt, dem die EU-Garantien der Türkei gegenüber zu weit gehen –, zeigt sich die EU derzeit bereit, ab September 2002 die Führung der Militäroperationen in Mazedonien zu übernehmen und somit die NATO-Truppen zu ersetzen.[133]

3.3 Europäische Krisenpräventionskapazitäten

Seit einem Ratstreffen 1973 in Kopenhagen versteht sich die EG/EU als Zivilmacht.[134] Deshalb, und wegen des eher bescheidenen Umfangs der Krisenreaktionskräfte, be-

---

130 Vgl. dazu Rudolf G. Adam: Die Gemeinsame Außen- und Sicherheitspolitik der Europäischen Union nach dem Europäischen Rat von Nizza, in: Müller-Brandeck-Bocquet (Hrsg.) (2002), S. 134-148
131 Die EU sichert der Türkei zu, dass ihre künftige Eingreiftruppe nicht im unmittelbaren türkischen geopolitischen Umfeld intervenieren wird. Im Gegenzug verzichtet die Türkei auf Mitspracherechte an den Einsatzbeschlüssen für die Eingreiftruppe, Le Monde vom 15.12.2001.
132 Erklärung zur Einsatzbereitschaft auf dem Gebiet der ESVP, Anlage II der Schlussfolgerungen des Vorsitzes des Europäischen Rats von Laeken vom 14./15.12.2001
133 Le Monde vom 19.3.2002
134 Annette Jünemann/Niklas Schörnig: Die Europäische Sicherheits- und Verteidigungspolitik: Potenzielle Gefahren einer sich abzeichnenden Eigendynamik, erscheint demnächst

deutet der Ausbau der ESVP keinesfalls eine Militarisierung der EU-Außenpolitik. So hatte beispielsweise Außenminister Fischer in einer Rede zur Bilanzierung der deutschen Ratspräsidentschaft vor dem Europäischen Parlament am 21.7.1999 klargemacht, dass die Schaffung einer gemeinsamen europäischen Sicherheits- und Verteidigungspolitik zwar die nächste Zukunftsaufgabe der EU sein sollte, die Europa größere internationale Handlungsfähigkeit und eine eigene Identität verleihen könnte. Dabei – so Fischer – geht es aber „gerade nicht um eine ‚Militarisierung' der EU, sondern darum, sie zu einer wirksamen und handlungsfähigen Friedensmacht fortzuentwickeln, die dazu in der Lage ist, wie im Kosovo den Krieg als Mittel der Politik in Europa zugunsten der Herrschaft des Rechts und des Gewaltverzichts endgültig der Vergangenheit angehören zu lassen".

So hat die EU – nicht zuletzt unter dem Drängen Deutschlands und Schwedens – dafür Sorge getragen, dass der zivilen Komponente von Krisenmanagement auch im ESVP-Rahmen eine herausragende Bedeutung eingeräumt wird. Im Mai 2000 wurde ein Ausschuss für ziviles Krisenmanagement geschaffen und Planziele verabschiedet, die von den europäischen Räten in Nizza und in Göteborg weiter präzisiert wurden. Demnach baut die EU zivile Krisenreaktionskräfte auf: 5000 Polizeikräfte sollen dafür zur Verfügung stehen, wovon 1000 Mann binnen 30 Tage einsatzbereit sein müssen.[135] Im Dezember 2001 haben Führungskräfte dieser künftigen europäischen Polizeieinheit in Essen mit ihrer Ausbildung begonnen. Derzeit laufen die Planungen für eine erste Operation im Rahmen der ESVP. Ab Anfang 2003 soll eine 500 Mann starke EU-Polizeieinheit in Bosnien die Führung von der UN übernehmen und bis 2005 für den Aufbau rechtsstaatlicher Strukturen sorgen.[136]

Der duale Ansatz der ESVP könnte die EU wie keine andere internationale Organisation – die Nato inbegriffen – zu effektiver und fruchtbarer Krisenbewältigung befähigen. Außenminister Fischer jedenfalls bezeichnet den „doppelten, militärischen und zivilen Ansatz der ESVP" als „Markenzeichen" für das europäische Krisenmanagement im 21. Jahrhundert".[137] Jedenfalls hat sich der ER von Laeken im Dezember 2001 für die „ausgewogene Entwicklung der militärischen und der zivilen Fähigkeiten" als notwendige Form der „wirksamen Krisenbewältigung durch die Union" ausgesprochen.

4. Weltmacht EU: anders, aber gleichwertig

All diese erstaunlichen und schnellen Fortschritte der GASP und ESVP dürfen nun auf keinen Fall glauben machen, dass damit das Optimum europäischer außen- und sicherheitspolitischer Handlungsfähigkeit erreicht sei – oh nein. Hier müssen dringend wei-

---

135 Franco Algieri: Die Europäische Sicherheits- und Verteidigungspolitik: erweiterter Handlungsspielraum für die GASP, in: Werner Weidenfeld (Hrsg.): Nizza in der Analyse, Gütersloh 2001, S. 172f
136 Süddeutsche Zeitung vom 19.2.2002
137 Martin Kremer/Uwe Schmalz: Nach Nizza – Perspektiven der Gemeinsamen Europäischen Sicherheits- und Verteidigungspolitik, in: Integration, Heft 2/2001, S. 167

tere Reformmaßnahmen ergriffen werden, die – wie schon erwähnt – derzeit im Rahmen des EU-Konvents erörtert werden. Aber auch Reformen des Europäischen Rats und des Allgemeinen Rats, wie sie derzeit debattiert und eventuell im Juni 2002 vom Europäischen Rat in Sevilla beschlossen werden, sind Zeichen für die Notwendigkeit weiterer Anstrengungen.

Die schnellen Fortschritte in der GASP und ESVP dürfen vor allem aber nicht glauben machen, dass nun die immensen Unterschiede in Stil, Ausrichtung und Vorgehensweisen der US-amerikanischen und der europäischen Außenpolitik aufgehoben wären. Insbesondere im Bereich des Militärischen werden gewaltige Diskrepanzen in der überschaubaren Zukunft fortbestehen. Aber nicht nur die militärische Potenz und der Gebrauch, den Amerika von ihr zu machen gewillt ist, unterscheiden die europäische und amerikanische Außenpolitik beträchtlich. Auch ist die EU – anders als die USA – in großem Maße an multilateraler Einbindung, an Kooperation und internationaler Politik in interregionalen Netzwerken interessiert. Denn in der Tat ist die EU eine Zivilmacht, allerdings mit ständig expandierenden, d.h. zunehmend globalen Interessen. So impliziert die Position der EU als erste Handelsmacht der Welt, dass sie angesichts der generellen Ökonomisierung der Außenpolitik, die sich zumindest bis zum 11.9.2001 beobachten ließ, immer enger in die Gestaltung der internationalen Ordnung involviert ist. Dem trägt die EU seit Jahren dadurch Rechnung, dass sie in zunehmenden Maße einem sog. weiten Sicherheitsbegriff anhängt – und daher Gefährdungen ihrer Interessen nicht mehr nur in ihrem näheren geographischen Umfeld und im enger definierten wirtschafts- und handelspolitischen Bereich, sondern weltweit im gesamten Spektrum des Politischen zu begegnen sucht. Daher hat sie inzwischen ein umfangreiches Beziehungsgeflecht aufgebaut, das sie mit allen Regionen der Welt verbindet und das sie seit dem 11. September insbesondere zur Festigung der Anti-Terror-Koalition nutzt bzw. ausbaut, wie beispielsweise die vermehrten Kontakte mit den Nachbarstaaten Afghanistans belegen.[138] Kurz, die EU als transnationale Zivilmacht folgt einem Leitbild, das auf Multilateralismus, auf Ausgleich und Konfliktprävention sowie auf Dialog- und Kooperationsstrategien beruht. All dies bedeutet: Wenn die EU inzwischen eine Weltmacht ist, so ist sie doch eine Weltmacht ganz andere Art als die USA. Und hoffentlich bleibt sie dies auch.

Doch darf diese Andersartigkeit des internationalen Akteurs EU die USA nicht dazu veranlassen, diese als „quantité négligeable" aus der Gestaltung der Weltpolitik auszugrenzen. Denn wenn man nach den Leistungen der beiden Machtblöcke für die international Staatengemeinschaft fragt, so kommt man zu dem Ergebnis: Anders, aber gleichwertig.

Die Staaten, so Malcolm Chalmers in einer jüngeren Arbeit, „contribute to international security according to their own particular strength". Diese schlichte Erkennt-

---

138 Elke Thiel: Das Engagement der EU nach dem 11. September. Katalysator der Integration und für die Euro-Atlantische Partnerschaft? In: SWP-Aktuell vom 26/Dezember 2001, S. 5

nis „would depend on both US and European states beeing willing to recognize the value of each other's efforts – an assumption that cannot always be made".[139]

Chalmers aber versucht, solch eine Gegenüberstellung der Leistungen der beiden Machtblöcke für die internationale Sicherheit zu erstellen.

Im Bereich der Verteidigungsausgaben erinnert er daran, dass die sog. Friedensdividende nach Ende des Ost-West-Konflikts in den USA besonders hoch ausfiel. Denn während Amerika im Zeitraum 1985-1999 noch 6,0% seines BIP für Sicherheit ausgab, waren es im Jahr 2000 nur mehr 3,0%. Zwar haben auch die EU-Staaten nach der Zeitenwende ihre Verteidigungshaushalte – von einem niedrigeren Niveau ausgehend – bis zum Jahr 2000 spürbar zurückgefahren (Frankreich von 3,8 % auf 2,7 %, Großbritannien von 4,5% auf 2,4% und Deutschland von 3,0 % auf 1,5%), gleichwohl spricht Chalmers von einem „narrrowing gap" zwischen den Verteidigungsleistungen beider Weltregionen. 2002 belief sich das deutsche Verteidigungsbudget auf 1,14% des BIP, das französische auf 1,77% und das britische auf 2,3% des BIP, gegenüber 2,8%, das die USA fürs Militär ausgeben – mit wachsender Tendenz in 2003.

Diese Zahlen können allerdings nicht darüber hinwegtäuschen, dass beträchtliche Unterschiede hinsichtlich der Fähigkeiten der Verteidigungskräfte bestehen: „The gap in usable military capability has widened", schreibt Chalmer. Denn während die europäischen Armeen nach wie vor vorrangig auf die Landesverteidigung angelegt sind, verfügen lediglich Frankreich und Großbritannien über nennenswerte Kapazitäten für Auslandseinsätze: 17% der britischen und 12% der französischen Streitkräfte sind in Übersee stationiert, verglichen mit 16% der amerikanischen. Bei einem Gesamtumfang von 1,9 Mio. Mann unter Waffen in Europa und 1,4 Mio. in den USA ergibt sich somit eine klare Überlegenheit der Vereinigten Staaten zur Führung von Auslandseinsätzen wie sowohl der Kosovo-Konflikt als auch die Bombardements auf Afghanistan erneut bewiesen. Kurz: selbst wenn die Europäer in der Zukunft in ihren Verteidigungsstrukturen, sei es auf nationaler, sei es auf gemeinschaftlicher Ebene, Effizienzgewinne erzielen, so bleiben die USA doch in absehbarer Zukunft die einzige militärische Supermacht. Denn es ist unwahrscheinlich, dass die EU-Mitgliedsstaaten ihre Verteidigungsbudgets substantiell hochfahren werden.

Doch während die USA die burden-sharing-Debatte noch immer weitgehend unter militärischen Aspekten führen, vertreten die Europäer einen multidimensionalen Ansatz, der auch nicht-militärische Leistungen für die internationale Sicherheit und Ordnung einbezieht. – Chalmers führt aus, dass die EU-Staaten zusammen 25,4% der öffentlichen Entwicklungshilfegelder aufbringen (0,33% ihres BIP) gegenüber den nur 9,6% der USA (0,10% ihres BIP)! Schließlich ist es auch Europa, das die Hauptlast des im Dezember 2000 zwischen den USA und der UN abgeschlossenen Übereinkommens tragen wird, das den US-Anteil am regulären UN-Budget von 25 auf 22% absenkt und den US-Anteil an den Peacekeeping-Missionen auf 26,5% begrenzt – es handelt sich

---

[139] Malcolm Chalmers: The Atlantic Burden Sharing Debate – Widening or Fragmenting? In: International Affairs. Nr. 3/July 2001, S. 569

um eine Gesamtsumme von rund 150 Mio. $, die wohl vor allem die EU-Mitgliedstaaten übernehmen müssen.

Als Beitrag Europas zur internationalen Sicherheit müssen schließlich auch seine intensiven Bemühungen um Konfliktprävention und Konfliktmanagement, wie sie seit Jahren insbesondere auf dem Balkan betrieben werden, gewertet werden, sowie – einem weiteren Sicherheitsbegriff entsprechend – seine Führungsrolle im internationalen Umweltschutz. Diese wurde im Frühjahr 2002 durch die erfolgreiche Unterzeichnung des Kyoto-Protokolls – gegen den Widerstand und Boykott der Vereinigten Staaten – eindrucksvoll bestätigt.

5. Ausblick

Die Lage in den internationalen Beziehungen verlangt nach konstruktiver Zusammenarbeit all der Mächte, die zur Gestaltung einer friedlichen Weltordnung fähig und willig sind. Ohne Staaten wie China, Russland, Japan, Brasilien etc. ausgrenzen zu wollen, ist davon auszugehen, dass hiermit vor allem die USA und die EU angesprochen sind. Um deren Ordnungsleistungen aber bündeln und optimieren zu können, bedarf es einer neuen, gleichberechtigten transatlantischen Partnerschaft, die die Fähigkeiten und Schwächen oder gar Defizite der jeweils anderen Seite anerkennt.

„Humility on both sides about defining the terms of partnership, political leadership at home and abroad, and mutual toleration of each others' institutional weaknesses will be required", mahnt William Wallace an.[140]

Diese gleichberechtigte Partnerschaft könnte durchaus auf einer Art neuer Arbeitsteilung zwischen den beiden Mächten basieren, indem die besonderen Fähigkeiten jeder Seite bewusst zum Einsatz gebracht werden. Denn, und um nochmals Chalmers zu zitieren: „States contribute to international security according to their own particular strength". Auf keinen Fall aber darf sich Europa mit einer Arbeitsteilung abfinden, die dem derzeit oft gehörten Motto folgt: „The USA figths, the UN feeds, the EU pays". Eine echte Partnerschaft setzt gleiche Mitspracherechte voraus.

Schließlich könnte eine herausgehobenere internationale Rolle der EU die Vereinigten Staaten auch von ihrer derzeitigen Überforderung befreien. Denn obwohl sie seit Jahren, wenn nicht gar schon Jahrzehnten, in der Nah-Ost-Politik ihr Vermittlungsmonopol durchzusetzen versuchen, ist doch offensichtlich, dass sie damit schlicht überfordert sind. Hier bedarf es auf jeden Fall der gemeinsamen Bemühungen der seit kurzem von der EU forcierten Quadriga, bestehend aus der UN, den USA, der EU und Russland.[141]

---

140 Wallace (2002), S. 34

141 Ob die jüngst von der EU in zähen Verhandlungen erreichte Lösung des Konflikts um die Besetzung der Geburtskirche in Bethlehem, die eine Verteilung der 13 gefährlichsten palästinensischen Besetzer auf vier EU-Staaten vorsieht, eine tragfähige ist, muss sich erst noch erweisen. Denn sie wirft diverse Sicherheitsprobleme auf, vgl. Süddeutsche Zeitung vom 13. und 15.5.2002.

Kurz: Die Vereinigten Staaten von Amerika brauchen die EU genauso dringend wie dies umgekehrt der Fall ist. Daher müssen die transatlantischen Beziehungen erneuert, verbessert und ausgebaut werden. Hier müssen neue, die eingefahrenen Strukturen ergänzende, Wege gegangen werden. Die seit kurzem jährlich stattfindenden EU-USA-Gipfel sind ein erster, ausbaufähiger Ansatz. Dies wird aber nicht genügen. Darum ist auch die jüngste Initiative des Europäischen Parlaments zu begrüßen, die intensive interparlamentarischen Beziehungen zum US-Kongress aufbauen will[142]. Dieses Ansinnen beruht auf der Überlegung, dass die Gesetzgebung beider Parlamente angesichts der Globalisierung und der Bedeutung der beiden Wirtschaftsmächte für den gesamten Globus in zunehmendem Maße extraterritoriale Auswirkungen hervorrufen. Deshalb müsse – so das Europäische Parlament – ein transatlantischer Gesetzgebungsdialog initiiert werden, der zu besserer Abstimmung führen und das Verständnis für die Interessen und Befindlichkeiten der Partner schärfen soll. Weitere Vorstöße sind willkommen, wenn sie nur dem Aufbau einer gleichberechtigten und konstruktiven transatlantischen Partnerschaft dienen; denn diese ist für die zukunftsfähige Gestaltung der internationalen Politik unverzichtbar.

---

142 Süddeutsche Zeitung vom 2.5.2002

Anhang

Peter H. Mettler

Drei Szenarios zur Superpower-Struktur im Jahre 2070 mit drei intermediären (2040) Szenarios „Auf dem Weg nach 2070"

Präambel

Ein kleiner südpazifischer Inselstaat mit rund 100 000 Einwohnern erklärt China und den USA per Gedanken-Mail den Krieg und weist auf seine 400 Robot-Soldaten und seine 20 satellitengestützten Smart-Cruise-Rockets hin. Beide Superpowers antworten mit dem Hinweis auf ihre Waffenpotentiale etwa so: wir haben 4 Millionen elektronische Aggressionscyborgs und 200 000 weltraumgestützte Rocket-Carriers. Daraufhin nimmt der Inselstaat die Kriegserklärung mit der Begründung zurück, sie hätten nicht genügend Platz für all das vernichtete gegnerische Kriegsmaterial.

Szenarien sind nicht und wollen nicht sein: Vorhersagen oder Prognosen. Sie verstehen sich als Denkanregungen (Anregungen zum Denktyp: Was für Maßnahmen müßte man heute, 2017, 2040, 2055, etc. ergreifen, wenn man Szenario x verwirklichen wollte) und werden unter drei Maßgaben konstruiert:
Sie sollen denkbar, möglich und eventuell sogar wünschenswert sein, bzw. sie sollen nicht un-denkbar, un-möglich/widersinnig und/oder un-menschlich sein. Und Szenarien machen eigentlich nur Sinn, wenn sie „doomsdays" (Weltuntergänge) und Großkatastrophen ausschließen. – Die frappierendste Wirkungsmöglichkeit von Szenarien, insbesondere von mit der Delphi-Methode partizipativ erarbeiteten Szenarien (wobei der reale Grad der Mitbestimmung sekundär ist), zeigen die Erfolge des japanischen MITI: durch den self-fulfilling-prophecy Mechanismus setzen die Menschen alles dran, als wünschenswert Erklärtes auch zu realisieren.

A Weltkooperation	B Fortgesetztes Durch- wursteln/continued muddling through	C Etwas mehr als Hoffnung
A.1.: Durchbruch 2040	B.1.: Flache Kondratieffs	C.1.: Fast wie vor 100 Jahren

Superpower-Structure (Politische Großstruktur) meint die Beziehungen zwischen den möglichen „world players", d.h. denjenigen politischen Strukturen (bzw. different strukturierten Entitäten), denen ihr Potential erlaubt, weltweit zu agieren bzw. Einfluß zu nehmen. Im Prinzip gehen wir davon aus, daß es sich ab 2040 um die folgenden handeln wird: China, Indien, die Moslemische Föderation, den Occident (Atlantische Union), S-O-Asien unter japanischer Hegemonie sowie die größten Transnationalen Konglomerate (TNK).

Neben dem namensgebenden Hauptkriterium „Politische Großstrukturen" (Blöcke, bzw. das Fast-Ende der meisten Nationalstaaten) stehen die beiden Kriterien „Urbane Agglomerationen (1)" (Megapolen, Regionalismus und Ökologie, etc.) und „Telematik (2)" im Mittelpunkt, umgeben von den Kriterien „Bevölkerung (3)" „Militärische Struktur (4)", „Wissenschaftliche und Technologische Entwicklung (5)" (Weltraum spielt sowohl in 2, 3 und 4 eine wichtige Rolle, Mikrobiologie in 1, 3 und 4), „Wirtschaft (6)", (Verkehr und Globalisation) sowie „Bildung, Kultur und Religion (7)".

Szenario A: Weltkooperation

A.1. Durchbruch 2040

Superpower-Structure
In den letzten 40 Jahren wurden die Sturmzeichen der Weltökologie immer größer, die vorhandenen technologischen Potenzen kaum für die Nöte der weiterwachsenden Menschenmassen eingesetzt und die Folgen der Globalisierung wirkten eher auf einen Zusammenbruch des Welt(wirtschafts-)Systems hin, so daß sich die industrialisierten Teile der Welt im Jahre 2040 in einer Art „Neuem Wiener Kongreß" zusammensetzten und beschlossen, ihre Blockkonkurrenz (nicht Einzel-Firmen-Konkurrenz) auf einige Jahrzehnte einzufrieren und einen Welt-Marshall-Plan aufzulegen (nachdem es 2022, durch die ersten Institutionalisierungen einer Atlantischen Union, noch eher nach weiterer Block-Konfrontation ausgesehen hatte). China und die moslemische Welt verhalten sich skeptisch-neutral, die UNO erfährt zwar eine Aufwertung, ihr wird jedoch mit einer grunderneuerten Weltbankgruppe auf der Basis eines neuen Bretton Woods ein gleichwertiger Partner zur Seite gestellt.

UNO
China Indien Mosl.Welt S-O-Asien Occident
Weltbankgruppe / Neues Bretton Woods System

Urbane Agglomerationen
Sowohl Größe als auch Anzahl der megapolischen urbanen Agglomerationen hat die industrialisierten Länder jetzt deswegen zum entschiedenen und wirkungsvollen Handeln bewogen, weil sich ihre negativen Folgewirkungen nicht mehr von ihnen fernhalten ließen (z.b. die von Küstenmegapolen ausgehenden Meeresverunreinigungen. Oder es konnte der weiter steigende Prozentsatz am Gesamtstromverbrauch Mexikos nicht mehr erzeugt werden, der dazu nötig war, Wasser nach Mexiko-City hinaufzupumpen – von dem wieder hinunterfließenden und verseuchten Wasser gar nicht zu sprechen).

Telematik
Die ursprünglich mal „Weltsystem" genannte „INTERNETisierung" war bei rund 500 Millionen Teilnehmern stehengeblieben (4% der heutigen Welt) und bricht jetzt immer häufiger und für immer längere Zeiträume zusammen. Die Gründe liegen nicht mehr nur im technischen Bereich oder daran, daß es zu kommerzialisiert betrieben wird, sondern im politischen, wirtschaftlichen und Service-Bereich, wobei letzterer insbesondere die unzureichend ausgebildeten und motivierten Mitarbeiter meint.
Die flächendeckende Verbreitung neuer Telematik-Spitzentechnologien scheitert an der nicht mehr vorhandenen bzw. nicht erwerbbaren Kaufkraft und limitiert sich daher auf die Militärs, die Transnationalen (globalen) Konglomerate (TNK) und die (internationalen) politischen Institutionen.

Bevölkerung
Bevölkerungsreiche und wachstumsstarke Staaten wie z.B. Bangla Desh, Ägypten und Nigeria oder viele lateinamerikanische Staaten stehen diesen Entwicklungen fast vollständig mittellos gegenüber, während es dem indischen Riesen wenigstens gelingt, den Bevölkerungszuwachs durch Wirtschaftswachstum ökonomisch zu neutralisieren, d.h., die allgemeine Wirtschaftssituation des Landes verschlechtert sich nicht.
Trotz vieler Anstrengungen alle Seiten sterben Millionen an Unterernährung und/oder mangels medizischer Versorgung. Seuchen und Epidemien schwappen immer häufiger in die Industrieländer über.

Militärische Struktur
Der Grad der eingetretenen Technisierung wird zunehmend als übertechnisiert empfunden (in den derzeit immer noch ca. 20 lokalen Kriegen kommen fast nur konventionelle (Klein-)Waffen zur Anwendung, keine Weltraumwaffen oder Transkontinen-

talraketen, etc.), zumal sich die Einsatznotwendigkeiten im humanitären Bereich bzw. bei Katastrophenfällen stetig vermehren. Z.Z. denkt man über etwas ähnliches wie ein Internationales Technisches Hilfswerk nach (das, wie es die Amerikaner beispielsweise 1995 anläßlich der Tutu-Katastrophe getan haben, ein Wasseraufbereitungswerk in wenigen Tagen über eine Luftbrücke an jeden Teil der Welt bringen kann).

Wissenschaftliche und technologische Entwicklung
Die Weltrezession erlaubt, trotz oder wegen der Blüte einiger TNK, immer weniger Investments in F&E (obwohl theoretisch antizyklisches Verhalten gefördert werden müßte) bzw. in Arbeiten zur Umsetzung derselben in Alltagsprodukte und/oder ihre Herstellungsverfahren. Die TNK sind zu satten Oligopolen verkommen und letztlich innovationsscheu bzw. reizen ihre Anlagen nach dem break-even-point so lange wie möglich aus. – 90% aller F&E-Einrichtungen befinden sich nach wie vor in den Industrieländern.

Wirtschaft
Die Welt-Wirtschaft ist auf dem Abwärtshang; keine Basistechnologie für einen neuen Kondradiev-Zyklus ist im Innovationsverfahren, obwohl mehrere technologisch denkbar wären.

Bildung, Kultur und Religion
Nachdem die Indoktrinationskraft fundamentalistischer Ansätze auf die Massen nachgelassen hat (die Geschichte kennt bisher keine, die über viele Jahrzehnte linear gleichbleibende Wirkungen gehabt hatte) bzw. sich über ihre Versprechungen Realismus einstellte, fehlt es z.Z. an Aufbruchsstimmungen. Auch die Globalisierungsversuche der US-Kulturindustrie laufen inzwischen nur mehr ohne Turbo und hatten letztlich sowieso keine Mission.

2070

Superpower-Structure
30 Jahre, natürlich nicht immer reibungslosen, gemeinsamen Aufbaus liegen hinter der Welt und haben sie gründlich verändert bzw. humanisiert: Mit der Zustimmung aller Staaten, mit Ausnahme der wenigen letzten radikalmoslemischen, sind nicht unbedeutende UNO Agencies sowohl nach Ulan Ude als auch nach Xian verlegt worden, zwischen allen „World-Players" (Staaten und TNK) wurden Nicht-Angriffs- und/oder Beistands-Pakte und Kooperationsvereinbarungen abgeschlossen und umgesetzt und noch nie herrschte eine so harmonische Aufbruchsstimmung. Fast 100 Jahre nach Harman Kahns Tod trat seine Prophezeiung ein: „Vor uns die goldenen Jahre".
Aber es besteht keine Weltregierung und Helmut Schmidt behielt bis heute mit seiner 1995 gemachten Aussage recht: „Mit einer Weltregierung ist nicht zu rechnen" (GEO extra, Das 21. Jahrhundert, 1/95).

Urbane Agglomerationen
Ebenfalls 1995 sagte Karl Ganser, von heute aus richtig, voraus, daß es „der Weltgesellschaft gelingen wird, die Lebensbedingungen in ärmeren Ländern so zu gestalten, daß die Menschen gerne dort bleiben" (GEO, op.cit.). Und: „Wildnis wird in die Ballungsgebiete zurückkehren" (Wildnis im Sinne von „relativ ursprünglicher Natur"). – Der Anteil der Stadtbewohner an der Weltbevölkerung ist seit ca. 8 Jahren stabil und der der Megapolenbewohner sogar um 5 % rückläufig. Die Verkehrsleistungen haben sich in den letzten 30 Jahren verdreifacht, die der öffentlichen Angebote verachtfacht; die Umweltschäden haben dadurch aber „nur" um ca. 35 % zugenommen, während andere Umweltschadens-Ursachen rückläufig sind. Ob sich allerdings eine Welt-Umwelt-Stabilisierung erreichen läßt kann noch nicht gesagt werden. Nachdem die jeweils nur äußerst mühsam und nach jahrelangen Verhandlungen unterzeichneten zwei Klimaprotokolle (nach Rio 1992) letztlich doch nur marginale Ergebnisse zeitigten, verhandelt man derzeit das dritte, das allerdings das bisher umfassendste ist.

Einige Megapolenzahlen:
Mexiko-City	30 Mio.	Teheran	18 Mio.	Shanghai	25 Mio.
Sao Paulo	25 Mio.	Nairobi	18 Mio.	Tokyo	18 Mio.
Lagos	25 Mio.	Karatchi	25 Mio.	Jakarta	25 Mio.
Moskau	13 Mio.	Bombay	25 Mio.	Rhein-Ruhr	8 Mio.

(Quelle: GEO, op.cit.)

Telematik
Von den heute lebenden mehr als 10 Milliarden Menschen haben immerhin etwas mehr als 2 Mrd., also rund 20%, Zugang zu den modernsten Telematik-Möglichkeiten wie z.b. automatischen gegenseitigen Übersetzungen in die 30 wichtigsten (meistgesprochenen) Sprachen, einschließlich Datenbankrecherchen mit Übersetzungen, und dies bei mündlicher, allerdings standardisierter, Eingabe.

Bevölkerung
Der Bevölkerungszuwachs ist, über alle Länder integriert, zum Stillstand gekommen, ebenso wie sich auch die Reproduktionszahlen sowie die Alterungsprozesse in den Industrieländern wieder den Normalzahlen annähern.

Militärische Struktur
Trotz Fortbestands fast aller bisherigen Militärstrukturen kann man sagen, daß die großen Gemeinschaftsprojekte, die im Prinzip allen Staaten offenstehen, wie z.B. „Sonnenenergiebündelung mit Laserübertragung zur Erde", „Ozeanflächiges Meeresfarming" oder „die großtechnologischen Anlagen der Wasserstofftechnologie", etc. und ihr Schutz mehr und mehr an ihre Stelle treten und eigentlich auch bereits jenseits „vertrauensbildender Maßnahmen" liegen.

Wissenschaftliche und technologische Entwicklung
Im Bereich der Fusionsforschung liegen jetzt erste ermutigende Ergebnisse vor. – Im Rahmen der UNO arbeitet der „Wissenschafts- und Technologie-Rat", der zur Zeit über ein Budget von rund 300 Mrd. Globo (der neuen Welt-Verrechungseinheit, die etwa dem Wert des US$ im Jahre 2000 entspricht) verfügt, und etwa 3000 basistechnologische Projekte in Forschungs- bzw. Entwicklungseinrichtungen von 164 Mitgliedsstaaten international und vorkonkurrenziell bearbeiten läßt.

Wirtschaft
Die Basistechnologie Telematik bewirkte 2055 den ersten neuen (7. alten) Kondratieff-Zyklus, dem 2065 sowohl der Bio-Kondratieff mit den Zweigen Landwirtschaft und Medizin folgte. Seit 2045 wirkte sich allerdings der Umbau der Megapolen durch den Welt-Marshallplan sowohl ökostabilisierend als auch bevölkerungszuwachs-reduzierend aus.
Wasserstoff ist heute der Basisenergieträger. Aber auch er ist nicht ungefährlich und benötigt selbst erhebliche Energiemengen zu seiner Verflüssigung und seinem Transport. Entgegen der vorherrschenden Theorie der Dezentralisierung und Regionalisierung ist er nur international und großtechnisch möglich bzw. sinnvoll, erzwingt aber gleichzeitig internationale Kooperation bzw. gemeinschaftlichen Schutz.
Andere alternative Energieformen befriedigen rund 30% des weltweiten Energiebedarfs.

Bildung, Kultur und Religion
Mehr als hundert Jahre nach den „Grenzen des Wachstums" des „Club of Rome" hat jetzt ein weltweiter (tatsächlich) Bewußtseins- bzw. Einsichtswechsel stattgefunden. Immer mehr Menschen verstehen, daß wir nur alle zusammen auf dieser einen Welt zusammen überleben können. Und: daß wir, wenn wir es nur vernünftig und kooperativ machen, dabei alle die Chance auf Glück und Zufriedenheit haben.

Szenario B: Continued muddling through

B.1. Flache Kondratieff im Jahre 2040

Im Jahre 2040 dauert die seit 12 Jahren etablierte dreiteilige *Superpower-Structure* an:

China und die Moslemische Föderation stehen je alleine, ohne Chancen einer Annäherung. S.-O.-Asien, Indien und der Occident kooperieren gegen beide, sind aber untereinander konkurrenziell.

		Indien		
China	<=>	Moslemische Föderation	<=>	Occident
		S-O-Asien		

Urbane Agglomerationen
Das Bevölkerungswachstum, hauptsächlich in den urbanen Agglomerationen, hält an, wenngleich auf niedrigerem Niveau. Die Zahl der Megapolen nimmt weiter zu und ebenso wächst deren Größe weiter (bis zu 30 Millionen).

Telematik
Technisch gibt es kontinuierliche Fortschritte, obwohl diese in den letzten Jahren, durch die allgemeine Nachfrageschwäche, langsamer wurden. Hoffnungen, daß sie zur Sanierung der urbanen Agglomerationen beitragen würden, haben sich bislang noch nicht erfüllt. Das Gießkannenprinzip, daß jede Entwicklungsrichtung ein wenig gefördert wird, ist weltweit ziemlich ungebrochen.

Bevölkerung
Das Bevölkerungswachstum der Welt liegt bei immer noch zu hohen 1%, welches sich weiterhin auf die südlichen Länder und deren urbanen Agglomerationen konzentriert. Fast alle Familienplanungsprogramme sind am auslaufen und die Reduktion der Kinderzahlen durch steigenden Wohlstand greift nur langsam.

Militärische Struktur
Die Militärs werden nirgendwo besonders geliebt, aber gebraucht, und zwar sowohl nach innen als auch als potentielle Abschreckung gegen andere Blöcke.

Wissenschaftliche und technologische Entwicklung
Wie schon beim Kriterium „Telematik" erwähnt, ist das Gießkannenprinzip, daß jede Entwicklungsrichtung ein wenig gefördert wird, weltweit ziemlich ungebrochen. Weder konnten sich die Biotechnologie noch die Humanmedizin, alternative Energien, Mikrostrukturen oder die (Welt-)Raum-Technologien an die Stelle der den Wirtschaftsboom der letzten Jahre vor der Jahrtausendwende tragenden Basistechnologie „Telematik" setzen, deren Entwicklungsdynamik sich heute der aller anderen Technologien angenähert hat.

Wirtschaft
Die inneren Widersprüche der Globalisierung haben sie ziemlich zum Erliegen gebracht, Blockdenken und innere Entwicklungslogiken herrschen vor. Trotzdem wächst die Weltwirtschaft ziemlich kontinuierlich mit 0,5% p.a., womit sich die Elendsentwicklung jedoch nicht kompensieren läßt.

Bildung, Kultur und Religion
Die Bedeutung dieses Kriteriums ist generell gestiegen, Radikalbewegungen sind zurückgegangen.

"2070"

Die drei Dekaden seit 2040 sahen manche politische Rochade pragmatischer Art. Zur Zeit gibt es mehrere Gruppierungen moslemischer Staaten, deren größte und zugleich liberalste mit dem gleichfalls religiös liberaler gewordenen Indien kooperiert. Doch Indien ist nicht eigentlich feindlich gegenüber dem Block Occident/S-O-Asien, lediglich politisch distanzierter, wirtschaftlich dagegen eher sogar enger. China hält sich politisch weiter isoliert.

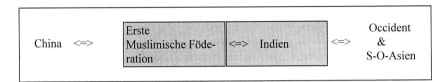

Urbane Agglomerationen
Einigen Ländern bzw. in diesen einigen urbanen Agglomerationen, hauptsächlich in S-O-Asien und in Lateinamerika, ist es gelungen, das Größenwachstum bestehender urbaner Agglomerationen zu limitieren (30 Millionen) und das Entstehen neuer (über 4 Millionen) zu verhindern. Beigetragen dazu haben sowohl neue Telematik- und Verkehrssysteme, als auch ökologisch orientierte Regionalisierungs- und Dezentralisierungs-Bemühungen.

Telematik
Die politisch strikte Anwendung des Prinzips „kein Verkauf ohne lokale Produktion" hat in obigen Ländern zu einer heimischen Telematikindustrie sowie zu entsprechenden Bildungs-, Wissenschafts- und technischen Entwicklungs-Stätten geführt. Da sich somit ihre Anzahl vermehrt hatte, stiegen auch die Innovationsraten und es kam wieder zu (internationalen) Normungsstreitigkeiten. Hauptthemen waren eine Theorie der Telematik-Dichte und wie diese Dichte meßbar sein könnte.

Bevölkerung
In den 30 Jahren war es immerhin gelungen, das Weltbevölkerungswachstum auf 0,75% zu reduzieren, wobei die Erfolgsraten höchst unterschiedlich sind. Moslemische und afrikanische Völker haben sich dem Gedanken der Notwendigkeit einer Begrenzung der Weltbevölkerung bzw. der Grenze der carrying capacity der Erde bisher am wenigsten geöffnet (auch wenn die Verteilungsproblematik immer noch nicht grundlegend angegangen wurde).

Militärische Struktur
Zwischen den Blöcken gab es erhebliche Differenzen im Hinblick auf „Posture"-Theorien als auch auf Militärtechnologien; im Hinblick auf die innere Sicherheit gin-

gen die Blöcke ganz unterschiedliche Wege (Denunziationssysteme versus Datenabgleich und Verletzung des Menschenrechts auf informationelle Selbstbestimmung). Diejenigen, die mehr als andere auf militärische (bzw. auch weltraum- und tiefsee-gestützte) Telematik gesetzt hatten, waren im Vorteil, andere wiederum haben eher auf Volks- und Guerilla-Kriege bzw. auf reine Verteidigung gesetzt und auch aus diesen wirtschaftliche Vorteile ziehen können.

Wissenschaftliche und technologische Entwicklung
Die inneren Entwicklungslogiken treiben die wissenschaftliche und technologische Entwicklung jetzt doch wieder dazu, daß sie sich blockspezifisch entwickeln und sich stärker gegeneinander zu differenzieren trachten. Während China, die moslemische Welt und Indien in ihren Spitzeninstituten durchaus Gleichrangigkeit in fast allen Gebieten erreichten, liegen ihre eigenen Forschungs- und Entwicklungsschwerpunkte sowohl auf allen Arten der Militärtechnologie als auch darauf, wie die Infrastruktur ihrer Länder (insbesondere die der Megapolen) verbessert und die Massenarmut gelinder werden kann, während der Block Occident/S-O-A zwar die Militärtechnologie weitertreibt um das militärische Weltgleichgewicht nicht zu gefährden, sich aber ansonsten voll auf die Gebiete Biotechnologie, Humanmedizin, alternative Energien, Mikrostrukturen und (Welt-)Raum-Technologien geworfen hat, um endlich Durchbrüche zu erzielen bzw. die Grundlagen für neue Kondratiev-Zyklen zu leben.

Wirtschaft
Auch die Wirtschaft drängt mit voller Kraft in diese Richtung und hat fast alle Reserven in die Forschung und technologische Entwicklung gelenkt. In vielen Bereichen ist die öffentliche/staatliche Finanzierung stark minoritär geworden.

Bildung, Kultur und Religion
Selbstbesinnung und Identitätsfragen stehen im Vordergrund, nachdem der gegenseitige Druck und die Schuldzuweisungen nachgelassen haben, zumal sie eher als Selbstentschuldigungen für eigene Untätigkeit entlarvt wurden.

Szenario C: Etwas mehr als Hoffnung

C.1.: 2040 erinnert daran, wie es vor hundert Jahren war und wohin die Situation damals führte

Superpower-Structure
Die Situation ist insofern mit der vor rund 100 Jahren vergleichbar, als damals wie heute kaum mehr feste Bezugspunkte vorhanden sind, Chaos herrscht.
Traditionale Größen wie Staaten, ihre Militärs und Sicherheitskräfte (ihr Macht- und Gewaltmonopol), ihre wirtschaftliche Macht (durch ihre Staatsaufträge bzw. ihre Ein-

künfte durch das Steuermonopol) oder ihr Territorium haben ihre Bedeutung weitgehend eingebüßt, die an ihre Stelle getretenen TNK wollen weder noch können die meisten diese Funktionen übernehmen. TNK sind verantwortungsbewußt nur gegenüber ihren shareholdern, bestenfalls gegenüber ihren Kunden.
In Ländern, (Groß-)Regionen oder gar (Sub-)Kontinenten – die moslemische Welt, China und/oder Indien – die sich lange Zeit der Durchdringung zu widersetzen versuchten (insbesondere Diktaturen), sind innere Kämpfe ausgebrochen (Ideologien, Regionen und Armee-Einheiten kämpfen gegeneinander, teils sind es aber auch wieder Kämpfe um Einflußgebiete, etc.), z.T. bereits mit Millionen von Opfern.
Und es gibt sowohl alte als auch neue Welteroberungsideologien und Heilslehren sowie Verteufelungen von Gegnern bis hin zu neuen Genozid-Aufrufen und -absichten.
Zwei Entitäten spielen besondere Rollen:

1. Urbane Agglomerationen
Die chaotischen Konflikte werden vornehmlich in den urbanen Agglomerationen ausgetragen und in jedem der ca. 50 Megapolen mit mehr als 25 Mio. Einwohnern gibt es andere Sieger, die sich mit ähnlichdenkenden Herrschern anderer Megapolen (wo immer diese auf der Welt sein mögen) verbünden und sich nicht scheuen, auch die Hungerwaffe zur innerregionalen Unterdrückung einzusetzen.

2. Telematik
Die Telematik wird in den Dienst der Usurpatoren genommen, Orwells Visionen waren geradezu zahm.

Bevölkerung
Die Welt-Bevölkerung hat zum ersten Mal seit mehr als 200 Jahren negative Zuwächse.
Wanderungsbewegungen in der Größenordnung von 100ten von Millionen Menschen hinterlassen total verwüstete Gebiete. Neue lokale Armeen im Sinne von Bürgerwehren entstehen gegen diese Migrationen.

Militärische Struktur
Obwohl es die Armeen der alten Nationalstaaten so nicht mehr gibt (wegen Zahlungsunfähigkeit der Staaten), sind die Waffenarsenale noch da bzw. verfügbar und stellen eine unkalkulierbare Gefahr dar, ähnlich wie die alten sowjetischen Nuklearwaffen nach der Implosion der USSR 1989. Insbesondere gibt es Anzeichen dafür, daß fundamentalistische Fanatiker darüber nachdenken (und Vorbereitungen treffen), wie sie in ihren Besitz kommen könnten.

Wissenschaftliche und technologische Entwicklung
Auch Wissenschaft und Technologie sind kaum mehr global; sie werden in den Dienst der Herrschenden gezwungen und forschen/entwickeln für deren Zwecke.

Wirtschaft
Auf Grund des beinahe vollständigen Zusammenbruchs des Welthandels kommt es zu äußerst empfindlichen Versorgungsengpässen, da die Breite der Produktionsprozesse in den Jahren 1980 bis 2010 fast weltweit zugunsten von Spezialisierungen und Nischen aufgegeben worden war (vergleichbar der Situation in den Nachfolgestaaten der ehemaligen UdSSR in der Zeit nach der Implosion der UdSSR).

Bildung, Kultur und Religion
Rat- und Kopflosigkeit, Schuldzuweisungen sowie transzendentale Suche nach Erklärungen der Misere, aber auch Rückbesinnungen auf klassische Religionen und Werte herrschen vor. Aus letzterer ergeben sich auch die unterschiedlichsten Krisenbewältigungs-Empfehlungen.

2070 oder: Ergebnisse der erneuten Erfahrung:
Wo Gefahr ist, wächst das Rettende auch

Superpower-Structure
Zwar wiederholt sich die Geschichte nicht, aber es kommt doch immer wieder zu historischen Parallelen: durch die Situation des Jahres 2040 bedingt, die man im Rückblick (d.h. aus der Sicht des Jahres 2070) als den Krisen-Höhepunkt bezeichnen kann, kam es zur Entstehung einer neuen Machtstruktur, die es zwar bis heute (also 2070) noch nicht vermocht hat, neue Grundlinien mit der Chance einer längeren Gültigkeit festzulegen (à la Wiener Kongreß), die es aber immerhin fertigbrachte, die Welt wieder von den Waffen abzubringen und an den Verhandlungstisch zu zwingen. Seither zeichnet sich eine neue (die dritte) Variante der UNO und einer Welt(wirtschafts)-struktur ab.

Vier „world-players" konstituieren diese neue UNO / diese neue Welt:
- das Parlament der ca. 100 größten Megapolen mit rund 1/3 der Weltbevölkerung;
- das Parlament der ca. 100 größten TNK mit ca. 40% des Welt-BSP;
- das Parlament der ca. 350 (National-)Staaten (die immerhin noch über ca. ¼ des Welt-BSP verfügen);
- das Parlament der ca. 20 Wirtschaftsblöcke (in denen ca. 85% des Welt-BSP erwirtschaftet wird).

Ihre Überkreuzverflechtungen erlauben es keiner „Größe" mehr, über die Standardgröße (plus/minus 7%) hinauszuwachsen und die Hierarchiestrukturen (mindestens 4 Ebenen) haben in sich so viele Frühwarnsysteme, daß Krisen schon frühzeitig moderiert werden können und müssen.

UNO			
Megapolen Parlament	TNK Parlament	Staaten Parlament	Wirtschaftsblöcke Parlament

Urbane Agglomerationen
Da das Elend in ihnen am größten war, schlossen sich erst einige von ihnen zu einer demokratischen Allianz gegen diejenigen Megapolen zusammen, die eher kriminell beherrscht wurden. Ihr Beispiel ermutigte die Bewohner der kriminell beherrschten Megapolen, sich nach und nach ihrer Herrscher zu entledigen. Dabei kamen ihnen sowohl die noch vorhandenen alten (politischen) Stukturen wie z.b. Transnationale Konzerne, Nationalstaaten und politik-ökonomische Blöcke wie die EU, als auch die schon seit langem bei weitem nicht mehr total überwachbare Telematik zu Hilfe. Außerdem machten sich die Menschen, der Not gehorchend, lokal (z.b. stadtteilorientiert) relativ autark und waren dadurch nur mehr bedingt erpressbar. Maos alter Spruch „Laßt 1000 Blumen blühen" kam, abgewandelt, zu neuen Ehren.

Telematik
Die großdimensionale Anlage des Welt-Telematik-Netzes zu Beginn des Millenniums hat in den letzten Jahrzehnten ihre demokratische Prüfung mit Bravour bestanden. Kleinräumigen Diktaturen (selbst bei Größenordnungen von mehreren hundert Millionen beherrschter Menschen) war es nicht (mehr) möglich, den von ihnen Unterdrückten die internationale Wahrheit zu verheimlichen. Und es war, zum Glück, auch schon so viel telematisches know-how weltweit vorhanden, daß selbst Dienstverpflichtungen aller lokalen „Experten" die weltweiten Kommunikationsgewohnheiten der Unterdrückten nur unwesentlich einschränken konnten.

Bevölkerung
Die Meinung, daß es Bevölkerungsoptima je Fläche gibt, wird heute kaum mehr in Frage gestellt. Die Bildung der Bevölkerung sowie ihr wissenschaftliches und technologisches Know-how sind endgültig als das Kapital einer Regionaleinheit, nicht die bloße Anzahl der Köpfe, anerkannt worden. Nachdem die Gesundheitswissenschaften die (welt-)durchschnittliche Lebenserwartung bis 2055 um über 14 Jahre haben anheben können, diese aber seither stabil geblieben ist, hat sich die Weltbevölkerung jetzt bei 12 Milliarden Menschen plafoniert.

Militärische Struktur
Militäreinheiten mit geostrategischen Aufgaben (und Fähigkeiten) sind zahlenmäßig gering und der UNO unterstellt; ansonsten gibt es territorialspezifische Sicherheitskräfte mit technisch überlegener Ausrüstung aber rollierenden Besatzungen. Die Territorialkräfte von 2 bis 3 benachbarten Territorien können jeden Eroberungsversuch einer Einzeleinheit unterbinden, die Einheiten mit geostrategischen Aufgaben jeden Zusammenschluß mehrerer Territorialkräfte auflösen.

Wissenschaftliche und technologische Entwicklung
Nicht wenige Experten (aus allen Bereichen) hatten sich, weltweit, den Usurpatoren widersetzt und sich eher lokalen/regionalen Problemlösungsversuchen verschrieben.
Jetzt sind allerdings auch wieder Weltvereinigungen vorhanden, wenngleich diese nicht mehr disziplinorientiert wie früher sind.
Die Prozentsätze aller vier Parlamentsbudgets, die man der Wissenschaft und der technologischen Entwicklung zur Verfügung stellt, sind wieder im Steigen, allerdings sind die Legitimationsanforderungen hoch wie nie zuvor. Und zwar um so höher, je mehr ein Experte oder ein Program/Institut etc. bekommt.

Wirtschaft
Der Begriff „Wirtschaft" (auch die obengenannten BSP-Sätze) wird z.Z. durch komplizierte Regionalentwicklungsindices, die fast fertig entwickelt sind, ersetzt, die das Finanz- und Kapital-Denken dem Lebensqualität-Denken unterordnen.

Bildung, Kultur und Religion
In diesem Bereich fand die eigentliche und schicksalswendende Revolution statt. Das vom Occident sehr entscheidend mitgeprägte egoistische Partikular- und Partial-Denken, aus dem sich so oft kriminelle Varianten ergaben, erkannte angesichts der Gefahren, Größenordnungen und Komplexitäten seine Grenzen.
Aber weder sind die alten Gefahren wirklich beseitigt/überwunden noch gibt es irgendwelche Sicherheiten gegenüber sicherlich immer wieder neuartigen Gefahren. Sozial- und umweltverträgliche Flexibilität ist die neu-alte Orientierung.

Peter H. Mettler

The Future of the Transatlantic Union

From November 5-7, Charlotte, North Carolina hosted hundreds of business leaders and government representatives from both sides of the Atlantic for the Transatlantic Business Dialogue's fourth Annual Conference. The TABD started in 1995 as a fora, where high level representatives from business and government work on consensus building and concrete policy planning in general, on deregulation and liberalization in all economic sectors in particular. Each year it lists which one of last year's recom-mendations[143] have either been implemented or come close to be put into force by governments. Following Hanns Glatz of Daimler Benz, a figure of 40-45% will have been reached last year," a reasonable return on the business community's investment to take part in the TABD"

The topic TransAtlantic Union should be seen as one within various meta-topics like e.g. global governance[144] or the future of civilisations[145]. And it should be kept in mind that it has at least five aspects: the Atlantic (1) as the bridge between the two pillars Europe (2) and the Americas (3), the areas south and east of Europe (4) and the areas west of the Americas (5), thus covering all of our planet. And it further should to be kept in mind that it is one possible „world-view" (the Atlantic or, eventually, the Occidental one), whilst others will center around e.g. the Pacific, the Indian ocean or Central Asia.

The realm of the research topic

fringe	half fringe	core area		half fringe	fringe
		Atlantic Union			
Asia					Africa
and	Pacific	NAFTA Atlantic	EU	Central	Muslime
Latin				Asia	World
America					Asia

---

143 three examples, just for illustration:
- Improvements in the way customs duties are charged on goods traded between the EU and the US;
- One common US/EU standard for vehicle tyres;
- Accords which allow testing bodies in one country to endorse standards applied to goods in another.

144 see e.g. the International Social Science Journal no. 155 on Governance, UNESCO; or the journal Global Governance

145 see Huntington

Preface

A new era of scale has just started. Doubts are hardly possible that the globe will see three types of World Players (WP) in the third millennium:

- political ones, being China, India, the Muslim World, South-East Asia under Japanese hegemony and the Occident, which we, politically, replace by the hypothetical „Trans Atlantic Union" (TAU);

- socio-economic ones, being Transnational Conglomerates (TC), i.e. the enlarged former multinational corporations, their successes being based on scientific and technological breakthroughs, no matter what original nationality. On the basis of the spearheading Daimler-Chrysler merger, which is the first of its kind in general as well as the first transatlantic one, probably something like a theory of „DC-economy/society", i.e. a theory of units of scale with responsibilities comparable with nation states of today, will develop;

- fertilizers, like the UN (and its agencies) or the OECD.

The Occident has to spearhead that this millennium will not be marked by battles for hegemonies (which should be distinguished from economic competition, though there are broad overlappings), but rather by joint efforts

- to overcome wars, starvation, poverty and underdevelopment;
- to develop the globe's science, technology, knowledge and know-how.

And the Occident should develop models on how to balance

- activities (achievement orientations) with leisure. In this realm we find an interesting parallelism today: fatalism is more widespread world-wide than many people believe, because in many areas of the world there is just nothing available to be done. And the end of work in industrialized countries, because work was taken over by machines (or robots), has led to comparable problems: if work isn't the content of live, what else?

- incentives with rewards (including intellectual curiosity with psycho-physical harmony);

- proudness of and gratefulness to the culture where one was brought up and the recognition of the values and merits of all the other cultures of our globe.

Neither world-government nor global unity should mean forced stratification or suppression of minorities, but rather chances to evrybody to live up to one's capacities.

Basic assumptions

a. TAU would bring at least NAFTA (North American Free Trade Association, though enlarged by many Latin American countries) and the EU (i.e. the enlarged European Union – 18 to 20 member states, potentially from the Cape of Africa to Wladivostok) closer together. Maximally, all countries considering themselves „Occidental" could be part of it, and, nota bene, all those who want to be part, like e.g. countries around the Mediterranean, African states, follow-up states of the former Soviet Union, Latin American states, etc.;

b. TAU is not competing for hegemony (but will centainly be economically competitive) with other areas of the globe (other world players) like China, Asia Pacific, India or the Muslim World. But it would offer peaceful coexistence and intense cooperation and co-ordination;

c. TAU has inherent logics going for it, like common history (e.g. NATO) and common values, or longstanding intensive economic (as illustrated with the TABD example at the beginning), scientific and research collaboration, etc. and is timely. But it will by far not be sufficient to try to prolong the cooperation during the duopole times (or the East-West confrontation). New tasks/goals will have to be found and developed.

Theoretically, we have to look at TAU from in-side,
i.e. the Atlantic, the potential member states and the bordering countries;
as well as from
out-side,
i.e. from areas west and east of TAU's western and eastern borders, i.e. from the Pacific as well as from Central Asia, the Muslim World and Africa.

As far as the in-side view is concerned, we have to devide it further in:

- view on itself;

- views from the in-side at the out-side, or: what does the Occident expect the other world-players to do, to pursue?

The following will elaborate on the view on itself:
Constitution : In the occidental tradition, talking on a possible future TAU immediately necessitates talks about a TAU-constitution, which, in turn, raises the question: How could such a constitution be developed, if not out of the US and the EU constitutions?
Which, again in turn and automatically, creates questions like: „What is the constitution of NAFTA, and, and in particular, if it should be enlarged by further Latin-American countries?" and „Will there ever be something like an EU constitution and how could it come about?
Being European, I do not want to comment here on such an all-Americas-question, but as far as Europe is concerned, I would put the following thoughts forward:
No question, any European constitution would have to be of a federal character and every member state's rights and obligations clearly stated. But the constitutions's most important task would have to be to protect every EU-citizen (every individuum) against unmotivated actions by authorities (from the local through to the European level and, no matter, if state or private). Of course, every such constitution would include a list of basic rights, finally inciting the Luxembourgian European Court to secure, first of all and above all, liberty and property of each European citizen instaed of securing, as it does today, that the rules of the liberal market are respected.

Finally: A design for a European constitution with the goal, to be able to present a European equivalent to the US constitution in order to constitute a constitution for the TAU, could bring the Europeans much closer together, as in the cold-war times NATO under US hegemony. As remarked Dominique Moisi, deputy director of the French Institute for International Relations: „ ... the democratic allies compete ever more aggressively with each other economically ... Europeans must be convinced that creating a European identity is essential in facing the challenges of today, such as nuclear proliferation and mass migration, and to prevent the return of the explosive nationalism that led to war in the past"

Security issues: could OSCE be stimulated to be more effective and or enlarged?)
    Should NATO expand its realm?
    Potential conflicts out-of NATO area and NATO's reaction (e.g. a war between India and China)?
    Inner security issues like drug criminality, Eastern criminal „families" swamp the West, etc.

Creativity: are we witnessing the beginning of an „Occidentosis" (occidental sclerosis)? Could an Atlantic Learing Community be a remedy? Could a TAU catalize a new science and technology boom?

Economy: Most talks have been in this area, like: Could a Transatlantic Free Trade Association (TAFTA), an „economic NATO" be a remedy against the constant trade battles between the two?
Do we need more common standards, more regulations of „destructive competition" in third markets or of the exchange-fluctuations? Or would an Economic Council be the solution to tear down hin drances in trade and economic co-operation? etc. (NAFTA-

EU trade amounts annually to more than 360 bill. ECU and the two are mutually to each other the biggest investors).

Presently, amongst the issues which are creating tensions between EU and NAFTA are, inter alia, the following:
o Helms-Burton and d'Amato laws and the question, if the US-extra territorial laws are against international law?

o *How to fight criminality (in particular: drug-dealers and drug-money-washers?*

o *Policy towards immigrants and people (refugees) seeking asylum;*

o Policy in view of genetically manipulated materials;

o Follow-up policies to the Rio-conference.

And the following issues demand common stands as well:
o Policies in view of areas like Eastern Europe and Russia, the Balkan area, Cyprus, the Near East, Tibet and China;

o Policies towards the Muslim world, Muslim fanatists and oil questions;
o How to handle „globalization"?

How this topic could be researched

The first step would be to form a research community out of the widely scattered individual researchers through an initial conference of some 30 people. Then a research team and a network would be established and the project would have a duration of three years. The network activities would result in six "Year 2040-szenarios", whilst the research team would construct a scenario "Transatlantic Union 2070" (very rich in many details). The final result will opefullybe the design of a new cultural mission of the Occident to the world of the next millennium. – This design would then be published and widely circulated (also be presented at such meetings as the annual meetings of the World Future Society or the bi-annual „World Conferences" of the World Futures Studies Federation, of the Club of Rome, of UNESCO, etc.) and a final big conference with comprehensive world-wide TV coverage would introduce the topic and the proposed mission into the public debate.

Some ideas, what that mission could be In as far will the emerging knowledge society influence the development of TAU? TAU could have as its goal to develop itself into the first real and fully developed knowledge society;
TAU could develop into the first society beyond the nation state, the first true multicultural society;
TAU could develop into the first real modern society with individual life-spans of around 150 years and deliberate down-scaling of the population in order to regain sustainability on the basis of a very high technical level;
TAU could develop into the first real worldsociety without necessity (e.g. in view of raw materials) to keep up ties with other worldsocieties (fully recycling economy);
TAU could develop into the first society in which the highest level sustenance of all citizens is guaranteed by automation and the legally guaranteed distribution system – the end of the „innward oriented" capitalism;
TAU could develop into the first micro-genetic society;
TAU could develop into the first spaceoriented society;
Languages regain its true status as „culture", since automated translations of every-day language reduces the importance of languages as a barrier between nations and/or cultures;
etc..

Bibliography

Zbigniew Brzezinski, „The big chessboard – The US and the rest of the World", 1997
Frankfurter Allgemeine Zeitung (daily German newspaper), issue Nov. 9, 1998: Amerika droht Europa mit neuem Handelskrieg (the US threatens Europe with a new trade war)
Francis Fukuyama, The End of History, New York, 1992
Global Governance, A Review of Multilateralism and International Organizations, L. Rienner Publ., in coop. with ACUNS and the UNU, Boulder, Col.
Samuel P. Huntington, The Clash of Civilizations, Simon & Schuster, New York, 1996
International Social Science Journal no. 155 on governance, Blackwell Publ., / UNESCO, March 1998
Peter H. Mettler (ed.) Science and Technology for Eight Billion People, Europe's Responsibility, Adamantine Studies on the 21St Century, London, 1995
idem, Partizipation als Entscheidungshilfe, W.-Deutscher Vlg., Wiesbaden, 1997
idem, Three Scenarios for the Superpower Structure in the Year 2070, with three intermediary scenarios (2030) 'On the Way to the Year 2070', contracted research for EXPO 2000, Hannover, 1998
Kimon Valaskakis, Mondialisation et gouvernance – Le défi de la régulation publique planétaire, in Futuribles, no. 230, Paris, Avril 98
Werner Weidenfeld (ed.), Creating Partnership – The Future of Transatlantic Relations – The Bellevue-Meetings II, Bertelsmann Foundation Publishers, Gütersloh, 1997 (contains a seven page literature list)

Die Autorinnen, Autoren und Herausgeber

David T. Fisher ist Präsident der Steuben-Schurz-Gesellschaft, Frankfurt/M.

Dr. Edgar Göll ist Wissenschaftlicher Mitarbeiter im Institut für Zukunftsstudien und Technologiebewertung, Berlin

Dr. Ingo Juchler ist Wissenschaftlicher Mitarbeiter und Habilitand an der Pädagogischen Hochschule Karlsruhe

Dr. habil. Werner Kremp ist Direktor der Atlantischen Akademie Rheinland-Pfalz e.V., Kaiserslautern

Prof. Dr. Peter H. Mettler lehrt Gesellschaftswissenschaft an der Wiesbaden University of Applied Sciences / Fachhochschule und ist Privatdozent für Planungs- und Technik-Soziologie an der Universität Frankfurt/M.

Dr. Peter Mertens ist Kanzler der Wiesbaden University of Applied Sciences / Fachhochschule

Prof. Dr. Gisela Müller-Brandeck-Bocquet lehrt Politikwissenschaft an der Universität Würzburg

Edward O'Donnell war zum Konferenzzeitpunkt Generalkonsul der Vereinigten Staaten von Amerika in Frankfurt

Prof. Dr. John Ryan ist derzeit Gastprofessor an der EDHEC, Lille und lebt als unabhängiger Wirtschafts- und Unternehmensberater in London

Dr. Martin Strübing ist permanenter Gastdozent an der ESGCI, Paris und der ESG, Reims (Reims Management School) sowie unabhängiger Wirtschafts- und Unternehmensberater in Wiesbaden

# ATLANTISCHE TEXTE

Band 1: Werner Kremp und Gerd Mielke (Hg.): **Kurt Beck. Warum Rheinland-Pfalz eine Atlantische Akademie gegründet hat** … (1996)

Band 2: Werner Kremp und Gerd Mielke (Hg.): **Konversion von Militäreinrichtungen und Rüstungsbetrieben, Herausforderungen und Chancen** (1997) (vergr.)

Band 3: Werner Kremp, Gerd Mielke und Johannes Ch. Traut (Hg.): **Kommunale Partnerschaften, Krise und Chancen eines Modells** (1997)

Band 4: Werner Kremp und Gerd Mielke (Hg.): **Die Rolle der deutschen Länder und der US-Bundesstaaten in den internationalen Beziehungen** (1997)

Band 5: Werner Kremp und Gerd Mielke (Hg.): **Amerikanische Einflüsse auf Verfassungsdenken und Verfassungspraxis in Deutschland** (1997) (vergr.)

Band 6: Werner Kremp und Gerd Mielke (Hg.): **Atlantische politische Kultur, Dimensionen und Perspektiven** (1997)

Band 7: Berthold Meyer: **Friedensursachen: Auf der Suche nach einer internationalen Zivilgesellschaft, Bericht über die Frühjahrsakademie Sicherheitspolitik 1997** (1997)

Band 8: Werner Kremp und Gerd Mielke (Hg.):**Frauen in USA und Deutschland** (1998)

Band 9: Botschafter John C. Kornblum: **Auf dem Weg zu einer reifen Partnerschaft – Neue Herausforderungen für eine alte Freundschaft** (1998)

Band 10: Werner Kremp und Gerd Mielke (Hg.): **Digitales Fernsehen in USA und Europa** (1998)

Band 11: Werner Kremp und Gerd Mielke (Hg.): **Umwelt** (1999)

Band 12: Werner Kremp: **Pressefreiheit in USA und Deutschland** (2000)

Band 13: Siegfried Magiera, Werner Kremp und Klaus Lüder (Hg.): **Haushaltsplanung/Budgeting in Deutschland und in den USA** (2000)

Band 14: Werner Kremp und Berthold Meyer (Hg.): **Religion und Zivilreligion im Atlantischen Bündnis** (2001)

Band 15: Hermann-Josef Ehrenberg, Werner Kremp und Kai Tobias (Hg.): **Transatlantische Landschaftsträume** (2001)

Band 16: Werner Kremp, Roland Paul (Hg.): **Die Auswanderung nach Nordamerika aus den Regionen des heutigen Rheinland-Pfalz** (2002)

Bezug der Bände bei der Atlantischen Akademie Rheinland-Pfalz e.V.

Atlantische Akademie Rheinland-Pfalz e.V.
Steinstraße 48 • D - 67657 Kaiserslautern • Tel. 0631 - 36 61 00 • Fax 0631 - 89 15 01